所有企业的问题，都是人的问题；所有企业里人的问题，都是老大的问题；所有老大的问题，都是他心智模式的问题。

XINZHILI
SHANGYE QIJI DE DICENG SIWEI

心智力

商业奇迹的底层思维

李中莹 舒瀚霆 著

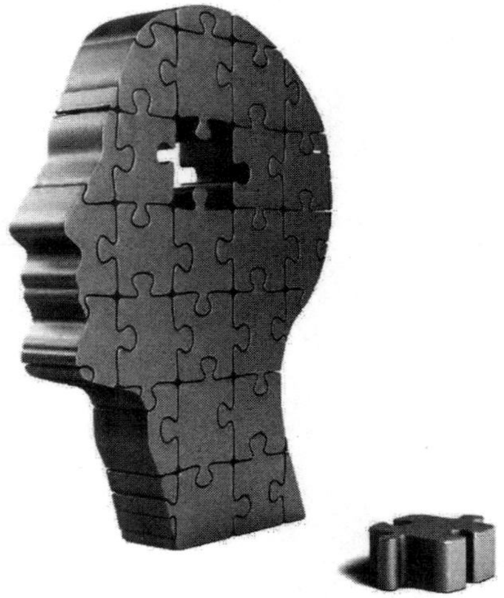

電子工業出版社
Publishing House of Electronics Industry
北京·BEIJING

图书在版编目（CIP）数据

心智力：商业奇迹的底层思维 / 李中莹，舒瀚霆著. —北京：电子工业出版社，2018.3

ISBN 978-7-121-33882-3

I. ①心… II. ①李… ②舒… III. ①企业－职工－思维形式－研究 IV. ① F272.92

中国版本图书馆CIP数据核字（2018）第051785号

策划编辑：潘　炜
责任编辑：潘　炜
文字编辑：杜　皎
营销编辑：胡　晔
印　　刷：三河市鑫金马印装有限公司
装　　订：三河市鑫金马印装有限公司
出版发行：电子工业出版社
　　　　　北京市海淀区万寿路173信箱　　邮编：100036
开　　本：720×1000　1/16　印张：18.5　字数：270千字
版　　次：2018年3月第1版
印　　次：2018年3月第1次印刷
定　　价：68.00元

凡所购买电子工业出版社图书有缺损问题，请向购买书店调换。若书店售缺，请与本社发行部联系，联系及邮购电话：（010）88254888，88258888。

质量投诉请发邮件至zlts@phei.com.cn，盗版侵权举报请发邮件至dbqq@phei.com.cn。

本书咨询联系方式：010-88254210，influence@phei.com.cn，微信号：yingxianglibook。

CONTENTS 目录

序一

所有企业老大的问题，都是其心智模式的问题

我在香港长大，因为各种原因，16岁那年便辍学工作。适逢香港经济腾飞的时期，我先后就职于花旗银行（美国）、Levi's（美国）、Genesco（美国）、Mondial（欧洲）、SEAL（西班牙）等欧美500强企业，参与了他们的地区性市场拓展与发展建设。凭借着如此际遇，我个人在事业上得到不断攀升，担任过香港总经理、泰国总经理、中华区总经理、远东区总经理以至亚洲区总经理等职位。职业生涯的最后三年是在一家香港上市集团公司的主席身边，参与分公司的整顿，流程改革，以至收购合并等工作。我在工商界共33年，成功与失败的经验无数，也有过被欺骗、侵占及背叛的惨痛教训。

1995年，我开始投身培训行业，为各种行业的外资、合资企业讲课，同时亦为香港四大商会之一的香港工业总会的6000家中小企业老板们授课，偶尔也会做一些企业顾问，以及企业家们的教练工作。直到2002年左右，因为要全力研发"简快身心积极疗法"（一套心理辅导方面的技术）无

暇兼顾，才把企业方面的培训停了下来。

到了2011年，我完全从“NLP执行师”及“简快身心积极疗法”两大培训体系中抽身出来，决定认真分析一下当时国内社会当务之急在哪里，以决定下一阶段的研发工作。结果是两大主题：第一个是家庭，第二个就是中小企业。

事实上，不管什么样的问题，归根结底都是人的问题。因此，无论研究什么样的主题其实都离不开人生、人心这两大命题，这也是为什么我近年来潜心钻研关于“人”的学问的原因。

在我研究的所有学问当中，“系统动力学”体现了我学问的最高境界。简单地介绍一下：

★什么是系统？系统是指两个或两个以上相同或不同的个体，为了共同的意义与目的聚合在一起。

★这个世界是由无数个系统构成，所有的系统都用着同一套法则运作，称为“系统动力”。

★系统动力有三条基本法则。

第一条，恒动、恒变、恒前。

第二条，平衡、稳定、发展、壮大。

第三条，所有的平衡、稳定都是在不平衡、不稳定中完成的。

放眼当下，众多中小企业主经营辛苦而效果不理想的原因，绝大多数都是因为违背了系统动力法则。

改革开放为中国经济带来了前所未有的生机，大量的中小企业如雨后春笋般涌现，这些中小企业主凭着对市场的敏锐、工作的勤奋、事必躬亲的打拼而获得成功。开始的时候，他们只不过是希望改善经济条件，让家人过上富裕的生活，孩子接受更好的教育。有些人凭着一点资源，或者眼光，或者不断尝试，因而走出一个好的局面。

随着市场的日益开放，竞争日趋激烈，对企业的经营管理要求越来越高，很多中小企业家发现光是勤奋和长时间工作，再也解决不了企业在经营和发展中的问题。从加工出口到转为内销，加上市场、社会以及政府的要求和监管力度越来越高，再加上新科技、新产业、新商业模式的不断涌现，中小企业家越来越感到无比的困难、辛苦、迷惘和焦虑。

这就是我在2011年观察与分析国内社会所觉察的。我看到在未来几年里，中小企业将面临很多毁灭性的冲击与挑战，很多中小企业将会被淘汰，而市场上又少有能够真正可以帮助它们的学问、方法和工具。

中小企业是每个社会的活力所在。若有足够的、良好的中小企业生存与发展的生态环境，那么，这个社会的人民就会有愉快、和谐、健康和不断进步的生活质量和发展空间。我决定研发一套课程，为这件有重要意义的事尽一份绵薄之力。

细心研究出来的结论，让我自己都吓一大跳：我发觉40多年所用的和教别人的管理理论和技巧，90%以上都不管用了！结合了系统动力学的"企业家心智模式"课程便是在这样的形势下诞生的，可以说是我颠覆了自己以前信奉的企业经营管理理论与技术。

国家"十九大"报告所提到的"新时代"一词，是对我们所处的时代的一个非常准确的定义，人类社会不知不觉之间已经进入了一个全新的时代。新的事物、新的科技、新的可能性不断涌现，世界各种事物的变化，在速度、幅度及深度上都不断提升，沿用旧的模式去思考及行动已经再无效果。模仿别人怎样做而跟随，不是日益困难，就是再无效益可言。所有这些让中小企业陷入困境的因素，其实都是表面的，真实的因素是中小企业的经营者和管理者的心智模式未曾改变，或不愿改变。故此，在"企业家心智模式"课程的开始，就有一张PPT的内容是这样的：

所有企业的问题都是人的问题；

所有企业里人的问题都是老大的问题；

所有企业老大的问题都是他心智模式的问题。

舒瀚霆老师是一位商业奇才，除了拥有管理学博士学历的专业背景以外，还在国家、省市、行业等著名研究机构、社会组织和院校担任多项职务，获得过多项全球、全国和行业奖项，有着非常丰富的企业经营管理咨询顾问工作经验，绝对是一位实战型的商业顾问。

我非常欣赏他的务实低调、实而不华、高质量高标准的工作风格和正面积极、乐于助人、有情义、重感情的性格。我俩除了在中小企业运营、管理及发展上有惊人的一致看法之外，在为人处世方面，也是三观一致、少说多做的。

2017年8月，我和舒瀚霆老师一起创立了“系统动力大学”，这是一所专门为中国的中小微企业家服务的企业家大学，未来将通过线下工作坊、线上直播和社群等方式来为中小企业家们服务。这本书就是我和舒瀚霆老师在系统动力大学推出的实践指导丛书的第一本书。

能够合作完成这本书，我跟瀚霆老师一样，也是非常开心，觉得这是一件特别有意义的事情，因为这本书将能让国内千千万万的中小企业找到轻松易懂的方法去改善企业的经营及其管理状态。企业老大可以做得更轻松而更加成功，企业团队可以有效地提升连接力，发展出自生力，企业和团队的成员都可以有更辉煌的未来。

两年前我看过一篇文章，其中有一段信息让中小企业家震惊不已，大概的意思是这样的：未来五年里，有一半的行业将会消失，剩下来的行业里的企业，50% ～ 80%将会被淘汰掉，而杀死他们的对手，现在还未出现！这两年里国内社会出现的各种变化，让中小企业无法不担心这些预言成为事实。

我跟瀚霆老师都坚定地相信，若按照这本书里介绍的思维模式及行动指引，每家中小企业都可以生存得更好，发展得更快和更强大。

很感谢瀚霆老师花了这么多精力为我把资料整理好，让这本书能够把我对新时代里中小企业成功经营的理念用文字方式传播。

序二

改变心智模式，道中畅行

社会上的“大师”非常多，李中莹老师与我以往认识的大师们不一样的是，他是那么和蔼、亲切与随和。最初读《重塑心灵》一书的序时，便从字里行间感受到了他的睿智和父亲般的温暖。我还记得，我们第一次相识的时候，李中莹老师就请我共进午餐，让我有点受宠若惊。之后的见面，李中莹老师请我吃饭已经成为了常态，偶尔还会给我太太一些手信和给我珍贵的礼物，总是让我有惊喜。在以后跟随他的学习中，我更加发觉李中莹老师好奇如小孩、相处如同事、温暖如父亲，是一个那么真实、那么一致、那么自在的极富魅力的大师。

李中莹老师的课程中，没有太多惊世骇人的口号，只有涓涓如细流的语言，常常不经意间就会让人大受启发。对我而言，他与其他大师还有一个不同之处，就是常常会在学员们中间来回走动，有时还会在某组同学身边停留探讨。即使他在台上授课，也不时会听到他对自己“香港普通话”的自嘲。李老师对人的观察可谓入微，无论提问互动，还是正常授课，你总能在一个个不经意的瞬间或被点醒，或被刺痛，或尖叫，或顿悟。

走进李中莹老师的课程时，恰逢我的事业处于转型期。我以往一直做大中型企业的管理咨询顾问，服务了很多国内外知名企业。在服务阿里巴巴时，我才真正感受到中小企业是世界上数量最多、最活跃，又最影响社会经济和国计民生的经济单元。于是，我决定转型，为一些有远见卓识的中小微企业提供经营管理咨询顾问服务，让他们通过为用户创造新的价值而迅速发展壮大，成为创新模式或者创新品类的行业领袖，来激励和影响更多的中小企业成长与发展，为社会的经济繁荣和民众福祉做贡献，从而改变世界。于是，“打造行业领袖”就成为了我以及我所创建的“网盈机构”的愿景和使命。

以我对管理的研究，以及三十多年的企业经营管理实战和政府经济管理工作经验，在过去为大中型企业提供管理咨询服务时，游刃有余和卓有成效。但在转型为中小微企业提供经营管理咨询服务后，我才发现他们极度缺乏财务预算资源、专业人力资源、技术研发资源、品牌知名度资源和经营管理能力等，我也不得不面对“从飞机加大炮到小米加步枪”的尴尬，同时也感到备受挑战。

李中莹老师的“企业家心智模式”课程和他的系统动力学，给我的事业转型带来了惊喜、震撼、智慧和希望。不仅自己的转型非常顺利，同时，我结合自己近二十年的企业管理咨询顾问服务工作经验，践行李中莹老师的系统动力学理念，创立了“瀚霆研习会”，研发了“瀚霆年度经营顾问”和“瀚霆项目管理咨询”等服务项目，专注为中小微企业提供服务，打造出了很多业界传奇的案例。

我用自己的亲历实践证明，当中小微企业遇到挑战和问题时，如果用管理学不能解决，就用心理学，如果用心理学不能解决，就用李中莹老师的系统动力学。

我曾在李老师的课堂上分享时，笑称自己是一个“践人”，一个将管理学、心理学及李中莹老师的系统动力学在实践中融会贯通和积极应用的人。在实践过程中，我总结过往的所有案例与经验，发展并创立了“瀚霆方法论”（现在已经整理出数百则，后续还在不断地创建），通过快速诊断、快速改变和快速见效的方式，已经让100余家企业业绩倍增和1000余位企业家快速成长，最高增速两年内达到20倍以上。由此，我坚信所有的中小微企业都可以经营更加高效、发展更加强大。

到目前为止，我出版了六本书。2009年，受广东省政府邀请，我为处级以上干部进行培训。当时备课的内容在广东省几位专家的一再建议、鼓励和支持下，于2010年出版了两本书，并且都被列入全国高等院校实践教材。2013年，受香港特区政府邀请，我为香港企业家提供培训的备课内容，深化为后来的传统企业转型总裁班课程，其内容在2015年分别出版了四本书。这次写这本书时的感觉大不一样。在整理李中莹老师的资料时，发现这里没有什么热门的资讯、绚丽的辞藻、惊人的词语、时尚的概念。当你放下以往读管理类或财经类书籍的习惯、标准及理性评判时，体验那些平实的语言，平常的资讯带来的句句戳心的感觉，才能领会到李中莹老师浩瀚渊博的应用心理学的学问，才能领略到一个国际NLP大师的心智启迪的功力。

我时时会不自觉地想起杜甫的《春夜喜雨》：

好雨知时节，当春乃发生。
随风潜入夜，润物细无声。
野径云俱黑，江船火独明。
晓看红湿处，花重锦官城。

我觉得用这首诗来形容我所整理的李中莹老师“企业家心智模式”资料，以及我亲历的课程现场的情景再恰当不过了。在当前中小企业家们最需要的时候，企业家心智模式的内容就如和风细雨般，静悄悄地不知不觉地滋润每一位中小企业家的心智。他们在市场竞争和企业经营多重压力下，能够在这里找到一条通往轻松满足成功快乐，通往美好未来的道路。每一位中小企业家通过心智疗愈后，能怀着无限喜悦的心情和力量，对未来充满了美好的憧憬，道中畅行，迈向美好的明天。

为了给中小企业家们呈现李中莹老师的学问在企业中的实践及运用，我除了通过正文的形式以外，还接受系统动力大学首席运营官侯士忠老师的建议，在书中的部分章节，用一些“瀚霆实践”和“瀚霆方法论”的内容小贴士的方式，分享我在自己经营企业和服务客户企业过程中的一些案例或方法，来抛砖引玉，启发我们一起思考。读者还可以即时扫描书中某些内容后面附的微信二维码与我们进行互动探讨。

本书是系统动力大学出版的第一本书，我又是跟随恩师执笔著书，但书中“瀚霆实践”和“瀚霆方法论”的部分内容是来自我所创立的“瀚霆研习会”。“瀚霆研习会”是我实践李中莹老师系统动力学的一个企业家成长社群，目前有八成以上的会员是李中莹老师的学生。他们在我的带领下一起应用李中莹老师的系统动力学，研习如何站在未来经营当下，共同成长精进。我非常期待在本书再版时，系统动力大学已经有很多自己的成功案例。我是系统动力大学的联合创始人兼首席导师，我非常有信心。

最后，再次感谢我的恩师李中莹老师的信任与邀请，感谢我的助理团队邓袭芳、陈泓伊、魏婧华、蔡昌鹏等同仁，以及瀚霆研习会会员及我以往所服务的那么多优秀的管理咨询顾问客户。我还要感谢系统动力大学的侯士忠老师及其同仁们，因为有你们，才有这本书。

最后的最后，就是衷心祝愿各位企业家们收获轻松满足成功快乐的事业与人生！

第一章　发现心智模式

一、幕后的操纵者

在企业里，问题有诸多。然而，所有企业里的问题都是人的问题，所有企业里人的问题都是老大的问题，所有老大的问题都是他心智模式的问题。

何谓心智模式呢？心智模式就是对待事情的态度的惯性模式。心智模式存在于人的内心深处，是人的思想所依据的“标准”，也就是我们生活中所说的“三观”——世界观、价值观、人生观。

例如，某书中的一则资讯：

2013年9月，有人预测并提醒移动电源行业，小米要杀进来了！该行业的反应：我们的行业很特殊，一款铝合金外壳、6000毫安的移动电源，售价也要199元，小米进来也会被秒杀！

2013年底，小米移动电源推出，铝合金外壳、10400毫安，售价69元。所有移动电源公司哭了。

2014年4月，有人提醒插线板行业，互联网要杀入插线板行业了。该行业回应：我们的行业太特殊了，要杀进来不可能。

2015年3月，小米生态链公司（青米）出品了3插孔、3USB插线板，售价49元；后来奇虎360也推出3插孔、4USB插线板，售价59元，公牛等插线板企业蒙了。

2014年5月，有人提醒南孚总部高管，如果互联网杀入电池行业，他们是否已经思考如何应对。该企业回应：我们的行业真的很特殊，不可能。

2015年10月，小米推出彩虹电池，10节仅售9.9元，价格骤降一半多。

……

这种认为“我们的行业很特殊，不可能”的观点就是心智模式的具体呈现。

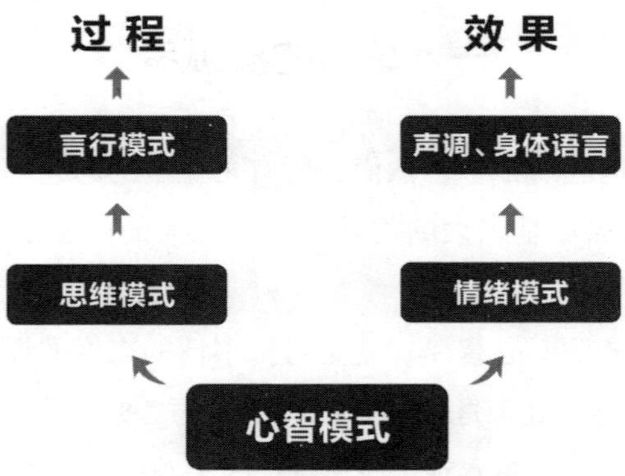

心智模式示意图

心智模式是存在于一个人的潜意识中，对事物所抱持的固有看法。心智模式是不易被察觉的，它通过潜移默化的方式，不动声色地影响着我们的思维模式与情绪模式。当你认定某人是坏人又不得不与他打交道时，你的第一反应便是如何保护自己，以免遭受伤害。事实上，无论你内心有何种想法，都是基于认定“这个人很坏”，而随之怎么说、怎么做，都是以所认定的这点为基础。可见，心智模式以一种不被察觉的方式，决定一个人面对或处理事情过程中的思维模式与情绪模式。

心智模式操控一个人的思维模式，而思维模式操控一个人的言行模式。人的思维模式是有意识的，可察觉的。举个例子，当你外出见客户时，你通常会思考该和他谈论些什么话题，对他做些什么事情，以确保是恰当的，这就是思维模式——通过“想”决定如何“说”与“做”。

心智模式还操控一个人的情绪模式，情绪模式影响人的声调与身体语言，并对事情的效果起到决定作用。也许你经历过这样的一个情况：有个人从你身旁经过，匆忙间不小心打翻你手中的一堆书籍，而他却以一种无所谓的态度跟你说了声“对不起”敷衍了事，你心里自然是觉得不舒服的。当他意识到你的不满时，却抛出一句“我都说对不起了，你还想怎样”，试问此时你的感受是不是会更加糟糕？事实上，彼时对方说“对不起”这个言行并无效果，决定效果的不是“对不起”这三个字与说“对不起”这个行为，而是对方说它时表现出的声调与身体语言。假如对方能用缓和、真诚的语调与稍微屈腰的姿势说出“对不起”，你势必会欣然接受他的道歉并愉快和解的。因此，真正操控效果的是一个人的情绪模式。

心智模式决定一个人的思维模式与情绪模式，即在面对人、事、物时，如何思考、行动，并达到何种效果。对于企业家也一样，事实上你的心智模式已经操控了你怎么想以及当时的情绪，也许你还未察觉，也许察觉了却不知该怎么做。当你发现企业中很多问题重复出现，包括团队难管、人才难找、经营不善、盈利不佳等问题时，也许该意识到可能真正的问题在于你的心智模式。因为无法觉察，无法通过意识去进行思考，所以说不出来，但实际上它已经操控了你的内心。

谁在影响你做出正确的判断

心智模式形成的原因与要素纷繁复杂，源自个人发展与成长各个阶段的经历，与个人生活的家庭环境、受教育的程度、宗教信仰、接收的资讯与知识等紧密相关。人们对心智模式塑造的过程也许莫衷一是，可对心智模式所呈现的方式，却有着非常相近的看法。在我看来，心智模式决定一个人的思维模式、判断模式和动力模式。

思维模式指的是一个人看待人、事、物的角度、维度与方式，它决定着个体的言行。举个例子：企业中的两位员工，面对突然被加派的任务。其中一位员工习惯消极的思维模式，认为公司在刁难，故意加派任务增加其工作负担，故解读为“压力”，于是消极应对工作；而另外一位员工生性乐观积极，认为这是公司对其工作能力的肯定与认可，将临时加派的任务看成“挑战”与“机会”，因此反而干劲冲天。可见，心智模式决定思维模式，直接影响一个人对人事物的认知，就如同一个“滤镜”，决定一个人能“看到”什么，是压力，还是挑战。如上述例子所示，具有不同思维模式的人看待同一件事时，所得出的结论与所产生的行为，往往是迥然不同的。

判断模式，即一个人对其思考对象，如人、事、物等，所做出的肯定或否定的断定的习惯。判断往往基于信念，信念是所有判断模式的基础。

信念就是“事情应该是怎样的”，或者“事情就是这样的”的主观判断，是我们认为维持世界运作下去的法则，也就是来自说话者大脑里认知的世界，即主观的法则，是解释和支持行动或没有行动的理由，是解释和支持变化或没有变化的理由，是对于这个世界各种关系的主观逻辑定律。对很多人来说，信念也就等于真理——事情就应该是这样的。所以，对信念的拥有者来说，更准确地说，是对这个人内心的运作系统来说，信念是绝对的。也正因为如此，我们不难看到，一个人在对事物做出判断时，往往伴随着“是/不是”“有/没有”“可能/不可能”“做成/不能做成”“可以/不可以”“等于/不等于”“应该/不应该”“因为……所以”等绝对性的语言，或者描述事物时带有肯定的语气。

例如，在日常生活或工作中，我们常常会听到：

“我就是这样一个人！”

“这是天意，没有办法！”

“这个任务我能完成！”

“这件事你应该听我的！”

信念是如何影响我们做出判断呢？我认为“信则有，不信则无”这句话便是最佳的诠释。信念是本人认为世事应该是怎样的，可真理却并非真的如此。然而，并不是所有人都能将主观信念和客观真理区别开来。当一个人本着某种信念时，他便会像被蒙蔽了双眼，做出可能不符合客观事实的判断。也就是说，信念具有局限性，或是限制性。

你也许听说过“Flat Earth Theory”（地平论），这是一群自称“Flat Earther”（地平者），即“相信地球是平的”的人做出的论断。这些人大多相信地球的形状就如同一个扁平的盘子，以北极为中心，南极洲则是环绕在地球外围的一座冰墙，防止人类从这个平地延伸的“地球”掉落下去。他们甚至为印证自己的判断，大肆批判“地圆说”是伪科学，地球的球体照片不过是NASA（美国国家航空航天局）为糊弄大众而伪造的。

当一个人坚持某一信念的时候，是看不到也听不到不符合这个信念的东西的。即使看到了听到了，他也会为坚持这一信念，扭曲事实，做出错误的判断。能够把主观信念和客观真理区分开来并且认为它们是两回事，便是一个人已经达到一定智慧水平的认证。

除了蒙蔽客观真理这一弊端，信念的限制性还操控一个人的成败苦乐。人接受生命，就有权利去追求：接受、尊重、爱；更多轻松满足，成功快乐；幸福人生；系统更平衡、稳定、发展、壮大。然而，很多人在童年的成长过程中，充满被别人否定的体验，积累下来，就形成了限制性信念，使一个人无法朝上述方向发展，无法获得生活过得更好的机会，无法拥有更好的明天的可能性。限制性信念是轻松管理的头号敌人，让企业家在面对事情和问题时，内心做出的判断往往是“不（能/可能）”“没（有办法）”“难”。

有这些信念的人，常常试图用冠冕堂皇、不易辩驳的虚泛言语合理化自己的“不作为”（例如“应该知足”“安分守己”“做人不可以那样”等）。

这些虚泛言语只会让人把注意力放在无能为力和没有效果的地方。事实却是，每个人，只要有生命，我们总是有能力使自己更成功，同时使其他人、事、物更好。但凡成就大事的人士，都是允许自己有梦想，认为自己“能”“可以做到”，都是从思想上突破开始的。

动力模式，即人的内在驱动模式，指的是一个人习惯于受什么驱动。事实上，每个人都被他的价值观所推动。

什么是价值？价值是事情的意义和一个人能够在事情里得到的好处，比如在这件事情里什么最重要、这件事可以给我带来什么，或者凭这件事我可以得到什么。我常常喜欢引用弗洛伊德的一句话：“一个人做一件事，不是为了得到一些乐趣（正面价值），便是为了避开一些痛苦（负面价值）。”可见，价值是做与不做任何事的原因。因此，想要推动一个人，须先了解他的价值观，即他在乎一些什么样的价值，并想办法在他要做的事情中增添这些价值。

任何一件事给我们带来的价值都不会仅有一个，只是我们没有注意到罢了。这众多的价值里，是有着轻重缓急之分的。通常，我们会放弃一些较低的价值而成全一些较高的价值，在抉择上，我们是凭借价值的高低进行取舍的。

所有事情带来的价值中，既包含正面的（心中想要的），又包含负面的（心中想要避开的）。它们按价值的正负和轻重，在一个人的潜意识里排列：从最想要的正面价值到最轻微的正面价值，到轻微的负面价值，再到最不想要的负面价值。

如果一个人有清晰的价值观，那么处理事情与做出决定时便能干脆利落，否则会犹豫不决。不过，在一些情况下，即便我们对一件事的价值观有着清晰的轻重排序，仍会出现困扰，这是因为在意识和潜意识里事情的价值常常是不同的。

例如，一个员工老说是为了金钱工作，可当他已经拥有一份收入不错的工作时，仍然感觉不开心。经过引导，他才明白内心即潜意识其实是极其需要上级的肯定，并且渴望得到学习的机会。可见，在他的潜意识中，是视上级的肯定与学习机会为高于金钱的价值的。

这说明，人的需求是有两层的：表层需求与深层需求。表层需求主要表现为对环境的需求，如物质和金钱，还有行为上的需求，如技能提升、良好的感觉；而深层需求有责任、原则、成功快乐、信念（应该这样）、身份（我是一个怎样的人）、意义（我的人生为系统做出了什么贡献）。

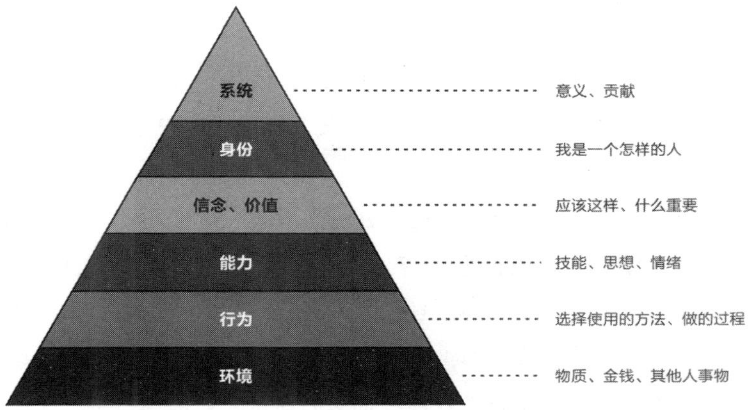

理解层次示意图

要推动一个人，必须搞清楚其表层需求与深层需求，找出他最注重的价值。当所有关于推动、激励人的方法，都是运用价值观的方法，在这个人要做的事情上增加他所注重的价值时，那么他便会对那件事情有兴趣，会自动、积极和认真地去做。

凡是重要的事情就一定做得很辛苦吗

中小企业对社会、对国家都非常重要。它们在社会经济发展和国家繁荣昌盛中担任着非常重要的角色。太多的经济学研究解释这点，这里就不赘言了。

中国改革开放40年来，国家的经济实力以史无前例的速度增长，至今已是世界第二大的经济体系，我认为中小企业的贡献也是重要原因之一。回看中小企业走过的40年，实属不易。改革开放之初，庞大的创业者寻找各种创业机会并谋求发展，一路淘汰了很多人，但更多的，而且越来越多的成功创业者把自己的事业建立起来并且越做越大，一小部分人甚至闯入了世界500强。随着市场竞争越来越充分，对中小企业的生存及其经营能力的要求就越来越高。互联网时代的来临，带来了很多新科技、新经营模式的出现，以至整个社会从工商业、农业到人们的生活习惯，到处都出现颠覆性的改变。传统经营理念及方法都失去了效果，中小企业在惊涛骇浪中挣扎，未来充满未知数。

如此形势下，不知道从何时起，社会上有了一个信念：有意义的事情、重要的事情，就必须要做得很辛苦、做得很艰难。渐渐地，人们的焦点不是放在“意义、重要”上，而放在了“辛苦、艰难”上。若两者有得选择，人们甚至直觉地选择后者，似乎不辛苦、不艰难就没有意义，不重要了。

他们口中还是不断地诉说着那些意义如何重要，但那只是“幌子”——让他们能够抵挡别人的劝说，让他们能够坚持继续辛苦艰难下去而已。

如何证明我说得没错呢？只要看看他们所做的事情有没有他们希望的效果。当企业家“越做越感到疲惫无力，距离成功快乐也越来越远，口中还有一大堆道理，坚持这样做才是对的”时，还能找出一大堆环境因素、外界人事物如何不配合的借口。至于为什么在同样的环境与人、事、物的情况下，有人能取得成功？他们就会拿出最后一件法宝：别人运气好，我不跟人比较，我只管做自己的事。

其实他们唯一欠缺的运气是：不愿改变一下思维的方式，不允许自己考虑无须辛苦，可以更轻松更有满足感的不同做法。一方面不甘平庸，另一方面却维持平庸，重复一个旧的、无效的模式。

我坚信：人生里的任何事，都可以得到成功快乐，同时过程可以做得轻松满足，企业管理也可以。你今天就可以开始允许自己，从一个信念开始，相信既然这个企业对我很重要、很有意义，我肯定可以做得更轻松、更有效果、更开心，同时更成功。我们只需要掌握一些正确的思想，正确的思想推动正确的行动，就会拿到想要的效果。

二、三个“看待”关乎行动和效果

所谓企业家心智模式，可归结为三个问题：

在企业经营的过程中

★ 你如何看待你自己?

★ 你如何看待有关的人、事、物?

★ 你如何看待问题?

★ 你如何看待自己

☆ 你本人的能力、优点与局限是什么?

☆ 你是企业的老板，“老板”是什么，该怎么做?

☆ 你是团队的领袖，“领袖”是什么，该怎么做?

☆ 你如何看待你与每个员工的身份定位与关系结构?

☆ 你在企业的未来发展中扮演怎样的角色?

☆ 在行业、社会、国家里，你的身份定位及“三观”如何?

……

★ 你如何看待有关的人、事、物

☆ 你如何看待团队和员工?

☆ 你如何看待顾客?

☆ 你如何看待供应商、合作企业和服务提供者?

☆ 每天的运营对你来说是什么?

☆ 你如何看待业绩目标、盈利目标？

☆ 你如何看待企业的产品和服务？

☆ 你如何看待企业的转型、升级？

☆ 你如何看待团队绩效？

☆ 你如何看待市场营销？

☆ 你如何看待企业的商业模式？

……

★ 你如何看待问题

☆ 你如何看待每天运营中出现的非常规情况？

☆ 你如何看待员工的失误、抗拒、能力不足？

☆ 你如何看待顾客的满意度、投诉、要求？

☆ 你如何看待对手的竞争手段、行业中的竞争压力？

☆ 你如何看待产品的质量、产能瓶颈、服务标准等问题？

☆ 你如何看待企业的资源不足和未来发展方向不明晰？

☆ 你如何看待所有给你压力，让你焦虑，想不出解决办法的事情？

……

企业中的问题本身并不是问题，你看问题的态度才是问题；企业中的问题本身并不复杂，复杂是因为站错了位置。

什么样的心智模式，就会产生什么样的行动和创造什么样的效果。新时代中小企业家们假如不在上述三点上提升，而只是强调管理技巧，是无法解决今天很多企业中的问题的。

三、系统动力与新时代企业家心智模式

我认为世界上所有的学问都是企图做两件事：

第一，解释这个世界到底是怎么一回事。

第二，找出一个人如何在这个世界可以活出更好的一生。

我的学问不研究宗教政治，不谈鬼神，不谈前世来生，兴趣只在于研究如何可以活得轻松满足成功快乐。我的使命就是：传播好学问，幸福更多人！

我认为好学问必须符合三点——“我好、你好、世界好”。光是符合第一点、第二点的“我好、你好”不能称为一门好学问，如同我们看到的贪污腐败等问题，很多时候都是双赢的，但却是不当、不可推崇的，因为它不符合“系统好、国家好、世界好”这一准则。所以，好的学问必须教会人从更高的角度，用“三赢”（我好、你好、世界好）看待事物。

事实上，对于一个人来说，找到幸福满足，吸毒不就可以了吗？吸毒的时候人的状态是非常开心快乐、无忧无虑的，可是为什么不行呢？因为对这个人来说，他的过去、现在、未来是一个系统，而吸毒是没有未来的。

可见，做到“三赢”，还需考虑到系统，而我的学问——系统动力学，就是这样产生的。

新时代企业家的心智模式，必须是与系统动力相符合，具备“三赢”意识，十分关注系统的心智模式。

不可不知的系统动力

要了解系统动力，需先了解什么是系统。

这个世界是由无数的系统构成的。系统是指两个或两个以上，相同或不同的个体，为了共同的意义与目的聚合在一起。每个系统里面会有无数更小的系统在运作，同时，每个系统又在无数更大的系统中运作，所有的系统都用同一套法则来运作，称为“系统动力”。

过去我们主要谈论意识、潜意识或理性、感性这两个层面，而在系统动力当中，多加了一层——系统，我把它们称之为“三层世界”（即物质世界、心理世界、系统世界）。在第三层的系统世界里，更关注人与人、事、物之间的关系、连接与平衡，并且十分关注未来，认为人是应该不断朝未来前进的。

企业同样是由“人、事、物”组成的一个系统，里面有无数“人与人、人与事、人与物、事与事、事与物、物与物……”的系统，同时又隶属于无数个“人、事、物”的大系统。以往管理学的核心是在研究“事”，如技术、目标、流程、制度、规则等；心理学的核心是在研究“人”，如潜意识、情绪、感受等；而系统动力学，核心是研究“人、事、物”的深层次系统连接、系统平衡、系统序位、系统赋予的角色、系统的有效延续等。

试想一下，你的企业平时召开会议，焦点是否总是聚集在过去发生和当下存在的问题，而忽略未来？当谈论过去和当下，就没有时间留给未来，就没有想过企业日后的发展延续，也就意味着没能给系统这一层足够的关注。

在企业管理中，与员工沟通时，你是否想过自己的身份定位？你是否总是习惯与下属沟通时端着高高在上的“企业老板”这个身份，而同时又苦恼员工不配合工作？事实上，改变人在系统中的距离、高低、序位都可以改变关系。当站在系统层面看待问题时，很多事情会变得容易简单。假如老板能在谈话的系统中改变自身的角色定位，做员工的支持者与合作者，那么沟通效果将会有非常大的不同。事实上沟通的时候，你在内心里认定对方的身份是什么，决定了你对他的态度和说话行为模式，同时决定了沟通效果。很多时候，回到自己的身份定位，往往会带来关系的改善。

如果我们只从意识、潜意识或理性、感性看问题，我们就会只把关注焦点放在单独的个人身上。然而，人要活得轻松快乐满足，必然是要跟其他人、事、物相联系，相组合而成一个系统的。因此我们在看问题时，只有充分考虑系统这一层，才能看到人生的完整性。

人不能单独存在，人必然存在于系统之中。只有从系统层面看待、分析问题，事情的意义才可能凸显出来，而问题也变得更易呈现。当然，我们需要在理性层面上用“对或错”的标准来防止违法、不道德的事情发生，但不能仅仅停留于“对或错”，而需穿越对错看效果，效果往往是由人的潜意识的感性层面决定的。最后上升至系统层面，看事情有没有意义。这便是从系统动力看待事物的意义。

我们都活在“三层世界”

系统动力学认为，世界由三层构成，我把它称之为“三层世界”，即物质世界、心理世界和系统世界。

物质世界	意识	理性	道理、逻辑、对错、好坏、标准
心理世界	潜意识	感性	感觉、感受、情绪、舒服、开心
系统世界	系统	灵性	连接、平衡、尊重、序位、身份

三层世界内容简表

物质世界，即人的意识、理性所反映的世界，包括自然界与人类社会。在这一层看待事物时，我们往往讲道理、分对错。很多企业家的心智模式便是停留在这个层面，他们相信管理企业得用理性。所以你会发现，当这些企业家们谈论起管理时，方法、技巧、流程是一套又一套的，即使不管用、没效果，仍然坚持。这种唯物的心智模式，简单地认为人类对世界的数学认识和理性认识揭示了事物的本质。

事实上，我们所置身的世界，除了有我们外部感官所反映的物质世界，还有我们内部的世界，也就是心理世界。

心理世界，即人的潜意识、心理活动。在这一层看待问题时，我们会关注到人的情绪与感受。没有心理世界，外部感官所获取的信息，充其量就只能是一堆信息罢了，而不能得到有效梳理，让信息往恰当的地方流动、安置与利用。相比意识的被动，即受头脑控制，潜意识更加敏锐与灵动。懂得从心理层面看待问题的企业家，会开始意识到做好管理，还需关注到人的内心。

心理学家罗杰·布朗斯维克说："人们的抱负、梦想和自我都会在工作中流露出来，尽管大家都表现得好像这一切与在公司的行为无关。其结果就是存在大量不愿被承认的情感噪音，对工作造成极大损害。"从这个角度看问题，关注员工的心理世界，有助于避免企业家在工作中把焦点放在对与错，而开始真正关注人，并从中找出有效解决的方法。

系统世界，即人所在的系统，以及系统所赋予人的身份和角色。事实上，一个企业家的成功快乐，就是往高处走，最大程度地提升自身能力，获取更高级别事物的资讯与知识。假如他的心智只停留在第一层（物质）世界，稍微好一点第二层（心理）世界，那么他就只能获得意识或者潜意识层面的知识，发展意识或潜意识层面的能力，无法得到更大的、关于系统层面的能力。这对一个企业家来说将是非常遗憾的。

新时代中小企业家必须培养起新的心智模式，认识世界的结构有层次之分，并学习用第三层世界——系统世界——看问题。

我们同时活在三层世界，因此需要培养起用三层世界看待问题的心智模式，单看任何一层都不全面，都有欠缺。

企业管理中处理问题也是如此。比如，面对不知是否要让有很多年交情但经常出错的员工离开的抉择时，可从系统层面进行分析。解决好他的离开问题对企业未来有什么意义，是否他的离开会让整个团队、企业发展得更好？当确定他的离开会更有意义时，还可将该员工介绍到其他公司，甚至与其合作的公司。这样一来，既发挥他的个人优势，又不会伤害公司的利益和彼此的情谊。这就是从系统层面进行考虑，才找出的解决问题的方向。

我们同时活在三层世界中，既要考虑对错，又要考虑心理状态，更要考虑在有关系统中的关系是否足够好，人如何在世界中活好一生。当一个企业家能站在较高层面上理解事物时，他就能照顾全局，更好地解决问题。

新时代所需要的三层思维模式

系统动力主要有三条基本法则：

（1）恒动、恒变、恒前。

（2）平衡、稳定、发展、壮大。

（3）所有平衡稳定都是在不平衡、不稳定中完成的。

所有系统都用着同一套运作法则。

系统动力的第一条法则：恒动、恒变、恒前。所有的事物都在不断地动，并且是无序非规律地变动，同时只有一个方向——向前。也就是说，变动是无法停止，也不能倒退的，就如同人无法回到过去美好的时光一样。你可以创造新的美好时光，但不能够保持，或者停留在过去美好的时光。

光用“动、变、前”三个字，就可以解释很多企业的问题。但凡任意一个面临困难、问题的企业，几乎都是因为维持一个旧的、无效或者曾经有效的模式。事实上维持旧的无效的模式，已经违背了“动、变、前”这条基本法则。

实际上，我们的辛苦和艰难，往往就是来自于“不要动”，期望所处的状态最好是维持在一个最好的状态中。可是，每个人的思维、身体的状态都是不断变化的，外部条件也是如此，怎么可以“不动”呢？

我们不难发现，许多企业家每年循例定目标，然后按目标来展开新一年的工作，以求达到目标。可你是否有想过，要做到目标如计划中的100分，很多时候是没有可能的。因为在你定下这个目标后的每天每时每刻，所有这些条件、因素、拟定目标所用的资源全部在变。换言之，这个目标只有在定下的那一刻，它才是最好、最恰当的目标，而之后都不是了。然而，很多企业家的心智模式是：不管现实情况如何变化，依然坚持要达到所定的目标。

举个例子，你定的团队业绩目标是今年比去年增长30%，结果团队增长了50%，这样是否意味着你该大力嘉奖了呢？可你是否想过，假如你所有的对手中最糟糕的一家都增长了80%，而你才增长50%，此时因承诺而做嘉奖，想必你内心是不愿意的吧？或是反过来，你定下目标为增长30%，但团队只做了12%，这时是否意味着团队应该接受惩罚呢？但假如你发现所有的对手中最厉害的一家都只增长了8%，其他很多竞争对手还出现了负增长，实际上你的增长率已经是行业内最厉害的了，你还会惩罚团队吗？

可见，很多中小企业家都习惯于定下目标，为了达到目标而做，却缺乏关注系统的变化的意识和能力，这样效果往往不理想。

系统动力的第二条法则：平衡、稳定、发展、壮大。所有的系统都是在不断变化，并朝向平衡、稳定、发展、壮大的方向。无论是人、家庭，抑或企业，乃至国家，都是如此。并且，所有平衡、稳定都是在不平衡、不稳定中完成的（第三条法则）。

新时代中小企业家必须看到企业一切工作目标的达成，总是会不断地经历不平衡、不稳定的过程。就如同走路，我从一头走到另一头，表面上看似平衡，但当我逐渐放慢速度，你可以看到其实每一步都是不平衡、不稳定的，而正是这样的不平衡、不稳定推动着我往前走。

事实上，任何关系的发展都是在不平衡、不稳定中实现的。比如，新认识的朋友请我吃饭，我心怀感激，也请他吃了饭并送他一本书。朋友觉得欠了我，又送给我两瓶酒。关系就是这样一点点发展起来的，而不是我请你一顿你请我一顿后，互不相欠，又回到原来的平衡点。可见，绝对的平衡稳定是很难推动关系发展的，发展就是在这种不平衡、不稳定里面才得以实现的。

企业发展也一样，无论是目标的实现、项目的推动，还是与客户关系的建立，都是在不平衡、不稳定中达到平衡稳定的。因此，现在的中小企业家们必须认识到这一点，避免力求保持企业平衡稳定的心智模式。

21世纪是科技和互联网的时代，企业家们之前的一些思维模式已经不再适用。我们现在这个时代真正需要的是，结合理性、感性、系统的三层思考模式。

我认为，新时代企业家应该是这样的一个群体：他们的兴趣不仅仅限于获得物质收益，同时满怀梦想与热情，投身于实现自己的梦想，并且通过他们，让更大的系统——社会、国家、世界——变得更美好。事实上，人都是有意识地利用信念去决定变得更有激情、更有决心、更有创造力的，也由此，转化成了一个人的动力、灵活性与专注。新时代的企业家要有渴望成功，并坚信自己能够成功的信念与定力，同时兼备使命感与“三赢”意识，能站在更高的系统层面看问题。拥有如此心智模式的新时代企业家们，不仅能够吸引、鼓舞到那些拥有同样愿望、使命的人合作，推动商业的健康运作与发展，同时对这个社会、世界未来的发展起到先驱作用！

本书将从企业涵盖的五大方面的心智，对企业家心智模式的重要性进行阐述。这五大方面的心智即企业家的团队心智、企业家的运营心智、企业家的赚钱心智、企业家的发展心智与企业家本人的心智。

（1）企业家的团队心智，深究不过就是如何看待团队能力问题与管理问题的心智。

团队能力问题与团队管理问题的产生不仅与企业管理者的心智模式有关，同时也与团队的心智模式紧密联系。团队能力不足，要么是管理者没有正视HR部门的重要性（找企业未来需要的人），要么就是忽视培训部门的作用（提高团队能力）。

对于团队管理，企业管理者应改变从前认为“员工就是要管”的理念，将今天的事交给团队去做，自己负责企业的未来。

（2）企业家的运营心智，指的就是企业家看待企业生产经营运作问题的心智。

中小企业家在运营企业时，传统的心智模式是在企业内部关起门来思考如何“生产产品和销售产品”。而在互联网时代，他们需要改变心智模式，转为“基于客户个性化的需求”，把焦点放在“与客户建立关系”上。

事实上，中小企业的顾客只求精准不求多，假如企业家能调整自己的运营心态与理念，做到“只做我能做的”，并不断地灵活变化，便能够获得轻松成功。

（3）企业家的赚钱心智，即企业家如何看待企业盈利问题的心智。

通常，企业管理者们的心智模式使得他们习惯于把赚钱当成企业目标，并因此把所有的赚钱压力都加于销售团队身上。这种心智模式所带来的后果不仅仅挫伤团队积极性，造成销售人员采取不当销售手段，还会使得企业内耗严重，并且丧失消费者信任。

事实上，只有当管理者明白赚钱只是结果，而不能是目标，并把关注点放在为消费者创造价值，通过制定合理的战略规划和预算管理时，方才可能实现“赚钱”。

（4）企业家的发展心智，也就是指企业家如何看待企业未来的心智。

许多企业管理者们习惯于兜售企业过去的成就，而要想让企业走向未来，实现继续发展，就必须找出企业未来的发展机会，需要企业管理者做到“往外看”——把握形势，“往内看”——了解自身优势，从而在看到机遇与可能性时能够牢牢把握住，让企业顺利步入未来。

同时，还需具备战略思维。战略思维是一种前瞻性思维，是对一个企业进行系统性思考、关注企业未来，因而关注长期发展目标的确定与实现的思维。传统的企业管理者是用过去决定未来，现在则要求管理者们扭转过去沿用的心智模式，建立起战略思维的神经网络，用未来决定现在，才能真正为企业找出一个最好的未来，并且找出通向这个最好未来的那条路。

（5）企业家本人的心智，也是指企业管理者自身的心智。

如我在前文所说的，企业里的所有问题都是人的问题，所有人的问题都是老大的问题，所有老大的问题都是他心智模式的问题。

作为一个企业老大，假如他无法拥有让其成功的、有效的心智模式，那么无论做什么，也是不可能成功的。

新时代中小企业家必须从拥有坚信自己能成功，认为自己有成功的资格的心态开始，在经营企业中灵活变化，走出一条“小而美”“小而精”“小而强”的道路。

可见，企业经营中方方面面的问题都是与企业家的心智模式密不可分的。何种心智模式，决定着企业家们采取何种方式面对、处理问题，以及产生何种效果。

因此，新时代中小企业家们要想在经营企业中获得轻松满足、成功快乐，那么就从具备轻松满足、成功快乐的心智模式开始吧！

【瀚霆方法论】

当企业遇到问题或挑战时，用管理学不能解决，就用心理学，用心理学不能解决，就用系统动力学。瀚霆方法论就是融合应用这三门学问，通过实践总结出来的企业经营管理方法的理论。

1.“瀚霆方法论”的形成

何谓方法论呢？方法论，就是关于人们认识世界、改造世界的方法的理论。概括地说，世界观主要解决世界“是什么”的问题，方法论主要解决“怎么办”的问题。

瀚霆方法论，就是企业经营管理中遇到问题后“怎么办”。

1986年，我参加工作，通过打造优质产品，三年内让一个偏僻山区的地方企业连创地优、省优和部优，填补省市及地区多项企业发展空白，又充分运用泰勒的科学管理理论与方法将农民转化成高效的企业工人；20世纪90年代初，我运用各项战略管理分析工具进行可行性研究，顺利为三峡移民工程材料生产制造项目立项，成为省市地方的标杆项目；南下广东服务外资企业，通过流程改造、组织变革和企业文化建设，全面提升绩效，被集团董事局认可为在大陆投资十余年来，遇到的最优秀的高管；迈入21世纪后，先后负责或参与了战略规划、营销企划、品牌建设、人力资源等企业管理咨询顾问服务，硕果累累。30多年来，我通过管理学的理论结合实践创新，创造过无数经典成功的案例。

管理学以绩效为本，随着劳动力市场的变化、互联网等新技术的普及应用，社会发展速度越来越快，知识成为了超越资本和劳动力最重要的生产要素，“把人当机器”的科学管理理论已无法适应现代企业的发展与需求。心理学以人为本，人是绩效的基础，我开始探索与运用“以人为本”的心理学，解决企业经营管理及其发展的问题与挑战。

在这个过程中，我把构造、机能、行为和人本等心理学流派的核心理念与管理学相结合，进行实践创新，创造与发展出来一系列的应用工具，比如战略单品、产品望远镜、客户画像、总裁特质、价值主张、品牌五觉、营销闭环等，成为中小企业快速诊断、快速改善、快速见效的实用工具。特别是接触和学习NLP（神经语言程序学）后，我开始把理解的六个层次运用到企业全息诊断中去，运用检定语言模式来帮助企业家寻找问题的根源，运用智慧语言工具帮助企业寻找更多的可能，当然还有完形、催眠、萨提亚等在企业的团队管理、企业的文化建设和市场的营销策划中的应用等。

在企业经营管理的过程中，管理学与心理学相互补充。不可能单纯用心理学的理论和方法来管理现代企业，同样，也不可能不顾人的因素而只依靠科学理论与统计方法来解决新时代企业中的重大问题。

尽管如此，我在大量中小企业管理咨询顾问服务的实践中仍然发现，即便结合了管理学与心理学，还是有很多事情办不到或无法实现，甚至背道而驰。特别是企业家们，会觉得在企业经营过程中，有时候如顺水行舟，事半功倍，有时候又如逆水行舟，事倍功半，备感吃力。直到我接触了李中莹老师的系统动力学，很多迷茫与困惑逐渐清晰明朗，有些问题与挑战迎刃而解。

比如，面对产品，瀚霆方法论首先会从“物质世界”用管理学分析，如产品定义、功用性能、渠道价格等维度；其次会从“心理世界”用心理学分析，如客户痛点、情绪感受、服务体验等维度；然后会从“系统世界”用系统动力学分析，如系统连接、身份序位、整体平衡等维度；最后融合以上三层世界进行全局性、系统性、综合性、动态性的思考，并寻找解决方案。

管理学和心理学好理解，举个系统动力学的例子吧。

2008年汶川地震之后，当时的王老吉迅速向地震灾区捐款1亿元，引发强烈反响。国家有难，匹夫有责，民众受灾，感同身受，王老吉的行为受到了隶属于中国这个系统的成员——中国民众——的认可、支持与赞赏，于是有了“买断王老吉事件”。这就是系统的动力。

以前，我觉得我的方法像是散落的珍珠，散发着光芒却无法成为一条美丽的珠链，而李中莹老师的系统动力学，及其对三层世界的表述和系统动力三条基本法则的归纳，便好像一根线似的把我散落的珍珠穿了起来。而我遵循着三层世界的纵向维度以及三条基本法则的横向维度，在管理学、心理学和系统动力学这三层世界之间，从有界到跨界再到无界，融会贯通，自由行走，我把自己在实践中总结出来的方法形成了体系，构成了我在企业经营管理实践中应用的“瀚霆方法论”。

2.“瀚霆方法论”的应用

瀚霆方法论认为：世界上没有两个完全相同的企业！

即使同一个企业在不同的时期也不相同。一个成熟的企业在发展过程中会经历市场、产品、用户、品牌等四个不同的周期，用企业不同发展周期的动力驱动企业在不同发展周期的发展。由此归纳总结为四大驱动模式，即市场驱动模式、产品驱动模式、用户驱动模式和品牌驱动模式。

（1）市场驱动模式，就是为满足消费者未满足的需求而形成驱动的一种模式。我们所有的企业都是基于市场需求而启动或创业的。有的市场需求是显而易见的，比如说衣食住行；而有的市场需求是隐性的，需要通过创新来激活并满足，比如说iPhone、无人机、人工智能等科技产品。

企业为需求而生，市场被创造出来后，就会出现很多竞争者。当市场竞争充分的时候，企业的生存空间就会越来越小。这时企业必须谋求新的发展，一种发展是再去寻找新的市场领域，不断重复市场驱动模式；而另一种发展就是由市场驱动模式进入产品驱动模式。

（2）产品驱动模式，就是企业通过打造某项产品或服务的核心优势，占领消费者心智而形成驱动力的一种模式。企业要与竞争对手区隔开来形成竞争优势，就必须培养出自己的核心竞争力。此时需要聚焦资源，打造某项服务或某个产品系列，且不断迭代，创造和发展消费者更深层次的需求，在众多竞争者中脱颖而出，并与竞争对手拉开差距。当差距越来越大时，就有可能遇到天花板或者其他的发展瓶颈。这时就要进入用户驱动模式。

（3）用户驱动模式，就是满足庞大的用户群体不断衍生出的新的需求而形成驱动力的一种模式。当企业通过某项服务或某个产品的核心竞争优势、市场占有率、客户的良好体验和口碑传播，迅速聚集大量的用户资源之后，通过与用户互动，为用户创造价值，让用户感受到温度，与用户真正形成一个基于某项服务和产品的独特价值主张的新系统时，企业就会由于用户的需求衍生出更多的产品系列，得到更大的发展。这时就要进入品牌驱动模式。

（4）品牌驱动模式是由消费者通过消费和体验之后，对产品或服务及其独特价值主张，产生知名度、美誉度、忠诚度而形成驱动力的一种模式。品牌驱动模式就是要多曝光，不断重复自己的价值主张和兑现对用户的承诺，并进行品牌传播，占领更大市场。通过迭代服务和产品来保持消费者的忠诚与追随。当在某领域，某品牌达到一定的市场占有率、品牌美誉度、用户忠诚度、产品溢价能力之后，就要到新的市场去拓展新的领域，即螺旋式上升进入其他驱动模式。

四大驱动模式中，市场驱动模式是在市场不平衡的环境下走向平衡，产品驱动模式是在平衡之后进而稳定，用户驱动模式是在稳定之后进而谋求更大发展，品牌驱动模式是在发展到一定量级的时候而壮大的标志。这正体现了李中莹老师系统动力学的三条基本法则：“动、变、前”，“平衡、稳定、发展、壮大”，以及“所有的平衡和稳定都是在不平衡、不稳定的过程中完成的”。

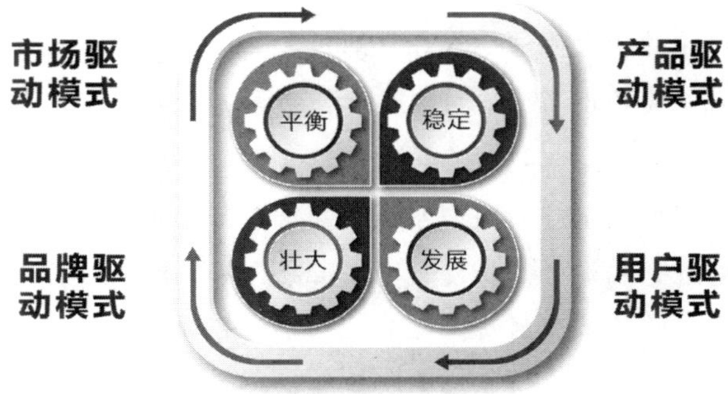

四大驱动模式示意图

我的顾问客户“涟影职业女装”就经历了这样一个发展过程。

创始人林玮隽、林育香夫妇，发现了职业女装这个具有潜在需求的市场，并且找到了一款蓝条纹衬衫，连续畅销三年。这就是市场驱动模式。

当我开始为他们提供经营顾问服务后，迅速提炼这款蓝条纹衬衫的畅销元素，提出“空姐范”的概念，打造了房地产销售行业的职业装，两年时间不增加任何资源及投入，业绩翻了20多倍。这就是产品驱动模式。

随着产品热销，企业拥有了庞大的用户，而通过与用户互动，为用户提供更高价值的服务，形成了非常高的复购率和口碑传播度，与用户之间建立了非常深的连接，形成了“空姐范”这样一个新的消费群体、消费部落和用户系统。同时围绕职场女性的状态，我们又提炼了“让工作更快乐”的独特价值主张。这就是用户驱动模式。

渐渐地，“让工作更快乐”的“空姐范”在用户心智中占领了一席之地，知名度、美誉度与忠诚度日益提升，不到三年就提前实现了我们当初提出的“成为职业女装领袖品牌”的愿景和使命。我们开始推出更多、更丰富的各类职业服饰系列，满足职场女性不同的职业着装需求。这就是品牌驱动模式。

四大驱动模式的顺序，是灵活而非机械的、刻板的，要基于企业在发展的不同阶段、拥有的不同资源、能力和不同的行业环境等灵活运用。

瀚霆方法论的四大驱动模式在企业经营管理实践中，是通过科学技术型创新、模式结构型创新、用户中心型创新和流程效率型创新等四大创新实现的。

我提供经营顾问服务的某净水设备品牌，将净水、沐浴、美容和保健等核心技术与理念相结合，研发出“宜维康”和“御见”两个品牌的花洒系列，这就是科学技术型创新；花洒是一个高频使用、低频购买的家装沐浴产品，而通过为用户提供滤芯和功能耗材，由此与用户进行多频次的连接互动，维系良好关系，为后面更多的商业可能性打下基础，这就是模式结构型创新；在与用户连接互动过程中，以用户为中心，与用户进行天马行空的创意，同时将用户的使用体验及需求，反馈给技术研发部门、战略规划部门，作为产品持续创意研发的资源和商业模式创新的源泉，这就是用户中心型创新；产品品质和市场稳定后，一边迅速迭代产品，一边优化供应链及工厂制造和品牌运营团队的效率，增强企业的竞争力，这就是流程效率型创新。

无论是科学技术型创新，还是模式结构型创新，同时都需要用户中心型创新与流程效率型创新，并且每个创新都不是独立的，而是整体、系统和动态的。

新时代企业家，要通过创新来实现“变在变化之前”，让企业不断地在新的环境中平衡、稳定、发展和壮大。要有科学技术型创新的情怀，要有模式结构型创新的豪迈，要有用户中心型创新的维度，要有流程效率型创新的实在。

3.“瀚霆方法论”的目的

瀚霆方法论的目的是支持企业从线性式发展，到指数式发展，再跨越到量子式发展。

线性式发展，是指通过增加某类资源（包括项目、渠道、人员、设备、资金等）达到业绩快速增长。企业发展初期，线性式发展使企业发展快速、业绩倍增；而随着企业规模扩大，线性式发展会使管理成本增加，还会让企业出现“反应迟钝、官僚严重”等大企业病；同时也要注意企业资源有可能分散，反而阻碍了企业发展。

指数式发展，也称为引爆点发展，是通过重构资源，进行用户中心型创新，在某一节点进行资源引爆达成的。指数式发展存在一个质变点，企业在达到质变点之前往往发展平缓，一旦过了质变点，发展数量开始呈指数级加速，陡然蹿升。指数式发展有一个明显的衡量标准，就是企业业绩在３～５年内，达到10倍以上的发展。

量子式发展，是企业达到一定量级发生的不连续的迭迁发展。量子式发展有效解决了线性式发展、指数式发展中围绕单轨道发展出现的发展放缓、发展天花板的问题。

前文所述的涟影，通过打造“空姐范”职业女装，由年仅450万元、不到5万件的销售规模，在没有任何新项目和新渠道开发、设备投入和资金投入的前提下，两年时间发展过亿、年销60万件以上、20多倍的发展速度，就完美诠释了从线性式到指数式的发展历程。

量子式发展目前最典型的就是阿里巴巴了。阿里巴巴从一个经营电子商务会员服务诚信通等B2B产品的公司开始，迭迁出C2C电子商务创业平台淘宝，再迭迁出B2C企业电子商务平台天猫，又迭迁出大数据阿里云，继续迭迁成立蚂蚁金服互联网金融平台和菜鸟物流等，成为一个通过不断迭迁进行能量聚合的发展集合体，最终实现量子式发展。

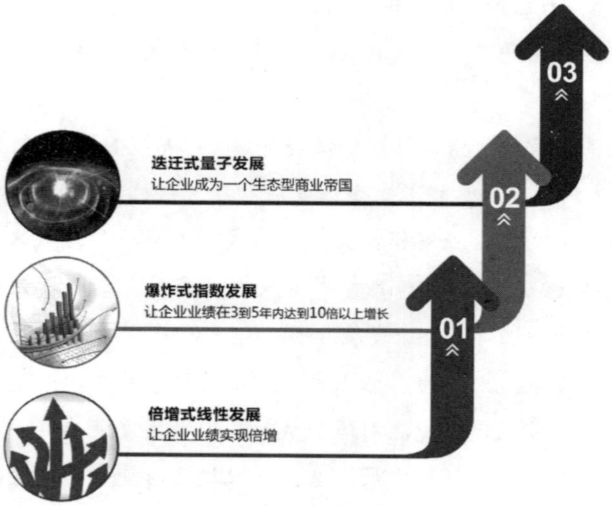

发展模式示意图

瀚霆方法论是在企业经营管理实践中，通过对管理学、心理学、系统动力学的融会贯通和灵活应用，结合企业的市场、产品、用户、品牌等不同发展阶段的四大驱动模式，运用科学技术型、模式结构型、用户中心型、流程效率型等四大创新，实现企业从线性式发展到指数式发展，再跨越到量子式发展的目的。

小 结

1. 所有企业里的问题都是人的问题，所有企业里人的问题都是老大的问题，所有老大的问题都是他心智模式的问题。

2. 心智模式就是对待事情态度的惯性模式。心智模式是存在于一个人的潜意识中，对事物所抱持的固有看法。心智模式以一种不被察觉的方式，决定一个人面对或处理事情过程中的思维模式与情绪模式。

3. 心智模式决定一个人的思维模式、判断模式和动力模式。

4. 思维模式指的是一个人看待人、事、物的角度、维度与方式，它决定着个体的言行。

5. 判断模式，即一个人对其思考对象，如人、事、物等，所做出的肯定或否定的断定的习惯。判断往往基于信念，信念是所有判断模式的基础。

6. 当一个人本着某种信念时，他便会像被蒙蔽了双眼，做出可能不符合客观事实的判断。也就是说，信念具有局限性，或是限制性。

7. 限制性信念是轻松管理的头号敌人，让企业家在面对事情和问题时，内心做出的判断往往是“不（能/可能）”“没（有办法）”“难”。

8. 能够把主观信念和客观真理区分开来并且认为它们是两回事，便是一个人已经达到一定智慧水平的认证。

9. 但凡成就大事的人士，都是允许自己有梦想，认为自己“能”“可以做到”，都是从思想上突破开始的。

10. 动力模式，即人的内在驱动模式，指的是一个人习惯于受什么驱动。事实上，每个人都被他的价值观所推动。

11. 人的需求是有两层的：表层需求与深层需求。表层需求主要表现为对环境的需求，如物质和金钱，还有行为上的需求，如技能提升、良好的感觉；而深层需求有责任、原则、成功、快乐、信念（应该这样）、身份（我是一个怎样的人）、意义（我的人生为系统做出了什么贡献）。

12. 想要推动一个人，须先了解他的价值观，即他在乎一些什么样的价值，并想办法在他要做的事情中增添这些价值。要推动一个人，必须搞清楚其表层需求与深层需求，找出他最注重的价值。

13. 不知道从何时起，社会上有了一个信念：有意义的事情、重要的事情，就必须要做得很辛苦、做得很艰难。

14. 有些老板不愿改变一下思维的方式、不允许自己考虑无须辛苦、可以更轻松更有满足感的不同做法。一方面不甘平庸，另一方面却维持平庸，重复一个旧的、无效的模式。

15. 人生里的任何事，都可以得到成功快乐，同时过程可以做得轻松满足，企业管理也可以。

16. 企业家心智模式可归结于三个问题，即在企业经营的过程中，你如何看待你自己，你如何看待有关的人、事、物，你如何看待问题。

17. 企业中的问题本身并不是问题，你看问题的态度才是问题；企业中的问题本身并不复杂，复杂是因为站错了位置。

18. 什么样的心智模式，就会产生什么样的行动和创造什么样的效果。

19. 三赢：我好、你好、世界好。

20. 新时代企业家的心智模式，必须是与系统动力相符合，具备“三赢”意识，十分关注系统的心智模式。

21. 这个世界是由无数的系统构成的。系统是指两个或两个以上，相同或不同的个体，为了共同的意义与目的聚合在一起。每个系统里面会有无数更小的系统在运作，同时，每个系统又在无数更大的系统中运作，所有的系统都用同一套法则来运作，称为“系统动力”。

22. 企业同样是由“人、事、物”组成的一个系统，里面有无数“人与人、人与事、人与物、事与事、事与物、物与物……”的系统，同时又隶属于无数“人、事、物”的大系统。

23. 沟通的时候，你在内心里认定对方的身份是什么，决定了你对他的态度和说话的行为模式，同时决定了沟通效果。

24. 人不能单独存在，人必然存在于系统之中。

25. 系统动力学认为，世界由三层构成，我把它称之为“三层世界”，即物质世界、心理世界和系统世界。

26. 物质世界，即人的意识、理性所反映的世界，包括自然界与人类社会。心理世界，即人的潜意识、心理活动。系统世界，即人所在的系统，以及系统所赋予人的身份和角色。

27. 我们同时活在三层世界，因此需要培养起用三层世界看待问题的心智模式，单看任何一层都不全面，都有欠缺。

28. 系统动力主要有三条基本法则：(1) 恒动、恒变、恒前；(2) 平衡、稳定、发展、壮大；(3)所有平衡稳定都是在不平衡、不稳定中完成的。

29. 实际上，我们的辛苦和艰难，往往就是来自于“不要动”，期望所处的状态最好是维持在一个最好的状态中。

30. 我们现在这个时代真正需要的是，结合理性、感性、系统的三层思考模式。

31. 当企业遇到问题或挑战时，用管理学不能解决，就用心理学，用心理学不能解决，就用系统动力学。

32. 在企业经营管理的过程中，管理学与心理学相互补充。不可能单纯用心理学的理论和方法来管理现代企业，同样，也不可能不顾人的因素而只依靠科学理论与统计方法来解决新时代企业中的重大问题。

33. 世界上没有两个完全相同的企业！

34. 四大驱动模式，即市场驱动模式、产品驱动模式、用户驱动模式、品牌驱动模式。

35. 四大驱动模式中，市场驱动模式是在市场不平衡的环境下走向平衡，产品驱动模式是在平衡之后进而稳定，用户驱动模式是在稳定之后进而谋求更大发展，品牌驱动模式是在发展到一定量级的时候而壮大的标志。

36. 四大驱动模式在企业经营管理实践中，是通过科学技术型创新、模式结构型创新、用户中心型创新和流程效率型创新等四大创新实现的。

37. 新时代企业家，要通过创新来实现“变在变化之前”，让企业不断地在新的环境中平衡、稳定、发展和壮大。要有科学技术型创新的情怀，要有模式结构型创新的豪迈，要有用户中心型创新的维度，要有流程效率型创新的实在。

第二章　团队心智

一、重新认识管理

关于什么是管理这个问题，自上世纪初古典管理理论产生以来，便没有停止过讨论。学术界对管理的概念定义可谓层出不穷，丰富多彩。然而，关于管理的观点不论是多么异彩纷呈，从本质上来讲，管理就是运用手上的资源去达成目标。

管理其实包含“管事”与“管人”两个部分，并且这是不同的两件事，需要区分开来看待。总结为一句话就是：对事用理性，对人用感性。

管事就是管目标

在企业里，管理（管事）主要以6种资源为对象，人、财、物（硬件）、技（软件）、讯（资讯）、时（时间）；而管理的工作主要包括4个，策划、组织、督导、控制。换言之，管事其实就是通过对人、财、物、技、讯、时的策划、组织、督导、控制，来达到企业目标。

人：企业里对人的管理包括合理岗位调配、创造合适的工作环境和工作设备、建设有效的企业文化、建立有效的管理制度、建立企业与外部组织的良好关系等。通过利用与人有关的资源，确保人员在岗位进行高效工作。

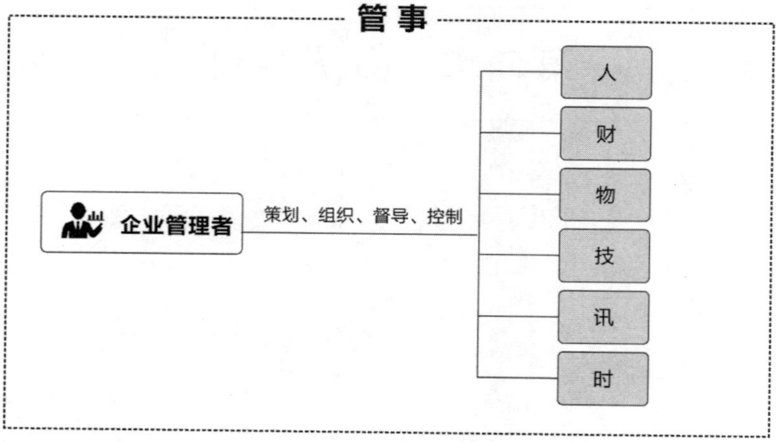

“管事”示意图

财：对财的管理，即对企业资金进行最有效的支配，包括研发费用控制、产品成本控制、物流费用控制、人工成本控制、财务监督等。财务管理作为企业管理的核心，对优化企业生产经营，提高企业经济效益起着至关重要的作用。

物：指企业的硬件、物资等。对物的管理，涉及对企业生产、经营所需的各种设备、物料进行有计划的定制、采购、供应、保管、储备和使用等各个环节。

技：主要指各项支持企业运营的软件、技术。对各项软件、技术的管理，有利于最大限度发挥它们的有效性，以达到辅助企业运营的目的。

讯：指资讯、信息，包括企业内部资讯与外部资讯。资讯管理主要是对企业运作活动中所需的资料与数据，进行有效采集、整理、贮存、传播、创新和利用等一系列过程，其主要内容包括对业务信息、客户信息、市场信息的处理，与对市场新资讯的挖掘。

时：“时间”是六项资源中最可靠的，但同时是最缺乏被尊重、最容易被忽略的一个资源。一个企业往往失败在时间上，均源于忽略其重要性。但凡企业里有关时间的事情，没有时间不够，只有时间运用不够。

通常企业中某件事情没有做好，跟资源不够无关，而跟对资源的策划、组织、督导、控制有关。就如下棋，假如我跟你说，我输了这盘棋是因为少了一把黑子，你会是如何反应？

事实上，输赢从来不是由多了或是少了某些资源而造成的，因为市场上永远不会有“资源足够”的时候；输赢真正的关键点是，如何对资源进行管理运用，以确保利用好现有的资源来达到目标。企业在工作开始之前，便需要做好策划、组织；在工作开始之后，才要做好督导、控制，以让资源得到最大利用，实现企业效益最大化。

这便是管事的技巧。但切记，这套只适用于管事，管人不行。

【瀚霆方法论】时间管理三步法

对于管理来说，时间是最宝贵最重要的资源。常言道：“时间就是生命，时间就是金钱。”时间管理是一切管理的基础。以下三步法，是我在时间管理四象限的基础上做了改进，可以让你简单而又轻松地管理好时间。

第一步：事务清单

将你所要管理的所有事情列出清单，在桌面上、电脑界面上或手机等日常最常见的界面上，随时记录工作清单。

第二步：ABCD法

将你列出的工作事务清单进行ABCD分类，即A是紧急又重要的，B是重要但不紧急的，C是紧急但不重要的，D是既不紧急也不重要的。

第三步：管理策略

☆A要马上做

如果你总是有紧急又重要的事情要做，说明你在时间管理上存在问题，设法减少它。该类事情的本质是缺乏有效的工作计划导致本处于“重要但不紧急”的B类事情转变过来的，这也是传统思维状态下的管理者的通常状况，就是“忙”。

☆B要计划做

尽可能把时间花在重要但不紧急的B类事情上，这样才能减少A类的工作量。这更是传统低效管理者与高效卓越管理者的重要区别标志。建议管理者把80%的精力投入该类工作，以使A类的“急”事无限变少，不再瞎“忙”。

☆C要授权做

对于紧急但不重要的事情的处理原则是授权，让别人去做。表面看似乎是A类，因为迫切的呼声会让我们产生“这件事很重要”的错觉——实际上，就算重要也是对别人而言。我们花很多时间在C类里，并且自以为是A类，其实不过是在满足别人的期望与标准。

☆D要减少做

不重要也不紧急的事情尽量少做。简而言之，D类就是浪费生命，根本不值得花半点时间。但我们往往在A类和C类来回奔走，忙得焦头烂额，不得不到D类去疗养一番再出发。这部分范围倒不见得都是休闲活动，因为真正有创造意义的休闲活动是很有价值的。

每完成一件事情，就在事务清单的该条上进行标记。

管人就是管人心

人是企业一切运作的基础，没有人，企业的工作便无法得到执行。自古以来，中国便有“为政在人”这一说法，无论国家、企业或单个部门，都是如此。业绩出色，表现出众的企业，都是员工忠诚团结，管理者的凝聚力、号召力极强的。

事实上，管人指的就是在企业工作中以人为核心，通过推动人来达成对事的运作。

伟大的思想家孟子在两千多年前就说过：“得人心者得天下。”管人，说白了，管的就是人心。

在企业里，一个只会管事的人充其量只能算个“主管”，而一个真正会管人的人才能称得上是领导。管人归根结底就是管心，管好了人心，就能人心所向，使员工从思想上、行动上都能自觉自愿、自动自发地为企业的目标努力工作。所以，作为管理者，需要转变管理的心智模式，从“心”开始做管理，赢在人心上。

想要获得人心，必须掌握以下关于管人的三个概念。

理性管事，感性管人

“内圣外王”是中国古代儒家思想的重要内容，源自于《庄子 · 天下》：“是故内圣外王之道，暗而不明，郁而不发，天下之人，各为其所欲焉，以自为方。”这是古代文人修身为政的最高理想。

什么是内圣外王？内圣，即对内修炼以具备圣人的才德，如拥有仁义之心、恻隐之心、求知之心、济世之心，博大精深的知识、高尚品德与人格。外王，指将内在的才德延伸为外在的社会伦理道德，以仁义为中心并结合其他手段，影响和引导追随者和社会大众，施行王道。因此，“内圣外王”这一理念，使得管理不再只是一种对人的外在行为，而是将管理者的自我管理与对组织的人、事、物的管理放到了同样重要的地位。这一理念，对中国古代文人的价值观、人格品行起到了持久深入的作用，并且深深影响了当时统治者的思想。

拿破仑 · 希尔曾经说过，“真正的领导能力来自让人钦佩的人格”。假如企业领导者能够在管人时做到内圣外王，那么便能以高尚的品格感化人，获得人心；同时能够根据形势，把握住大局，最终做出保护大多数人利益的决定。

内圣外王要求做到对事用理性、对人用感性。

中国人普遍有个特点，就是“感情用事”。在企业经营过程中，有一种员工比较常见，即能力一般、忠心耿耿，但无法跟上企业的迅速发展。通常老板都会左右为难，对他们辞退还是继续聘用。其实，这就是因为中国人十分在意“情”字。然而，持续陷在“交情”里，便无法做出决定，久而久之，可能对企业造成毁灭性的伤害。

香港某餐饮企业便是这样的例子。1998年香港金融风暴时，该餐饮企业经营不济，必须裁员10%，却因顾念“交情”而迟迟不能做出决定，最后导致企业倒闭。由于不忍心裁掉10%的员工，却葬送了90%的人的工作机会，可谓满盘皆输。这便是感性做事带来的后果。要明白，在一个企业里，领导者的确需要对被裁的10%的人抱有仁义之心，但更重要的是，对于那剩下的90%的人，以及整个企业这个有生命力的系统，也是负有责任的。假如这个餐厅的老大面对危机时，是用理性去做决定，结果就不至于如此。

如果时间能够回到当时，该怎么做呢？作为餐厅老板，也许在被告知需要裁掉10%的员工时，就应该根据未来趋势的推断，果断裁掉20%。对于辞退的员工，一方面需要表示衷心感谢与安抚，另一方面通过多裁的人而腾出来的钱，用一部分进行补偿、安顿他们的生活；而对于留下的80%员工，利用一部分的钱来给他们做培训，提升能力，好让他们感到安心、稳定。这样，在决定时用理性，执行时用感性，才是我们说的“内圣外王”，才能让人心所向，让企业处于稳定发展之中。

著名跨国高科技公司安捷伦（Agilent），在面对相同状况时，采取的做法值得借鉴。在企业出现危机时，安捷伦果断在全球范围内裁掉8000人并且降低在职员工工资。然而，在此状况下，员工工作热情丝毫不受影响，甚至还流传出一则这样的故事：被解聘的某位员工在正式离职前的最后一天晚上仍然加班到九点半，才依依不舍地离开公司。这是为什么呢？原因在于安捷伦在处理裁员问题时表现的“内圣外王”的气度：企业面临危机的时候，及时做出照顾全局的决定——裁员，保证了大部分人与整个企业的利益；而对于被解雇的人，安捷伦实施一系列体恤、安抚措施。比如保证即将离职者的消息不外传，使即将离职者在同事中免遭另眼相看；满足被裁员工的需要，为其开具主动离职证明书；并与著名人力资源咨询公司

DBM签署合约，为所有被解聘员工提供就业指导，帮助他们提升能力与重建信心。

安捷伦的例子完美演绎了“对事用理性、对人用感性”的管理心智模式，做到了在企业运营方面做决定时，以理性为主；在执行决定过程中处理人的问题时，以感性为主，值得广大企业学习、借鉴。

【瀚霆实践】

2008年年底，我的某顾问客户紧急找我。原来，工厂突然接到一笔日本加急订单，要求在春节后一周内交货。可是，由于全球金融危机，订单严重下滑，工厂已经通知员工提前放春节假，并且节后延迟上班，因此八成以上的员工都已经买好了返乡的车票。

此时，老板非常着急，紧急跟员工沟通，可是收效甚微。部分员工甚至表示不仅要提前回家过年，而且节后返工时间不一定准时。根据以往的经验，春节后的准时到岗率一般小于30%。

我详细了解了相关情况，发现工厂里九成员工都是老板家乡的同村人，家中都有父母、孩子或兄弟姐妹。

于是，我给出了以下建议：

（1）凡是能退票留在工厂上班到正常放假的员工，由工厂赔偿退票损失，正常放假当天由工厂出资包豪华大巴专车送员工安全返乡。结果有一半以上的员工留下来上班。

（2）把原计划提供给全部员工的福利预算，全部用在这些留下来的员工福利和薪酬上。

（3）从大年初一开始，当大家还沉浸在与家人团聚的喜悦当中时，老板夫妇就拎着送给员工父母或孩子的礼品，挨家挨户到员工家拜年，看望员工的父母、孩子或兄弟姐妹，表达诚挚问候。

结果，到了春节后的返工时间，员工的到岗率创下了历年的最高纪录，还有一些员工带来兄弟姐妹加入工厂。据说，原来有些员工想在家里多待几天的，他们的父母却不断地催促他们快点上班，不要辜负了这么好的老板！

更值得一提的是，这次日本加急订单准时交付，品质创下该企业历史新高。而且，以此次生产效率和品质控制为基础与契机，制定了比同行更加高效和严苛的管理标准。该企业从一个小微工厂起步，三年就发展成为产能高效、品质高标、管理有序，市场有口皆碑，订单源源不断，销售业绩提升了数十倍的行业标杆型企业。

这就是“对人用感性、对事用理性”的内圣外王企业经营管理之道的实践。

正确对待离开团队的人

无论出于什么原因，企业里但凡有员工离职，必定会对现有在岗员工产生一定的冲击，假如老大不好好处理，很可能会影响企业在员工心目中的形象，甚至还会大大降低员工对老大或者企业的信心与忠诚度。过去企业老大的心智模式倾向于认为，团队忠诚度来自于善待现有员工，实际上团队的忠诚度来自于“老大如何对待离开的人”。

关于如何对待离开的人，这里有一则故事可以分享：经历春秋时期旷日持久的争霸战后，形成了战国七雄鼎立的局面，而剩下的诸侯国、小国之间相互攻伐，战火不断，在大国的夹缝中苟延残喘。当时，某一不知名小国恰逢老国王驾崩，大王子接替王位。这位新国王很年轻，满怀激情，踌躇满志想要干一番事业，让国家富强并跻身于强国之列。奈何国家已在战争中千疮百孔，再加上老国王的去世，人才纷纷投靠别国，以至于全城人心惶惶，新国王苦求而未能得人才。有一天，一匹跟着新国王长大的马寿终死去。正当新国王准备安排人手将其简单草葬之时，身旁一位智慧的谋臣灵机一动，建议他大肆宣扬，将马厚葬。国王不仅行大夫之礼对马进行安葬，还亲自发讣文，大篇幅地描述与马从小到大的感情，未能跟马分享登上王位之后的荣华的遗憾，以及哭诉丧马之痛。此事一经传播，不仅安顿了国内动荡的人心，更吸引了许多在他国的有能之士过来。大家认为这个国王对一匹离去的马都能如此善待，何况是对有能力有才华的人呢？

现代企业，善待离开的员工而获得忠诚度的例子不胜枚举：

餐饮行业的佼佼者，以贴心的顾客服务打出一片天地的“海底捞”，同样也凭借对离职员工的贴心措施赢得团队的忠诚度。

海底捞里，有一个说法叫“嫁妆”。此“嫁妆”非传统观念中认为的给予新娘的新婚用品，而是海底捞给离职员工的一笔额外酬劳，酬劳根据员工职位层级，从店长到大区经理，设立从8万元到一家火锅店（约800万元）的报酬不等。海底捞承诺，即使离职员工跳槽到竞争对手的公司，也会将“嫁妆”送出去。对此，很多人表示不解，董事长张勇解释：“海底捞有今天，每个干部都有一份功劳和苦劳。所以无论什么原因走，都应该把人家的那份给人家。”

这也是为什么自海底捞创立十多年以来，职位级别在店长以上的员工达上百位，而真正从海底捞拿走“嫁妆”的，却仅仅只有三个人。这侧面反映了海底捞员工对企业的忠诚度之高。而这些忠诚度的累积都来自于企业管理者对离职员工的体贴与真诚善待。

作为全球最大的搜索引擎公司，谷歌又是如何善待离职的员工，让大众津津乐道的呢？2016年4月，谷歌在企业内部建立了创业公司孵化器Area 120，为离职或者意向离职，甚至任何在职的员工，开放申请加入孵化器的机会。加入孵化器之后，这些员工便能全心全意投入喜欢的项目里面进行深度研究，提交自己制订的商业计划，并且有可能获得谷歌投资的资格，成立自己的新公司。

这一举动使得谷歌与员工之间实现了双赢局面。通过对离职者进行创业支持的举措，不仅赢得了在职员工的心、减少员工因创业离职的情况发生，还为谷歌拓展市场和业务提供了更多机会。

国内BAT（百度、阿里巴巴、腾讯）三大巨头企业也将“善待离职员工”的文化做到了有口皆碑。百度的离职员工只需提交申请，通过审核即可进入“百老汇”，这里汇聚了各种产品和技术大牛，除了日常活跃的线上交流外，每个月还举办各种高价值社交活动聚会，供前员工们交流互动，满足资源对接、技术沙龙等需求。阿里巴巴的“前橙会”可谓阿里离职员工的大本营，时常举办丰富多彩的线下活动，为阿里系创业者与创投机构、天使投资等牵线。此外，阿里巴巴还特别举办了以离职员工为主角的聚会——阿里校友大会，阿里巴巴创始人马云对这个特别的“聚会”尤为重视，如在校友会当日无法到场，马云还会提前录制视频向校友们问好，甚至通过表达自己的理想“希望中国500强中有200强来自阿里生态”，来向校友会的阿里系创业者递出橄榄枝。而腾讯官方认可的离职员工组织——“南极圈”，则成为了腾讯“管理”离职员工的“幕后推手”。南极圈以互联网高端人才资源和创业孵化对接为核心，从一个QQ群发展成为覆盖全国各地，由数以千计的“腾讯前员工”组成的社交圈。腾讯联合创始人张志东曾在QQ群里表示“有什么要求尽管提”。相比从南极圈组织获得资金、资源等好处，腾讯高层的这一表态更令离职员工感动。

一个员工在职一天就有一天的贡献（做到的是对企业的帮助，没做到的让企业从中学到或有收获），无论是什么原因导致他的离开，他已做的部分都需要被肯定、被感谢及被祝福。如果老大不善待离开的人，那么便会让留下的人，或悲伤，或难过，或愤怒，或不安，或萌生不再信任老大及不愿跟随老大的想法，让企业中留下的人处于不安与不平静的状态之中，让整个团队的作战能力在无形中大幅减弱，甚至发生一些后续性的用人问题。

相反，假如老大善待离开的人，不仅能让留下的人安心、安定，还会吸引到未加入的人才，就如同上述故事中的新国王，因厚葬爱马而吸引有才之士自动加入国家做贡献。同时，善待离职员工，有时还会让离职的员工介绍生意给公司或自己继续购买公司的产品与服务，从而继续给公司创造利益。事实上，当离职员工得到善待，他们便会惦记着原雇主的好，便会在外面（同行、行业及整个商业系统）进行积极正面的影响传播，无形中让企业与整个大系统的连接力变得更加强。

怎样对待离开企业的人，体现的是一个管理者、一家企业对待员工的心智模式。当你善待离开的人时，便也让在职的人感受到自己将会被善待。如此一来，团队就会变得忠诚、信赖与团结，而企业也因这一善待的举动，获得正面传播。这在系统中无疑是一种长远的、积极的作用。

【瀚霆实践】

2012年的中秋节，我创业时入职跟随我的第一名员工姜丽也来到了广州。得到消息后，我亲自准备了一份礼物，让我的助理小翠登门拜访致以问候。由于平时的工作中，我常常把与第一名员工在一起的创业故事讲给团队听，同事们对这位“传奇人物”也十分好奇。最后，他们选出代表与我的助理同行。其实，我刚刚接替原广州公司总经理的工作。除了我的助理，其他所有的员工都是原总经理招聘与培养的，团队还在观望状态，工作还在磨合阶段。而我的助理和一位同事对这位“传奇人物”的拜访，令整个团队氛围发生了很大的变化，就连员工看我的眼神都变了，工作积极性、配合度以及对公司的忠诚度都显著提升，并且创造了当时同行业的最好业绩。这个团队一直以来都是我的骄傲。

我在东莞投资的某职业培训学校的校长因绩效考评不合格被正常辞退。我亲自跟他做辞退面谈，一方面很中正地告诉他辞退的原因，倾听他的想法；另一方面与他一起回顾自他入职以来的历程，对他的付出予以认可并表示感谢，同时对他的优点表示欣赏，还给了他一些非常真诚的职业发展建议。之后，每年的传统节日，我都能收到他的问候与祝福。三年后，他想投资创办职业培训学校，找我帮忙考察地址及进行规划，我毫不犹豫地优先安排时间，并以我多年的行业经验，用心规划。后来，他约我一起在广州的科学城投资了这家学校，经营得非常成功，合作也很愉快，在我的团队中传为佳话。

从学校刚毕业的小翠，放弃了TCL的录取通知，入职网盈机构东莞公司成为我的助理。后来，她跟随我调到广州公司，六年时间里成长得特别快。小翠非常聪明能干，打理很多日常事务，除了跟进我的经营决策以外，一些核心的商务关系，也处理得让我非常满意。后来，她因个人发展而辞工。当时公司的商务关系相对比较复杂，事务也比较多，并且没有太多的标准与范本。新任秘书美宝一有事情就会去咨询小翠，小翠也非常乐意并且热情地支持美宝的工作。我们也一直是好朋友。

这些看起来都是一些微不足道的小事，可对于团队来说"小事不小"，直接影响着团队的忠诚度、信任度。特别是当团队遇到危机状态时，这些日常的小事就成为他们决策的关键。

学会承担系统的痛

这个世界是由无数系统构成的，所有的系统都用着同一套法则运作，称为系统动力。企业作为其中一个小系统，因此也需要按照系统动力法则运行，实现企业平衡稳定发展壮大。而作为老大，管人便意味着必须维护系统，对破坏系统的员工果断处理。

《三国演义》中诸葛亮挥泪斩马谡的故事可谓家喻户晓，而诸葛亮严明执法，维护军纪的举动更是得到永久流传。

公元228年春天，诸葛亮为夺取天下大业，发动了一场北伐曹魏的战争。而在出兵时，在军事要地街亭的防守中，诸葛亮提拔了谈起军事头头是道，但缺乏战场应变能力的马谡为镇守要地街亭的最高指挥官。出征前，马谡曾立下军令状，表示当中若有任何差池，愿意接受满门抄斩的惩罚。然而，马谡在抵御曹军时，自以为熟读兵书，不仅把诸葛亮"在山上扎营太危险"的嘱咐抛在脑后，还拒绝听从副将王平的正确建议，硬是屯兵于山头。此举犯了兵家大忌，马谡最终被魏国大将张郃围困在山上，断了水粮，失守街亭。之后，战局发生了根本性的变化，诸葛亮不得不退回汉中，北伐曹魏的大计也随之落空。为了严肃军纪，诸葛亮只能下令将马谡革职入狱，斩首示众。诸葛亮要斩掉十分器重赏识的将领无疑是最为难、最痛苦的决定；但假若不顾军法，免他一死，不仅会让军法形同虚设，还将失去众人之心，再也无法实现统一天下的宏愿。于是，他强忍悲痛，挥泪斩马谡，全军将士无不为之震惊。

这便是诸葛亮管人、带领军队的高明之处，严明军纪，对下属所犯错误绝不姑息。

也许你会说，这是一个人才，为什么不能对他破例一次？但你必须清楚，整个军队就是一个系统，假如对一个人破例，之后便不会再有人遵循这个系统的规则。如此一来，所有人纷纷找“后门”，使得原先的系统崩溃。因此，当你定了一个系统规则，就必须竭尽全力维护，而不是自己把它破坏掉。

2011年震惊互联网的阿里巴巴公司两位高管“引咎辞职”事件，便被誉为现代企业版的“挥泪斩马谡”。

阿里巴巴公司为了使企业永续经营，将企业文化与制度管理有机融合，对员工实施企业价值观的严格考核制度。具体考核的内容主要包括六大核心价值，也就是俗称的“六脉神剑”。它们分别是，客户第一、团队合作、拥抱变化、诚信、激情和敬业。与此同时，阿里巴巴还建立了明确的处罚措施，如果员工价值观考核不及格，会直接影响到收入，而假如出现完全违背价值观的行为，则必须接受严厉处罚甚至可能被开除。因此，2011年阿里巴巴B2B业务遭遇欺诈危机时，马云不仅决定将欺诈之事公示，并且马上发起了一场“整肃价值观”运动，对所有相关的员工追究责任。在致全体员工的信中，马云是这样说的：“我们必须采取措施捍卫阿里巴巴价值观！所有直接或间接参与的同事都将为此承担责任，B2B管理层更将承担主要责任！”由此导致了B2B业务CEO兼总裁卫哲和COO李旭晖引咎辞职，而此举维护了企业这个系统里的诚信理念。

企业管人时，老大经常碰到这样的情况，有一些优秀人才，他们总是要求这样那样的“特权”，或者当他们犯错时总是请求免责。你可能因为他们有某些出众的能力等，忽略了企业的规矩、标准，顺应他们的意愿与要求，最终造成无人遵守规则的状况。因此，作为老大，必须维护系统，当一个制度、标准建立起来之后，便需要去执行与维护它。

这便是老大需要承受的系统的痛。当企业面临危机时，你是那个需要做决定的人，如减薪、裁员；或者，当面对优秀人才不受系统、体系、机制的管理时，你需要做出相关处理，如惩罚、辞退。

在做跟管人有关的决定而不知如何抉择时，建议利用系统动力法则进行辅助。如前面分析的故事里，当老大无法抉择辞退或是留下员工时，应该把焦点从“这个人”或是“这件事”中转移，转而看此人此事属于哪个系统；通过从高于人、事的高度来看这件事，便容易下决定。比方说，从这个人隶属的部门、从整个企业来看，而非仅仅看到这个人而已。如此一来，也就断绝了“特权”的肆意，维护了企业的整个系统。或者，从企业与顾客的系统（企业的存在是为了满足顾客需求）这个更高的角度来看；或者，从企业的过去、现在、未来，时间里面的系统，来做能让企业更好发展的决定。当从系统的高度来看人与事时，你的决定便好做了。

简而言之，面对当下很难做的决定，看未来，看更大的系统，以做出理性的决定；而决定之后用感性执行，这便是管事与管人需具备的心智模式。

【瀚霆实践】

我的某顾问客户，由于企业发展速度太快，老板将精力放在了产品线的拓展和品牌升级方面，而退换货率已经超过同行业平均水平，开始影响客户体验。

通过对客户体验各个环节具体情况以及相关部门的深入了解，根据数据分析，找出了客户投诉及选择退换货的原因：仓储及发货部门是需要改善的重点。

我们做了以下工作：

第一，用数据说话。

调出今年所有的退换货率数据，以及同行业同品类的平均退换货率数据，并对两组数据进行比较，找出差距。通过数据告知每个相关岗位员工，退换货率已经超过同行业平均水平，开始影响客户体验，进而会给企业及品牌带来很大的负面影响。事态如继续发展，会严重影响企业发展及削弱每位员工创造的价值。

第二，组织专题会议。

先让相关部门组织内部会议，探讨如何降低退换货率的方法。再组织各部门负责人开专题会，一起分析退换货产生原因及降低退换货率方法，应用SMART工具制定"关于降低退换货率、提升客户体验"的目标管理方案，并形成有目标、有数据、有步骤、有策略、有结果、奖惩分明的具体执行方案。

第三，贯彻执行方案。

将该决策逐一与各部门负责人进行面谈，知会确认相关细则，并签字执行。

这时，仓储与发货部门主管同意方案，但不愿意签字。老板几次沟通，他仍然拒绝签字，除了推诿责任以外，也提不出来任何新的解决方案。

此时，唯一也是必须做的事情就是直接辞退该主管。一个管理者的第一要务就是承担责任。这个时候，企业的任何权宜之计都是不合适的，因为你的权宜之计会培养出第二个、第三个、第N个不负责任的主管。

管理者的权力不是来自于老大的授权，而是来自所承担的责任。每个管理者手中都掌握着企业相应岗位的资源和权力，这些资源和权力是为他承担相应责任服务的。如果不能有效地承担相应责任，资源和权力就是浪费。所以，要辞退一个管理者，必须面对这种系统的痛。只有如此才能维护系统更加健康地发展。

二、重新定义管理

世界著名领导力大师肯 · 布兰佳认为，作为领导者应先建立关于人的基本信念。也就是说，相信人们能够并且希望发展。在一个企业，我想员工都是本着希望把工作做好的初心的。那么，对于老板而言，应该把管理的重心放在如何保持和继续提升员工的工作意愿，如何帮助他们提高工作能力，从而让他们完成自己的目标。

视老板与员工为对立的“管与被管”的心智模式已经过时，新时代正确的心智模式应该是老板将自己与员工当作彼此的“合作伙伴”，而非“敌对者”。管理的真谛在于老板与员工一起做些什么事情，而不是老板对员工做什么事情。而团队的管理应该通过团队自己完成。换言之，利用团队的动力管理好每位成员，而非需要老板逐一对每位成员进行管理。否则，团队将无法得到真正的成长。

老大与员工的关系和分工

在一个企业里，没有员工，企业便不能正常运作与发展；而假如没有老板，则员工无以施展其才能，实现价值。过去的心智模式使得企业老板习惯于将与员工的关系视为一种“猫和老鼠”的关系，彼此对立，却密不可分。

新时代企业中员工与老板之间的关系，更倾向于是一种合作的关系。具体而言，是一种基于梦想和利益的合作关系。为了一个共同的目标，老板与员工之间相互配合协作，达成一种互利共赢的模式。在这种关系之下，老板与员工双方都致力于在事业的平台取得成功。当事业做大时，双方共享成果；当事业不济时，双方共担后果。因此，老板与员工应该正确对待与处理双方关系。这样不仅有利于企业管理与企业发展，对实现双赢也更有助益。

团队是支持老大实现目标的

老大通常无法真正认清团队对企业的贡献，往往认为团队是解决问题的。许多老大日常对团队的管理，总是把关注焦点放在他们是否解决了问题，解决了多少问题，却忘了自己做企业及招募团队是为了达成目标而非解决问题。

其实，老大创办公司是因为内心有一个目标，但仅凭自己的个人力量无法达成，于是开始招揽人才、组建团队。也就是说，团队实质上是一群通过贡献自己的能力同时与他人合作，以支持老大并实现老大的目标而奋斗的一群人。

因此，老大应改变其关注解决问题的心智模式，而转变为达到目标的心智模式。不妨先从工作会议开始，花大量的时间与团队讨论如何达到目标，而非怎样解决问题。只有这样，才能把团队的焦点从解决问题转移到达到目标上来，并且变得更积极，帮助企业稳健发展。

团队与老大是利益共同体

企业的首要目的是追求业绩与盈利，而业绩与盈利是由团队做出来的。要想使得利润最大化，最佳途径便是与团队成为“利益共同体”。

何谓“利益共同体”？利益共同体是指团队通过帮老大和企业赚钱，来获得个人应得的报酬。当企业赚到钱，并且通过合理的分配机制对团队进行利益分成，则皆大欢喜，达成和谐的利益共同体关系。

“利益共同体”的关系不是短期的“一锤子买卖”式的关系，而是一种长期的战略合作伙伴关系。老大与团队应视彼此为长线资源、伙伴；老大提供条件与资源让团队为其创造价值，而团队为获得回报，持续为企业创造价值。当老大对团队的利益分配与团队创造的价值达到一种动态平衡的时候，也就达到了我们所说的“和谐共赢”状态，这也是最好的状态。

当企业、老板与团队关系呈现为“利益共同体”时，也就是团队自愿自发为企业的前途、未来努力奋斗的时候。作为共同体，团队实际也在为自身的利益与前途奋斗。当企业发展越好时，员工自身发展也随之变得越来越好。也就是说，当老板给团队利益空间和发展空间时，实际上是在给自己的企业生存与发展的空间；老板给团队的利益空间和发展空间的大小，直接决定着自己企业的发展空间与成就的大小。

事实上，一家企业能够得到哪种程度的成长，关键在于这家企业的员工能得到哪种程度的成长。否则，即使企业拥有丰富的资源与坚固牢靠的关系网络，假如没有团队，或是团队能力不足以把这些竞争优势发挥出来，那么也是无效的。

可见，团队与老大是相互影响、相互带动的。当团队成长越快、越积极，企业则越赚钱；当企业越赚钱，员工则分得越多；当员工分得越多，则其为企业赚钱的积极性便越高；当团队为企业赚的钱越多，则企业越发展，而员工也越安心和发展。这便是利益共同体。

老大负责未来，团队负责今天

老大是负责未来的，而团队是负责今天的。如美国管理学家泰勒所说：“为了提高效率和控制，大上级只保留处理例外和非常规事件的决定权，而控制例行和常规的权力由部下分享。”也就是说，作为老大，应该把自己从那些例行公事的问题中抽出来，用80%的时间找出未来在哪儿，做未来的事情，剩下的20%处理一些重大的关于今天的事，其他的关于今天的事情、企业每天的运营，统统交由团队负责。

作为老大，经营企业就如同在茫茫大海航行的船长，需要“掌好舵”，即确定企业发展的方向和战略。企业的发展方向与战略规划问题关系到企业的生死存亡，是决定企业能否持续发展，走向未来的关键因素。作为企业领导者，老大必须专注于制定企业的发展战略，指明企业发展前进的方向。想要掌好舵，老大就必须把工作重点放在对宏观的观察与对未来的思考上，通过花大量的时间关注企业外部环境，如对行业、国内外市场环境、政治经济形态、法律政策等进行搜索与研究，从中发现未来可发展的商机，从而把握机会，勾画出企业未来的愿景、发展蓝图、价值观与战略规划。

就如马云在某次公开讲话中说到的一样：“今天的淘宝、阿里巴巴和支付宝，都是十三四年前我们对今天的看法，我们对未来的看法。想成功，就要今天做明天的事。”可见，伟大事业的成就从来不是由老大埋头苦干、专注处理今天的事情中得来的，而往往是源自于老大对未来的关注、思考与探索。

因此，老大应该把企业每天的运行工作交由团队处理，自己专注于寻找未来。只有这样，才能确保在以后可能出现的风雨、海啸中存活下来。

老大的三大任务

既然老大只能把20%的精力放在管理上，那么其管理的内容具体是什么呢?

谈到管理，首先我们必须先明确为什么要管理。是否想过，对球队的管理，重点都在于——为比赛做准备，在比赛前不断地训练以提升能力；比赛之后做总结，然后继续不断地训练，提升能力。球队管理的焦点都放在如何使得球员在赛场时能表现得更好，而绝非在赛场上进行干涉。因此，企业管理也一样，需要把管理重点放在如何让团队的工作表现更好，即提升团队能力上，而不是在他们工作时指手画脚。当然，在此之前，必须让团队知道目标是什么，朝哪个方向去，同时需要让他们知道什么可以做、什么不可以做。如此，才能让团队在工作时发挥最大的能力，实现企业目标。

假如你非得要管，员工很可能会“乱搞”，因为他认定了，反正你总会来管。就如小朋友，总想着“趁还没人管，赶紧多玩一会儿”。放在企业里状况也是一样，一旦老板外出，员工便偷懒；而当老板回来，就切换成做公司的事，假装在忙。如此一来，就成了猫和老鼠的斗争游戏、操控和反操控的博弈行为，毫无意义。

事实上，我们现在看企业里的很多问题，绝大部分源自于两个原因：

第一，身份定位错误，老板做了团队要做的事，而团队在替老板考虑他本人该做的事。

第二，团队能力与实现企业目标所需的能力不匹配。

作为新时代中小企业的老板，需正确认识自身定位，以解决企业中由身份错位所引发的问题。同时，通过各种途径，提升团队能力。

所以，我说企业老板必须把80%的时间放在未来，只能允许自己花20%的时间去做运营与管理，并在这些管理工作中，做好三件事：建篱笆、定方向和不断提升团队能力。

建篱笆

什么是建篱笆？简单而言，建篱笆就是告诉员工：我们是什么，不是什么；我们做什么，不做什么；我们可以做什么，不可以做什么；我们应该怎样，不应该怎样。这也就是企业的定位及规范，是团队可以活动的空间。它包括企业的经营理念、企业的定位（身份、产品、服务、品牌/形象、市场、顾客）、企业的核心价值观（即业务里必须照顾到的价值）。建篱笆的目的在于让全体员工的行为、工作都依据企业的定位、价值观、理念开展。

打个比喻，我们身处二十层楼高的一个房间里，里面有天花板、地板与四面墙，由此构成的空间便是企业能够活动的空间。在这个空间中，你可以走、跳、跑、飞等。但你必须明白的是，当你快要碰到墙时，就得慢下来，否则会撞墙、会受伤。同时，我们试想一下，如果没有这些墙壁，我们走出去，结果会怎么样？大家都知道，会死人的。企业也是如此！

这些墙也就是企业的篱笆，当建起篱笆后，员工便能在这个空间里充分地发挥自己的能力，为企业创造最大的价值。同时，这个篱笆也保护了企业不会掉入商业竞争的“悬崖”。

定方向

定方向就是指老大需让团队知道：我们去哪里，我们有什么愿景，我们用什么方式达成愿景。

愿景是企业的长远目标、发展方向。因此，老大在企业中，对于符合企业愿景的行为、情况，应鼓励，多发展，而对不符合的应取消或修正。

通往愿景的路上，需要设定目标，让团队知道现阶段到达了哪里。同时，目标只是愿景路上的里程碑，它能把众人速度及行进模式一致化。但目标不是绝对不可变的，目标是为愿景服务的。

在企业里，老大是企业的领导，最重要的职责之一就是为全体员工指引方向。“领导”之所以被称为“领导”，就在于他起到的对其他成员的向导作用。只有定好了方向，告知员工企业要去哪儿，员工才会在工作中有清晰的努力方向。所以，老大需要让员工知道他们在干什么，往哪里去，把目标和方向准确传达给员工，以让他们朝着企业期望发展的方向，走向企业期望的未来。

不断提升团队能力

企业业绩是由团队做出来的，团队工作能力的高低不仅直接影响自身业绩的高低，同时还会影响到企业整体业绩目标的完成。因此，作为老大，应该把不断提升团队能力，视为工作中最重要的一部分。当团队的能力得到提升，业绩便能做得越好；当业绩增多时，企业便能发展得更好。

实际上，要想提升团队能力，必须先弄清楚他们需要何种能力。不妨从以下四个方面思考，寻求所需提升的能力。

（1）团队缺乏什么能力，以至于你必须参与到团队工作之中？

（2）团队增加什么能力，将会有更好的互动合作的效果？

（3）除了员工个人能力的提升，团队协作能力是否也需整体加强？

（4）作为企业老板，是否也需提升自身能力，更快更准确地洞察员工需要提升的能力？

有所成就的企业，都抱持着重视团队能力提高的心智模式。比如说，对于提高团队能力，通用电气全球副总裁、中国区董事长兼CEO庞德明曾这样表示："我们有强烈的学习意愿——从自己的经验教训当中学习，不断创新；也从别人身上学习，扬长避短。"

事实上，通用电气有一套处于不断更新中的"关于发展人才与测量人才的流程"。在这个流程中，公司管理层花大量的时间与员工探讨他们需要在哪些方面进行改善，并且告诉他们提升能力之后将会有多大的发展机会。通用电气推崇各种学习、提升能力的方式，并且严格要求员工必须培训。正是因为对员工能力提升的重视，使得企业能够不断提高产品和服务质量，得到持续稳定发展。

作为老大，需要做的是传递企业价值观，明确团队目标与方向，凝聚团队的力量，并通过不断地提升团队能力，让团队自己完成团队任务。因此，老大在管理中正确的心智模式应该是做好以上三件事，其他的、今天的事交由团队处理，用系统的力量做系统的事情。

三、团队的八个常见病症及其原因

美国微软公司联合创始人比尔·盖茨曾经说："即使失去现有的一切财产，只要留下这个团队，我能再造一个微软！"京东创始人刘强东认为，公司的成功和失败永远都是团队的问题。这充分说明了团队在企业发展中发挥着极其关键的作用。

团队是员工和管理层组成的一个共同体，形成企业至关重要的一部分。团队的存在是为了利用、发挥每一位内部成员的专长与学识来协同合作、解决问题，以达到企业的共同目标。一个企业之所以能稳健、快速发展，主要是因为其拥有非常优秀的团队。

假如一个团队出现问题，那么该团队不仅不会推动企业发展，反而会阻碍企业发展。

放眼当今企业，所有涉及企业发展的问题，都与人和团队有关，如运营、管理、业绩等。也就如我所说的，所有企业的问题都是人的问题。这些问题，既是个人（团队成员）的问题，也是团队的问题。这里概括为“团队问题”。而这些问题主要体现为以下八个问题：

不知道做什么

在企业管理团队的过程中，总会遇到这样的一种情况，那就是团队不知道该干什么。出现这种情况之后，管理层会认为是员工缺乏自觉性、好逸恶劳、素质低，才会对每天做什么没有概念。

然而，却很少有人会想到那可能是因为管理层太勤奋，把团队的事情都做了，以至于团队无事可做。

再有，有些企业缺乏明确落地可执行的战略规划与销售策略，因而使得员工无法根据明确指令做事。

诸如此类的原因，使得团队的工作重点和企业脱节，于是出现企业重要工作不能执行或完成，而团队却不知道要做什么的状况。

不懂得怎样做才会有效果

当团队没有做到企业期望的结果时，管理层往往认为这是团队的能力问题。

事实上，除了团队能力的原因之外，与企业的培训也息息相关。不同于通常在员工入职后提供严格培训的外资企业，国内企业尤其是中小企业，要么立马到岗上任，要么提供的培训纯属“走流程”，缺乏针对性与实际意义。

同时，有一个更深层次的原因是，上级管理层的能力已经无法跟上企业发展，因此当需要处理事情时，他本人也不知道如何做才能达到效果，于是便无法对团队其他成员说清楚，带领他们做到期望得到的效果。

不清楚需要做到什么效果

员工不清楚需要做到什么效果的原因主要有两个：

第一，上级管理者对工作的基本要求有自己的一套看法，但是却没有跟员工清晰说明，以至于员工需要凭猜测去做，因而做出的成果不是需要的。相反，假如管理者能明确地告诉员工应该做什么、什么时候开始、成果应该是什么，那么员工便会按照所需要的效果去做。

第二，上级管理者没有让员工了解工作的轻重缓急，如哪些需要立即执行、哪些可以暂停片刻，因此导致员工认为其他事情更为重要，而没有让紧急工作得到处理。

忽视所犯的错误

伟大科学家爱因斯坦说："一个人从未犯错，是因为他从未尝试过新事物。"

企业管理者与员工面对瞬息万变的今天，犯错在所难免。犯错不可怕，怕的是大家选择忽略，不予理睬，而不能够在犯错中学习、获取教训，实现成长。

许多企业的团队状况频频出现，错误重复发生，根本原因就在于企业忽略了对错误进行管理检视。在团队做错事情时，缺乏有效的人力、机制等针对错误进行处理与修正。

不能正确处理错误

有些企业习惯于对团队工作中的失误或过错采用经济或行政处罚手段来进行处理，使得团队为逃避惩罚而编造虚假理由、借口来推脱责任。如此一来，管理层不仅无法弄清失误和错误发生的真正原因，并且无法采取相关有效的措施预防以后相似的过错重复发生。

不预防，还会再犯错

团队对于同一问题反复犯错或者在不同的问题上不断犯错，原因就在于管理者没有提供有效的避免继续犯错的措施。管理者习惯于在事后才告知员工他们做错事情的结果，而不是在错误发生之前，先给员工适度的警告或温馨提示。

比如，当员工认为自己正在做该做的事情但又总是做不好时，通常都源自于管理层没有对员工的表现给予适当的反馈，致使员工不知道自己正在走向错误。当问题出现时，管理层才将资讯反馈给员工，却为时已晚。

再有，在工作方式上，员工可能觉得自己的做法比较好，而你却知道他的做法是不可行的。这种情况下，管理者必须在工作开始之前，先找出员工打算那么做的动机和理由，并通过将“你的做法”和“员工的做法”在绩效上进行对比，让员工知道“你的做法”的有效性与可行性，从而防止员工的不良工作方式导致错误或效率低下的情况发生。

切忌放任员工犯错来证明你是对的，尤其是当犯下的错误意味着付出高代价时。

用错了人

世界上没有全能的人，也就是说，企业里没有人能够胜任任何岗位。只有把合适的人放到合适的位置上，才能发挥所长，为企业创造价值。

然而，在用人上面，企业常常犯的错误就是无法分清人才，“用猫来做狗的事”。比如，把具有强大领导能力的员工安排去做执行的工作，或者相反，把执行力出色的员工调去做指挥、带领的工作。如此一来，便无法发挥人才优势，使得其展示的都是短板，大大增加了企业的用人成本。

“用错了人”与人力资源部门的工作没做好有关，因为它没有为企业找到对的人；而企业管理者对此也应承担起责任，因为是你决定用这个人。

不在乎团队利益

企业里，团队问题是与团队每位成员息息相关的。

从根本上讲，团队是一种为了实现企业的共同目标而由协同合作的若干员工组成的正式群体。换言之，也只有正式群体才能成为团队。

作为一个真正的团队，成员之间相互依存、相互影响，通过合作解决问题来实现企业的共同目标。假如团队每位成员都不关心、不在乎团队的问题，那么这个团队也许就只是一群乌合之众，成员之间存在工作联系却无法真正进行有效的合作，更不用说实现共同目标了。

四、团队能力问题剖析与提升

拥有强大能力的团队能够支持企业解决发展过程中纷繁复杂的问题，化解危机，渡过未来可能出现的风雨、海啸以及各种难关。

拥有强大能力的团队，也就意味着拥有不可抵挡的力量。因而在企业遇到问题时，团队成员之间能够发挥各自的能力，优势互补，共同寻求更快更有效的问题突破口，帮助企业摆脱困境，走向所规划的未来。

而团队要想发挥出最大的、最有效的作用，与每位成员息息相关。在工作中，任何一位成员的能力跟不上，或失误都可能导致整个团队的失败，甚至企业的失败。

所以，为了提高团队的整体能力，不仅需要在选择团队成员时确保采用合适的人选，还需要通过各种方法，让团队成员不断学习、进步，提升个人能力及团队协作能力。只有这样，才能让团队的智慧、力量发挥到极致，促进企业平衡稳定发展壮大。

HR决定企业用什么样的人

现代管理学大师彼得·德鲁克曾经说："企业只有一项真正的资源就是人。而管理就是充分开发人力资源以做好工作。"

企业由人组成，而人又恰恰是世界上最复杂的生物，因此要处理好企业里有关人的事情，必须有HR的介入。而在HR所有关于人或人与人之间关系的工作职责里，最重要的一项是为企业招揽人才。HR能否把招聘工作做好，为企业找到合适的人才，关系到企业能否进行正常高效的日常运作，以及日后能否持续健康发展。认为HR的职责与关注点就是找人填满组织架构图空位的心智模式不再适用，新时代的企业家应重视HR部门，将找到能支持企业走进未来的人才视为HR工作任务的重中之重。

请看以下对同一职位市场经理的三份不同招聘广告：

1. 要求大学工商管理相关专业毕业，国外MBA学位优先考虑。 2. 工作经验：10年以上市场营销管理经验。	负责管理100人销售团队及三个业务中心，对总经理负责，配有助手两名。	除管理市场部外，需了解市场变化趋势，参与企业未来发展规划，三年内成为行业前五名之内。

你觉得哪个更好？既然HR的职责是找到能支持企业走向未来的人才，那么明显第三份招聘广告更好。

企业的愿景、发展计划与方向早已制定，而发展空间则随市场的变化而变化，剩下唯一能操控的便是企业的发展速度，而发展速度正是由HR为企业招揽、挑选的人才决定的。然而，很多HR在招聘时，对企业需要的人才没有一个清晰、明确的标准，以至于选择了不适合的人进来，拖慢了企业的发展速度。这种情况往往源自于一个大多数HR都会犯的错误，那就是习惯于把关注点放在人才的学历与相关工作经验等过去与现在的因素上面，而忽略了人才对企业未来发展需要的其他素质与可能性，而这些都与老板如何看待HR部门的心智模式息息相关。

新时代的企业家们，必须重视HR部门的重要性，并强调HR招聘时要为企业挑选出能够支持企业走向未来的人才。

用猫做狗的事

法国著名企业家皮尔·卡丹说“在用人上一加一不等于二，搞不好等于零”，强调用人不善可能带来的后果。通用汽车公司的首席执行官斯隆同样对企业人事安排极其注重，他曾经说：“如果我们不用四个小时好好安排一个职位，让最合适的人来担任，那么以后就得花上几百个小时来收拾烂摊子。”这句话反映了许多企业管理者的心智模式问题。现实中由于种种原因，很多管理者不善于识别人才，也做不到用人有道，而导致企业频频发生问题。

许多企业常常抱怨缺乏人才，而事实上，当真正的人才被招聘到企业时，却总是因为企业管理者不善用人而使得人才无法得到有效任用，导致“用猫做狗的事”的情况。在企业，企业老大“用猫做狗的事”的心智模式主要体现为以下三点，这三点对企业带来的负面影响都是非常大的。（“用猫做狗的事”并无不敬之意，只是用于比喻，形容把能力不足，或者能力不匹配的人安排到不恰当的职位的一种现象。）

第一种，无法分辨“猫”与“狗”。

企业里往往出现的状况是，一个具有高度执行力的员工被安排去做组织、计划、领导的工作；或者，一位拥有出色组织、领导能力的员工却被安排从事执行、落实任务的工作。

也许对于后一种状况，问题不是很大，因为具备出色组织、领导能力的人，通常执行力都不会太差，但对于前一种状况，就另当别论了。许多执行力强的员工不一定具备成为管理者的潜质或者能力，因为执行者拥有的只是能够胜任工作岗位的工作技能与良好职业习惯，如被安排去做管理工作，便涉及策划、沟通、决策与指挥等能力，而恰恰这些是执行力强的员工所缺乏的。因此，即便是勉强被安排去领导团队，他们也会因为无法进行有效的决策、指挥、领导，从而削弱团队战斗力，甚至损害整个企业的凝聚力。

第二种，“猫当狗用”与“狗当猫用”。

许多企业由于工作、发展需求，需要在内部对人才进行调配。很多情况下，企业的调配并没有经过合理的思考与计划，纯粹出自于企业单方面的意愿，哪里需要就把人才往哪里放。要么把一个能力缺乏的人安排在一个不能胜任的岗位上，强人所难；要么把一个能力非凡的人安排在一个普通的岗位上，造成人力资源的浪费。这样一来，往往导致企业出现的都是不平衡的、不合理的组合，即便人才再多，也无法发挥出自己的专长与能力，在各自岗位上表现出的通常都是短板、弱势。长此以往，不仅会影响团队的战斗力与成长，还会对企业发展起到阻碍作用。

“猫”与“狗”之所以不同，那是因为“猫”“狗”拥有自己有别于对方的优缺点。假如硬是要把“猫当狗用”，或者把“狗当猫用”，便意味着错位，一旦错位，就会影响企业有序健康地发展。

第三种，“没有狗，就用猫吧”。

这一种是最常见、最普遍的心智模式。很多企业管理者在企业发展过程中，当发觉人才满足不了需求时，往往第一时间采取的措施是，从当下已有的员工中，降低人才要求标准，挑选一批出来，安置于所需岗位，希望就此能够把相应的岗位填补，重新运作起来。这也是俗话说的“矬子里拔将军”。

以这种方式选拔出来的人，不一定都不合适，也许经过一段时间的培训、磨合后，会有一部分脱颖而出，能够胜任岗位需求；但可以肯定的是，这群人中大多数都是无法满足需要的。如此一来，企业为此付出的用人成本就变得非常之高。这种情况下，“用猫做狗”并没有帮助企业化解人才需求的困难，更像是饮鸩止渴，人才缺乏、人才能力不足的问题与隐患依然存在。

用何种人才，决定可以成就何种事业，因此管理者需要善于识别人才，做到用人有道。企业管理者需要学会辨别“猫”与“狗”，然后依据不同人才的能力、素质，安置于相应的岗位，避免“用猫做狗”。只有把合适的人才安排在合适的位置上，人才在工作上才可能做到游刃有余，企业也才可能得到有序运转、发展。否则，把不适合的人配置于不恰当的位置，不能人尽其才不说，还无法实现企业既定目标，更甚至于会给企业带来损害。

培训是杀手锏

被称为“经营之神”的松下电器创始人，松下幸之助曾经说：“一个天才的企业家总是不失时机地把员工的培养和训练摆上重要的议事日程。”在今天互联网飞速发展、经济市场瞬息万变的背景下,企业要想紧跟时代的脚步，与新信息接轨，实现快速发展，就需要充分发挥培训部的功能，把“不断提升团队能力”视为工作的重中之重。

如松下幸之助所言，“教育是现代经济社会大背景下的‘杀手锏’，谁能拥有它便预示着成功”。可见，员工培训对于企业未来的发展何等重要。然而，过去很多企业不重视培训功能，培训部只是形象工程，或循例敷衍、做做表面功夫而已。今天，培训部作为决定企业未来成败的三大部门之一，已经逐渐受到越来越多的企业管理者重视。

外聘的培训师不是最好的老师

目前我国大多数的中小型企业主要依赖外聘培训，并且培训内容缺乏明确目标、针对性与系统性。

许多中小企业老板普遍的心智模式是，企业出现问题或者停滞不前时才寻求培训，因而都是基于短期的需要，为了培训而培训。这样一来，便无法保证培训的持续性，从而影响培训效果。要知道世界上许多著名企业，如中美史克、戴尔等，在企业战略规划里便规定了每年1～2个月的定期培训。其培训效果是临时、匆忙安排的培训无法比拟的。

再有，企业倾向于按市场的流行方向来决定进行何种培训，而忽略该类培训是否适合自己的企业。比如，看到别的企业组织营销技巧培训，自己也赶紧请人来企业进行营销技巧培训，而不管对企业问题能否有所缓解、对企业是否有帮助。

当然，这并不意味着外聘培训就完全没必要。事实上，对于专业性质的、企业从未涉足过的领域的培训，往往需要引进外部专家。假如这些知识无法一次掌握，而企业认为是未来必需的，那么应该与培训公司谈好协议，授权企业内部培训，同时与受训员工协定培训协议，以保证培养出企业本身的导师，日后能为企业所用。

建立企业内部培训机制

企业内部培训是结合企业自身的实际情况、具体需求而展开的有计划、有组织，系统性的训练活动。企业内训是帮助企业员工成长的最方便、最快速的方式之一，也是世界500强企业普遍采用的一种培训方式。以摩托罗拉为例，企业投入的教育资金在薪酬总额中的比例高达3.6%，并且设立了自己内部的培训机构——摩托罗拉大学。培训为摩托罗拉带来了1∶30的高投入产出比，对企业收益贡献巨大。宝洁公司，即便面对每年大量的员工流失却仍然能保持企业强劲、稳定的发展势头，归根结底就是因为企业每年都进行持续的、大量的系统化内部培训。这也是其把行业竞争对手远远甩开的“制胜法宝”。

大多数中小企业普遍的心智模式使他们对人才培训的认识存在误区，认为人才完全可以通过从人才市场找到，或直接到其他企业“挖人”而获得，培训与他们不相关。事实上，相比起以上两种方式的耗时耗力，内部培训能让企业更快速地获得更多的优秀员工。

其优点主要体现在以下几个方面：

☆ 最能量身定制，百分之百照顾企业需求。

☆ 加快培养管理层人才。

☆ 团队精神更为旺盛。

☆ 为企业发展以至转型或跨界提供实质支持。

☆ 成本低廉。

……

提高团队能力，打造自动团队

团队在企业的创立与发展中发挥着至关重要的作用，团队能力是企业整体能力的核心；提高团队能力有利于成员更加充分地发挥各自的聪明才智，更有效地调动整个团队的各项资源于某一方向，从而形成更具战斗力、竞争力的工作群体。

2014年巴西世界杯，德国获胜的结果让很多人感到意外。然而，网上的一条评论道出了这个结果的必然性："葡萄牙有罗纳尔多，阿根廷有梅西，但德国拥有一个团队"，因此他们一举获胜。

很多时候，团队的整体能力比个别成员的突出表现更为关键。对于企业而言，团队实力更是直接决定了企业的发展，所以要保持企业发展的强劲势头，不仅需要提高员工的个人能力，还必须提高团队的整体能力。

团队能力包括专业能力、软能力、连接力和自生力。

提升个人专业技能

专业技能是企业按照行业及企业的技术需求，针对所设置的岗位对员工的工作技能要求。

传统的心智模式使得企业家们对培训的关注，主要体现在对现阶段现有岗位所需的专业技能的培训，新时代提升员工的专业技能需注意三个方面的需要：

（1）对现在、当下工作的需要。

（2）对未来，“多一份技能”的需要。

（3）对未来，明年的需要。

提升个人软实力

认为员工拥有专业能力最重要的心智模式已落后，一个员工仅拥有专业能力，已不足以生存和发展。事实上，再强的专业能力，也需要具备软实力才能得到充分发挥。那么，什么是软能力?

软能力指的是一个人对其他人与事在互动模式里所需的能力，也就是与态度有关的思维及行为能力。它体现的是一种职业素养。具体而言，一般企业里需要的软实力主要有以下几点:

1. 沟通、人际关系

企业招聘时往往强调应聘者需要具备“良好的沟通与交际能力”，这是因为拥有良好人际交往能力的人，往往能迅速地根据周围环境与人际关系变化而做出恰当的、合理的反应与调整，并且自我表达能力强，与人交流顺畅，减少沟通阻碍与误解。

善于交际的员工通常富有同理心，具有团队精神，能与团队成员进行良好的沟通合作，与人为善，在工作中往往比一般员工高效。

2. 情绪、压力管理

随着职场压力越来越大，一个员工能否进行有效的情绪、压力管理，直接影响到他的工作效率，甚至影响到企业的发展。

无法有效管理压力的员工，容易出现心不在焉、经常性旷工、创造力减弱等状况，并且直接导致企业生产力大幅度下降。据2014年的数据显示，美国每年由职业压力带给企业的损失便超过1500亿美元。同样，无法正确处理情绪问题的员工，不仅导致自身工作效率急剧下降，还会影响到企业其他员工，造成内耗，使得整个企业内部运作效率下降，甚至会加剧企业人才流失率。

随着压力与不良情绪对员工个人和整个企业的影响越来越明显，越来越多的企业开始意识到员工的情绪、压力管理问题。因此，企业应该提供情绪、压力管理的相关培训，帮助员工减轻心理压力，以确保其工作效率，从而促进企业效益的稳定增长。

3. 对人、对事的正面态度

态度决定一切。持有的态度决定着行为的选择，并且直接影响事情的结果。

对员工而言，能否在工作中保持乐观向上的态度，是能否取得成功的重要因素。对人、对事抱有正面态度的员工，能在工作中维持积极、热情的状态，并且倾向于对自己的行为和努力方向做出理智的抉择，促进企业的发展。

相反，习惯以负面态度待人接物的员工，在遇到困难时，容易认为事情“不可能”，因而失去寻求途径解决问题的动力。如此一来，其本人便难以成功。更严重的是，这还可能影响到企业的正常运转与长期发展。

因此，员工对人、对事的态度是否正面，直接影响着其工作的结果是否理想。

4. 对问题的反应，解决困难的心智模式

在企业，员工的心智模式决定他们对工作和企业的看法，指导他们的思维和行为决定。也就是说，不同的心智模式决定他们在面对问题时、解决困难时会采取何种态度、何种方式。

心智模式决定员工的成败。成功员工具备正向思维，以积极、开放、具有建设性为导向，因而面对问题时迎难而上，身体力行；反之，失败的员工往往呈现负向思维，表现为消极、封闭与具有破坏性，面对问题、解决问题时倾向于消极应对，牢骚满腹，无所作为。

由此可见，不良的心智模式会严重妨碍员工的工作。企业与员工需要有意识、有目的地对员工心智模式进行改善与修炼，以提高员工整体软能力，促进企业稳定发展。

提升团队连接力

德国著名哲学家叔本华曾经说："单个的人是软弱无力的，就像漂流的鲁滨逊一样，只有与别人在一起，他才能完成许多事业。"也就是说，不管什么时候，单凭个人力量，是很难取得进步与成功的，而依靠团队，力量往往是无穷的。那么如何才能发挥出团队最大的力量呢？答案就是连接力。

一个团队的实力不是取决于其人数，或者每个人的力量，而是成员之间的连接力，正如亚里士多德所说"整体大于其构成部分之和"的意思，也就是"一加一大于二"的关键所在。连接力能把团队所有成员串联起来，将每个独立的个体连接成为彼此互通的立体网络，从而让成员的归属感、存在感以及安全感都在不断的连接中建立起来。

具备连接力的团队是富有凝聚力的团队。在团队里，每个成员都能把自己当成团队当中的一分子，把自己的本职工作与团队目标紧密联系起来，并且每个人都知道该朝向某个相同的方向，以特定的速度，自动地、同步往前走。相反，没有连接力的团队，就如同需要老大在每个团队成员腰上拴上一根绳子，把他们拉往同一个方向。如此一来，成员之间配合度低，团队内耗严重，企业效率低下。

同时，连接力还有助于提高团队士气。拿破仑曾说："军队战斗力的四分之三是由士气组成。"企业经营也一样，任何好的竞争理念或战略规划，都需要员工来完成、实现。而员工彼此之间是否具有连接力，直接影响到其执行任务的热情、士气，进而决定企业竞争力与业绩的高低。

未来，连接比组织更重要，因此企业领导层必须鼓励连接力的发展，让团队自己完成并提升自身连接力，即"用系统的力量做系统的事，用系统的力量解决系统的问题”。

提升团队自生力

自生力是指不断自我突破、保持生态发展的能力。

团队拥有自生力便意味着拥有自我发展、自我建设与自我生长的能力，从而为企业提供“造血功能”。一旦企业拥有自生力，便不会害怕竞争，原因在于其能不断主动进步、自我“造血”，能源源不断地创造新产品、更迭模式以应对。拥有自生力的团队，才是能够真正支持企业，走向未来的强大力量。

自生力的培养与提升，需要有良好的专业技能、软能力及连接力的基础。此外，还需要老大及领导层的积极态度及行动，如设立研发部。注意，研发不一定是对科技、材料、产品的更新。对于中小企业而言，模式的改变或任何能让未来做得比现在好的改变都属于研发。关于研发部详细内容将在第五章进行描述。

打造自动团队

打造自动团队有助于使企业成为一个自动运转的场，而场里面的每位员工无需借助任何外力和能量，都能随之自动运转起来。对于中小企业而言，自动化团队的存在对其当下的生存与未来的发展显得尤其重要。

打造自动团队需要以下条件：

（1）老大必须决心把80%的精力和时间放在未来，只用20%做好“管理”工作，其他关于今天的工作交给团队负责。而老板要做的，首先是确立愿景使命。愿景是团队自动化的根本动力。一家公司的愿景，根本上是老板的，但可以想办法把它变成高管和员工的，乃至最后变成共同的。不敢大胆地讲愿景、使命的老板，是没有号召力的。

在NLP理解层次里面，谈系统、身份、信念价值观是上三层的事情，谈能力、行为、环境是下三层的事情，而真正驱动人的是上三层，因此需要谈愿景使命。对员工描述愿景使命的过程中，可以通过听觉、视觉、隐喻、类比，把看到的、听到的、感觉到的生动地描述出来，以激励员工。

福特汽车公司的建立者亨利·福特在20世纪中期，便有以下这番著名的对愿景的描述："我要为普通大众生产出一种汽车，这种汽车会以一种比较低的价格出售，让普罗大众都能买得起。人们可以与自己的家人坐在宽敞的空间里，一起共享天伦之乐。每个人都买得起这样的汽车，每个人都会拥有这样的一辆车。马儿在马路上消失，到处都是汽车，我们也会创造大量的就业机会，并且支付可观的薪水。"福特对理想、愿景的生动描述，激起团队向心力，激励了团队自发地为了这个愿景努力工作。

（2）打造自动团队需要订立目标，让团队朝着目标前进。当愿景确立后，应把愿景落实到组织目标计划与行动方案上来，进行具体推动。通常来说，企业愿景大都具有前瞻性的计划或开创性的目标，作为企业发展的指引方针，而通过把使命愿景翻译成目标，并按时间把它分拆成阶段性目标，再让团队根据这些目标做出策略和计划，最后实现目标。

（3）坚持对团队关于专业能力、软能力、连接力、自生力四种能力的培养，以确保目标的顺利达成。一个有能力的团队是具备与目标相配合的心智模式、工作能力和组织方式的。想要实现团队自动自发，需要提高团队心智力，使其拥有成熟有效的心智模式，还应提高团队连接力，以保证其高效的工作方式，并且提高团队自生力，让其不断地增强自我提升能力。

（4）把跟自动团队有关的指标，纳入管理层的绩效考核制度。比如，对企业管理层每年的考核中，评估其对团队能力提升的贡献值。如此一来，提升团队能力不再是老大挂在嘴边的口号，而是真正得到落实，成为企业文化的一部分。

只有做到上述几点，才能使团队做到真正的自动自发，也只有团队实现了自动化，中小企业才有可能超越大企业，争取自己生存的机会。

五、人才难找与人才难留

竞争日益激烈的今天，企业之间的竞争说穿了就是人才的竞争。企业是否能够招聘到合适的人才，组成强有力的团队，决定着企业是否能够平衡稳定发展壮大。

那么，怎样才能找到理想中的符合条件的优秀人才？放眼当今人才市场，可以看到大量的企业正在寻找人才，也抱怨人才难得；同时，也有大量的人才在寻找与之“配对”的企业。

“人才难得”往往并不是因为人才稀缺，而是源自于企业家的心智模式问题，即无法识别缺乏人才的真正原因。事实上，人才难找分两种情况，一是所处的整个行业都有这个问题；二是所处行业没有这个问题，只有你的企业有。这是两个问题，需要分开区别看待。

行业现象里的人才难找问题

假如是行业现象，则如同100家企业争夺90个人才。此时，中小企业是无法与大企业竞争的，因为资源各方面都无法比得上大企业，缺乏对人才的吸引力。

你可以通过以下三个方面解决人才问题。

从企业内部培养人才

传统的心智模式使得企业在招聘时，习惯依赖外部市场作为选拔人才的来源，然而往往出现的结果是，要么苦寻而不得，要么得而不适用，最终不是落得一拍两散，就是勉强留用。如此一来，不仅影响员工士气与企业氛围，还拖累企业运作效率。新时代的企业家应改变其心智模式，在寻找优秀人才时，不妨把目光更多地投向企业内部，从内部挑选与提拔人才。这也是许多成功的大企业喜欢沿用的寻找人才的手法。

以日本东芝株式会社为例，一直采用在企业内部招聘的手法，推行“适才所用”的用人路线，以支持员工申请就职最能发挥自己能力与专长的位置。东芝公司致力于最大限度实现员工的要求，使职员能到喜欢且最能实现自己价值的岗位上工作；同时委以他们重任，也就是所说的“挑重担”，增强员工对企业的责任感，发挥更大的智慧与力量。

同样，全球跨国快餐连锁餐厅——麦当劳，对于人才采用的也是内部的“先育后用”手段。麦当劳的管理者认为，企业首先应该是培养人的学校，其次才是快餐店。也正因为秉持这一理念，麦当劳非常重视对内部员工的培育，以公司自身的“麦当劳精神”来培养人。当某个岗位空缺时，麦当劳能很快地从内部选出合适的人员，进行替补。这也是为什么麦当劳在各类餐饮企业不断崛起的今天，仍能屹立不倒的原因之一。

内部培养人才具有众多优点，其中最明显的一点便是适应问题。不同于外聘进来的人才，需要经历为期短则一个月长则一年的时间，来熟悉公司制度、业务规范，与同事合作，以及对企业文化的理解与接受，内部提拔人员对这些早已熟知与认同，因而大大缩短适应时间。

此外，内部选拔人才有助于降低人才招聘成本，提高招聘效率。内部员工与企业长时间接触，使得双方对于彼此能力与需求都相对了解。当企业需要用人时，管理者能迅速知道“谁”能用；同样，当企业位置空缺时，人才也会快速基于自己的需求与实力，对此作出反应。而且，这些人才对企业非常熟悉，因而对新工作也相对容易上手，节约时间成本。同时，人才与企业双方因为有之前的合作基础，彼此间信任度高，降低可能出现雇佣纠纷情况的风险。

内部培养人才，还可对员工起到激励作用。通过培养这一举动，让员工看到其未来发展的方向，因此便会更加积极工作，渴望成长，从而拉动企业一同成长。

找出“无需人才”的经营模式

什么叫作“无需人才”的经营模式？举个例子，假如突然由于某些原因，企业的销售部门没有了，销售人员也没有了，而你不甘心，认为企业没有销售部门也能够生存，那你会怎么做？你是否想过“没有销售人员”的经营模式？

没有销售人员的企业，对很多人来说可能是天方夜谭，根本无法想象。事实上，已经有公司在这样做，甚至比其他传统依靠销售人员来卖产品的公司更为成功。

以小米公司为例，不管是开发第一款产品MIUI（一款第三方手机操作系统），还是到后来做手机，整个经营模式中都没有销售人员。小米公司做的是建立小米手机的论坛，也就是米粉的大本营。论坛不仅有针对产品操作的核心技术板块，同时还有方便米粉娱乐社交的生活模块。通过小米论坛，米粉主动参与调研、产品开发、测试、传播、营销、公关等多个环节。当用户想要买手机时，他要做的就是通过网站进行订购，而后小米公司再安排发送出产品，当中并无销售团队涉及。在这种没有销售人员的经营模式下，小米在红米手机发布时，依然创下了首批10万台红米手机90秒卖完的奇迹。

再来看苹果公司。相信去过苹果体验店的人都能觉察到，当顾客到店时，没有销售人员过来给你介绍推荐产品，有的只是通过聆听顾客需求、帮助顾客试用产品，令顾客更好地体验企业的产品服务，从而亲身体会、感知产品与服务的品质。整个过程以满足消费者的体验需求为目的，并无推销。当顾客对产品产生认知与喜好时，便会主动到柜台购买。

由此可见，“无需人才”的经营模式是可能存在的，认为“不可能”只不过是因为企业老板的心智模式不允许其可能罢了。正确的心智模式应该是：一开始就应抱持“即便没有人才，我也能经营得很好”的想法，并且能做到未雨绸缪，在不缺人才时就做好应对措施，根据不同情况采用不同的运营模式帮助企业稳健发展。

坚持“没有人才或任何一个部门，都可以活下去”才是使企业屹立于不败之地的态度。一旦有了这个态度，内心的自信与力量便会呈现，遇到人才难找的问题时，也不会慌了阵脚，因为你已经找出了一个“无需人才”也能有效经营的心智模式。

分拆“人才”，“化整为零”

在现实中，人们对人才定义的认知往往存在一个误区，口里说要的是“人才”，而事实上做出的举动是在寻找“全才”，要求人才具备能满足企业对人才期望的所有能力。可以说，大家对于“人才”有着太多的期待，以至于接近“神话”的程度。这也是企业寻找人才的一大忌。

然而，正如词典上所说，“所谓人才，就是指在某方面有才能或本事的人”，而非面面俱到。人非圣贤，总有不足与无法兼备的地方，因此不可能做到把所有的事情都做好。

唐太宗便是对于选人、用人有着正确观念的一代皇帝。贞观二年，唐太宗让右仆射封德彝举荐有才能之人。过了很久封德彝也未曾推荐过一个人，当唐太宗责问时，他回答：“不是我不尽心去做，只是当今没有杰出的人才啊！”唐太宗听后十分生气，驳斥他说：“选人用人就如用器物、工具，每样东西都要选用它的长处。放眼历代使国家昌盛的帝王，难道都是向别的朝代借用人才来治理国家的吗？况且，哪一个朝代没有贤才，恐怕只是我们不能识人而已，怎么可以冤枉当今一世的人才呢？”

作为企业管理者，应改变其对人才惯有的心智模式，在寻找人才时，忌求全责备，重新正确认识到寻找人才，是为了利用其所长，取得工作成果。因此，寻找人才时，先得有正确的观念，忌把事先准备好的“人才框架”拿去套用；相反，应该将人才进行“拆分”，从而发掘、发挥人才所拥有的一技之长；同时洞察其短板，用其他方式进行弥补。

如此一来，你便可以把期望在一个人才身上能全部体现的素质进行分解。比如，你只需在一个人身上找到某一部分的素质、能力即可，其他的部分通过外包或者借由科技进行代替。这便真正做到了扬长避短，量才适用。这也就是“化整为零”的状态。

【瀚霆实践】

我公司的原培训业务销售团队能力非常强，当时我们的“电商总裁班”和“电商职业经理人班”已经到了课期排满，导师连轴转的程度。在同行的课程价格中，我公司的价格是出了名的国内最高，销售团队还是能够做到班班满员，几乎包揽了整个华南地区的电商培训市场，全国市场占有率排名第一，2011年还荣获了马云颁发的“全球十大网商生态奖”业界最高殊荣。当时每个电商培训公司都遍寻销售人才而不得。其实，这些优秀的销售人员都是公司内部通过“我说你听，你说我听；我做你看，你做我看”的十六字方针培养出来的。

2016年，我完成了企业转型，停掉了电商培训业务，转向专注企业管理培训学院和企业管理咨询顾问，以及实业投资方面的业务。因为与客户沟通的专业度非常高，原电商培训销售部门是无法承担这些新型业务的销售工作的。如果内部培养，周期非常长，效果也不一定理想。如果没有销售部，我的产品又如何销售出去，客户还可以从哪里来呢?

为此我仔细盘点分析了客户来源，同时也思考了李中莹老师所说的“没有人才或没有任何一个部门，都可以活下去”的观点。最后，我决定撤销销售部，销售部的小伙伴们开始通过学习培训转岗，或寻求更好的发展。与此同时，我也分拆了销售人才的职能，化整为零实现项目管理制，让专家和助理来分担销售部门的工作。我还在为客户提供专业服务方面更加发力。除了顾问服务部分，我还增加了企业家身心灵成长及教练内容，将客户体验做到极致，支持客户将企业经营得更好，并创立了“瀚霆研习会”，建立企业家成长社群，以发现行业领袖。在这个社群里，我们彼此开放、共享共创。我也用多年的顾问服务经验，支持“瀚霆研习会”里的企业家们在企业经营和企业家身心灵成长的方方面面进行探讨研习，精进发展。

经过一年时间的实践，我惊讶地发现公司的业绩不跌反升。而且，通过对客户专业服务和企业家成长社群的用心经营，我的客户成为了我的“金牌销售”，大家都在积极为我宣传、为我推广。

这是李中莹老师关于企业内部培养人才，找出“无需人才”的经营模式和分拆“人才”，“化整为零”，来解决人才难找问题的亲历实践。

企业状况里的人才难找问题

假如行业没有这个现象，而你的企业有，则必须检讨企业内部问题，如声誉、文化、待遇、管理模式、企业稳定性等，看看是否在招聘的某一流程出现问题。

总的来说，企业需要做好以下四件事。

精准定位所需人才

很多时候，企业招不到人往往都是由于企业并不清楚自己需要什么样的人才。企业普遍存在的误区是，认为人才就是指拥有高学历，或者工作年限长的人。因此，当企业需要人才时，盲目地把焦点放在招聘那些拥有高学历或工作经验丰富的应聘者身上，导致最后招进来的人员能力与职位不相匹配的状况。

企业运营离不开各个部门的功能支持，而每个部门每个岗位对于人才的要求也是不一样的。现实工作中，大多数中小企业老板由于心智模式问题，对企业哪些岗位需要招纳人才，以及该岗位需要什么样的人才，都未能明确表述清楚。往往出现的情况是，他们倾向于按照岗位职称找人，而对于职称背后对人才的要求却模糊不清。举个例子，很多企业习惯凭借标签寻找人才，如“业务员”“销售经理”等，却因无法弄清这些标签背后需要具备的能力是什么，所以招聘不到理想中的人才。

说不出来拿不到，说不清楚做不好。也就是说，将职位描述得虚泛并没有办法支持你得到想要的结果，相反只会让你更加迷惑。因此，企业家必须调整自己对人才招聘的心智模式，对招聘前期的准备工作抱持足够重视的态度。只有这样，才能对人才进行精准定位，以找到理想的、合适的人才。

【 瀚霆实践 】

我的某顾问客户为一位获得博士学位的专业人才的去留而纠结。我问他：如果把这位专业人才的“博士学位”忽略掉，你愿意留下他吗？他轻松一笑，问题解决了，要精准定位所需人才。

提高薪酬吸引力

根据马斯洛需求层次理论，物质需求是人的基本需求，只有最基本的需求满足后，人才有可能追求更高层次的需求。薪酬待遇是企业对人才的基本吸引力，即便企业有着优质、富有竞争力的产品，或者振奋人心的企业文化，甚至良好的发展前景，假如企业提供的薪资不具吸引力，也无法招纳到人才。因此提供市场标准的薪酬是最基本的门槛，假如你无法提供，则丧失在人才市场竞争的资格。

提高薪酬吸引力不纯粹意味着高薪，而是可通过“包装”，即设计一个科学的薪酬体系，包括薪酬制度和晋级制度，来得到提升。比如，对于支付给人才的薪酬，可以通过更换薪酬标题与改变支付模式，把它包装成分成、红利，以取代平常的“工资”“奖金”，以此激励员工。

此外，对于现岗位的名称，适当进行美化，以吸引人才。比如，对于业务员这一职称，你是否能想出其他比这个更好听的名称？只有通过这种方式，才有可能让薪酬变得更具吸引力，提高企业吸引力与人才加入的动力。

【瀚霆方法论】人才估值

企业没有付不起的薪酬，关键是你对人才估值的方法。

★ 薪酬不等于价值

企业谋求的应该是这个人能给企业创造什么价值，而不是企业要给他多少薪酬。就像在股市里，老手一般都知道，便宜的股票没有什么上涨的可能，反而是那些贵的股票，你越觉得它贵，越不敢买，它越涨。所以人才招聘时，要看重的是人才未来能带来的价值。

★ 薪酬不要横向平衡

企业在招人时，可能会遇到这样的困境，就是总监候选人要30万元年薪，但现任的几位总监最高的也只有20万元。如果把这位候选人招进来，原来的那几位要不要涨工资呢？如果一直纠结这种博弈和平衡，那么人才就始终进不来，企业的人才结构也就没法升级。

★ 薪酬不要市场对标

市场的薪酬水平是一个普遍的数字，还可能片面，但企业任用核心人才是个性化的，人才带来的价值也不一样，很难用统计学数据限定。

企业在选择人才之前，必须明确自己的战略目标。因为这样才能明确判断，什么样的人能帮你实现这个目标，以及给一位关键人才付100万元年薪到底值不值。所以，有些企业觉得候选人要价太高，雇不起，实际上是你的企业没法提供让他发挥更大价值的空间，这样他的价格就显得不合理。如果你能判断他对帮助公司实现战略目标带来多大的价值，那借钱把他请来也是值得的。

明确了战略目标之后，企业应该怎样评估人才价值呢？有个人才估值模型，就是：

人才估值＝人才创造的价值－人才的成本

很多决策者死盯着成本不放，实际上应该死磕“人才创造的价值”。

在招聘人才之前，企业可以问自己几个问题来判断人才可能会创造的价值。比如：

（1）这个人过来主要帮企业解决什么问题？该怎么吸引？渠道有哪些？

（2）企业该怎么明确界定他的业绩？又该为他准备什么样的环境和条件？

（3）如果这个人不行，该怎么及时止损？

……

如果这几个问题有了答案，人才创造的价值就不是模糊不清的概念了。

总结一下，对于企业来说，在选择人才之前，先要明确自己的战略目标。聘请人才不能光看给不给得起薪酬，关键要看他如何给你带来价值，以及带来多少价值。如果能带来很大的价值，那借钱请来也是值得的。

提高HR招聘质量

作为帮企业选拔人才的人，HR在招聘过程当中起着至关重要的作用。假如HR自身能力不足，未能为企业有效把关，选用合适的人才，那么不仅不能为后续的工作起到促进作用，还很可能造成人力、物力、时间成本的耗损，降低企业效益。

因此，企业需要注重对HR进行全面的培训，以确保HR的招聘质量。培训的内容应涉及各个方面，如招聘的仪容仪表、招聘的面试技巧与行为举止规范、企业岗位的功能与职责的了解、招聘部门的功能与职责、招聘的形式与内容、招聘流程、企业文化、市场推广与宣传方法等；保证HR的专业性得到提高，一方面能更好地辨识人才，另一方面以自己的专业性吸引人才。

同时，对于某些专业岗位的招聘，HR可能缺乏对该岗位的专业知识，因而无法对其所需的要求进行明确描述，更无法以此判断人才能力。这时，应该在HR招聘时，安排相关的专业部门人员一起进行人才挑选，以保证招聘到所需的人才。

专业技能不是唯一的招聘条件

汽车大王亨利·福特曾经说:“越好的技术人员，越不敢活用知识。”

可见，习惯于把专业技能作为判断人才的唯一条件的心智模式已经过时，企业招聘人才时，应把关注点放在其他方面的重要素质上，如学习能力、团队协作能力、人际关系、抗压与情绪管理能力等。专业技能好，假如缺乏学习能力，也会遭受淘汰。如今社会急速发展，知识、技术、科技迭代更新，很多时候，人才之前所学的技能已无法满足实际工作的需要，因此要求他们必须具备学习能力，不断地顺应时代潮流，更新自己的技术。

同样，光有专业技能，缺乏软能力的员工，是无法在工作中发挥其长处的，同时还可能影响企业内部和谐氛围。在一些发达国家，如美国、英国与日本等，招聘时对员工心理素质的考察保持非常严谨、重视的态度，他们甚至发展出一系列心理素质测试来判断应聘者心理素质的高低。在他们看来，这是减少企业风险，也是帮助找出最适合未来发展的人。

所以招聘时，企业不光要看人才的专业技能、水平，还需关注其他方面的素质，帮助招纳“软硬兼备”的真正人才。

【 瀚霆实践 】

我帮一家非常传统的知名企业组建电商团队，如我前面分享的一样，先提炼电商团队优秀人才的特质。除了专业技能之外，概括起来就是思维敏捷、主动开放、擅长沟通、能快速融入团队等，这里我就不展开细节了，直接分享我的招聘策略。

首先当然是筛选简历，提供企业的相关资讯，沟通了解是否有较强的意愿度之后，对合适的候选人通知面试，将面试时间安排在11:30。

当候选人来到公司完成手续，负责接待的人向他介绍公司后，已经到中午午餐时间，安排候选人到公司共进午餐。午餐是围席，用餐时同桌会随意与候选人进行沟通。

午餐后，候选人会被安排到一个餐后员工的休息室，和公司员工一起玩游戏娱乐，之后安排休息。

下午上班，进入正常面试环节。这个时候，面试官基本只需从候选人过往工作经历及其成就中评估其专业能力，以及了解人生发展与职业规划方面的资讯了。

正是这个精心策划设计的招聘流程，不仅令该企业的招聘质量提升，人才流失率降低，还为该企业招聘到优秀的、真正能与企业共进退的合适人才。此外，随着这个团队的成长，这个过程及每个人的经历也成为一种谈资，甚至形成一种文化，一种属于这家企业的独特文化。

人才的四个需要

许多老板一方面抱怨“人才难找，人才得之不易”，另一方面却无所作为，任由好不容易得到的人才从身边溜走。当初花尽各种办法抢人、挖人、内培人才，但结果往往是得到了人才却又无法留住，并且这个趋势越来越明显，尤其对中国中小企业而言。而造成这一问题的原因，主要是企业并不了解人才真正需要的是什么。那么，人才要的是什么呢?

过去我很喜欢问中小型企业老板是否知道员工需要的是什么，而他们通常给我的回应都是“他们要的就是钱嘛”。这些人 以为人才要的只是钱，而给他足够的钱便能把他们留住是传统的心智模式。

首先，钱若能让他留下，则钱也能让他离开；只要某个地方愿意给更多的钱，他便会往那里去。

其次，只用钱留人才，很快行业便会出现割喉战，所有同行企业都会大伤。也就是说，假如行业都是呈现一种“他给一万，我给一万一”的状态，则整个行业都会崩溃。

最后，钱若是唯一留人利器，则烧钱便会成功，而中小企业负担不起，市场也证明这个是不行的。

因此，认为人才要的只是钱的想法已经不适用。事实上，人才真正需要的是以下四个方面。

用好“越给越有”的哲学

正如前文说过的，符合市场需求的薪酬是入门资格，因此必须确保提供与人才相匹配的薪酬。俗话说：“金钱不是万能的，没有金钱却是万万不能的。”在企业中，稳定的收入、薪酬是吸引员工的最重要一点。假如企业提供低于人才期望的薪酬，很可能会令人才产生消极倦怠的负面情绪，甚至离开企业。毕竟，每个员工、人才都渴望更高的薪酬与福利。相反，可观的收入、福利会给人才产生强大推动力，从而让他为企业做出更大贡献。

支付工资背后呈现的是雇佣关系，即我聘请你成为我的员工，因此不管企业赚钱或是亏本，我只支付你相对应、固定的工资；分名分利则视企业与员工双方为利益共同体。当把彼此当成利益共同体时，员工便会产生动力，总是想着如何去为企业做出贡献。

那么，如何通过分名分利推动员工的积极性呢？可在战略规划时设定业绩目标与分配机制和贡献荣誉，并在分配业绩目标时，鼓励员工往更多的贡献去努力。

举个例子，在你的规划里，当一个员工为企业带来300万时，你会给他50万；如果他能给企业带来600万，则你愿意给他200万。这种情况之下，你应该相信并鼓励他做出600万而非300万，因为600万对你、对员工都有好处。通过选择相信对你有好处的事情，让员工朝着这个有好处的方向做事情，员工便会越来越有动力，最后也许真的就做到了600万。而当他真的做到600万时，那么你也该分给他本该享有的200万分成。业绩是员工做出来的。当员工做的业绩越多，也就意味着企业赚的钱就越多，所以这时候需要慷慨一点，让员工享受更高的分成。

员工无不渴望更高的收入，而你要做的是让他知道，努力便会得到高收入的回报。当你的员工真的很努力、做出成绩时，那么你提高一些薪水，让他们继续发奋努力，不是更值得吗？要让员工更加有动力，就需要奖励员工的出色表现，付给员工相应的报酬。这样才能留住最好的人才。

【瀚霆实践】

我的某顾问客户加速开店计划，可人才难招，特别是店长难招。

我帮他梳理了店长的岗位描述和薪酬奖励之后，建议他把“招聘店长”改为“寻找合伙人”，帮他制定了店铺合伙人计划书，把劳资关系的“劳动合同”改写为“合伙人协议”，并进行公证。这样不仅解决了人才难招，店长难管等问题，还令他的开店计划超速高效完成。

企业老大不是员工的父母

对于人才而言，薪酬待遇固然重要，但个人的上升渠道和发展空间更是其在抉择“走还是留”时的关键考虑要素。如今市场日新月异，稍不注意便可能会退步，遭受淘汰。假如企业能够重视每一位员工的成长与发展，那么不管是普通员工或是优秀人才，都能做出非凡的业绩，实现价值。这样一来，他们便不会想要离开了。这也是为什么许多跨国公司能够吸引到与留住一流人才的一个重要原因。

如今的社会充满了穿上成人衣服的小孩。同样，在企业里、团队中充满着生理年龄与心理年龄没有同步发展的员工，并且这已经成为一个普遍现象。因此，试图用替换员工的方式来改变企业这种现象，是不实际的；最好的唯一的出路是，帮助员工，让他们完成心理层面的成长。

管理企业不是当员工的爸妈。帮助员工成长、成熟必须得确保老大不做员工的父母。很多企业出现的问题往往源自于老大用错的方式对待员工，使自己成为员工的父母。于是，当员工遇到问题时，便让自己成为小孩，认为老大就得照顾他、帮助他。这也是很多老大做企业做得辛苦的原因。正确的做法是，老大必须从内心深处尊重这些人才，相信他们自己有把事情做好的能力，并创造一个能让其发挥所长的环境，授予责任与权力，仅在需要时方才稍微引导。

松下幸之助就是很重视企业核心人才成长的管理者，他经常对企业人才说：“我对这事没有自信，但我相信你一定能胜任，所以就交给你办吧。”当他对人才越是信任，越是委派艰巨任务时，人才的积极性、工作热情反而越是高涨。

另一方面，老大在日常工作中也应该多与人才沟通关于发展的问题。很多时候，人才所希望的其实只是笼统的“成长”，而对于自己适合往哪个方向发展、如何发展并无具体概念。而作为老大，应站在更高的角度，有前瞻眼光，通过与人才交流关于其发展的想法，提供有效的成长意见、建议、帮助等。如今市面上帮助员工成长、成熟的培训课程非常多，老大应该选择适合自己企业、团队的那一套加以运用，让员工在学习、培训过程当中越来越成熟，乃至于最终完成心理年龄及心智模式的成长。这样，他们便会发自内心地感激你，也就把企业当作“家”了。注意，这里讲的家是指健康的、成人心态中的家，而非“我小我有理，你要照顾我”的小孩心态中的家。

【瀚霆实践】

员工：老板，那个客户我跑了很多次，拜访了不下10次，还是搞不定。

在日常工作中，如果有员工以这种语言模式与你沟通，有可能你已经做了员工的父母。

我常常这样回答：

“我不是你的父母！”

“那是你的责任和义务。”

“你觉得呢？”

“你认为应该怎样处理比较好？我想先听听你的想法。”

"刚才你提的几个想法，如果是你，你会优先选择哪一个，为什么？可以稍微展开聊聊吗？"如果已经基本确定应对方案，则可以补一句："你先做，如果有其他问题我们再沟通？"

通过这类探讨挖掘式的提问进行沟通，一次次支持员工开始变得有想法、有担当，真正成长为专业成熟的职业人士。

如果经过测试评估，觉得自己无法支持他在公司完成"成长、成熟"的过程，支持他成为有担当的"成人"员工，那建议你还是早日开始"离职面谈"吧。

照顾好员工的家人

听过一个很有趣的说法："企"业无"人"则为"止"。换言之，人是企业日常工作中的第一生产力，只有把"人"的工作做好，企业才能长盛不衰。把"人"的工作做好不仅包括善待员工、人才，还包括他们的家属。

中国人出来工作都是为了照顾家人，家人对于中国人来讲是非常重要的。假如你能对员工到企业工作的目的进行了解，真诚而认真地设计出员工需要的、照顾家人的薪酬管理方案，并且设立奖金来帮助他更好地照顾家人，那么人才照顾家人的愿望便得以实现，这样他的心也就能够在企业安定下来了。

网易CEO丁磊就非常重视优秀人才的家人问题。他曾专门就高科技人才在广东的配套设施条件完备方面，在省人大广州团全体会议上发言。丁磊说，他非常重视员工家人，包括其子女所将面临的实际问题，"我们公司很多优秀的人才，子女能否享受到高质量的入托入园入学条件，就是个很大的问题，这很大程度影响了他们在广东落地生根。政府应该多给些实际的支持，让更多的人才愿意到广东来，也愿意留下来"。丁磊在发言中，更多地考虑了员工家人的问题，传达了配套设施完备对人才家人的重要性，提高了政府对人才问题的认识深度。

做到关心员工家人，还可让领导层在行动上显示出企业"照顾家人"

的理念和文化。比如，在企业每年的年会聚餐时，可把员工父母邀请过来，真诚地感谢他们让自己的孩子在企业一同奋斗，并且在他们面前肯定他们孩子为企业做出的贡献。当企业领导这样做时，员工的家长便能感受到企业传达的温暖与关爱。他们会想，企业连家属都那么照顾，对自己员工就更不用说了。当员工的父母感动了，父母便会告诉员工这家企业有多好，而当父母对企业都这般认同时，员工就会一心为企业努力工作，不会想着跳槽。换句话说，当你留住员工家人的心时，你便能留住你的员工了。

【瀚霆实践】

如李中莹老师的观点，绝大部分中国人工作的目的之一，就是为了照顾家人。这一点，我们从很多对海外打拼的中国劳工的采访中也能略见一二。有个外国人对中国人的评价令我至今记忆犹新："他们似乎每天只有工作，下班了就直接回到住处，然后一拿到工资就到工作地点附近最近的银行把大部分钱寄回家。他们几乎没有什么娱乐，似乎工作的唯一目的，就是为了赚钱寄回家。"虽然随着社会发展进步，越来越多的人开始注重生活、开始学会享受娱乐，可是这个"照顾家人"的传统理念仍然流淌在很多中国人的血液里。

2012年春节假期，我以网盈机构创始人的身份，亲自执笔，为所有的员工父母写了一封感谢信，信中向每位员工的父母简短介绍他们的子女在公司的工作情况，也向他们表示感谢，感谢他们将子女培养得如此优秀，能在公司表现得如此出色，自己和自己所创立的公司也因为能有他们创造价值而感到幸运，并请他们对孩子的工作放心。同时，我为每位员工做了一份非常个性、精致的画册，画册里至少选取了30张该员工日常工作的场景，并且还让员工给自己的父母挑选礼物，由公司统一购买，将感谢信、画册和礼物一起快递给员工父母。当时网盈机构广州公司总经理彩霞春节打电话给我拜年时，说她父母看到画册，激动得哭了；我的助理小翠的妈妈，逢亲戚朋友串门，就要把画册拿出来很骄傲地展示一番……

2013年网盈机构大型年会，我以网盈机构的创始人身份，诚挚邀请优秀员工的家长来参加年会，专门包车安排“广州美景一日游”，特别挑选了几个有地方代表性又适合老人家的景点细细游览。路上一直洋溢着欢声笑语，大家都特别开心！

与此同时，管理层通过业绩绩效盘点选出了本年度优秀员工，并用心准备了颁奖奖品，而且全程公开透明。全公司上下都见证了优秀员工是如何评选出来的，分别是谁，他们是为公司做出了哪些贡献等。至今我都还记得在筹备这个环节的时候，整个公司氛围都非常闹腾，老员工脸上的笑容透出了丝丝幸福的成就感，新员工羡慕前辈成绩的同时，更加默默地努力工作。

在年会中，我作为公司最高管理层，在所有客户、所有员工及其父母的面前，对团队的每位员工和他们的父母，表达了最真诚的感谢。最值得记录的时刻，是邀请优秀员工上台接受颁奖的时候。虽然员工早已预知了自己要领奖，但真正到了在父母面前接受公司嘉奖的时刻，到了我向优秀员工家长代表送上传递着认可与感谢的鲜花时，好多人都忍不住流泪了，脸上挂着充满幸福感与成就感的泪水。

这一幕，让我看到了团队伙伴们满满的成就感，也从员工父母注视着他们的眼神中，感受到了满满的骄傲自豪，还有不停微微点头表达的那份“放心”。那一刻，我们知道，我们的心意、我们的认可、我们的感谢，他们真的收到了，并且收进了心里。

所以，并不是一定要用物质、金钱才能体现企业对员工及员工家人的关怀，更多时候，“用心”才是更重要的。

助力个人事业愿景

每个人都是在为美好的未来而奋斗，每个人才都会有关于个人的事业愿景，并都朝着自己的愿景前进。同样，企业也有自身的关于未来的目标、蓝图、愿景。而企业可以做的是结合企业愿景，为每位员工制订一个适合个人的事业发展规划。

建议在日常的工作沟通或寻常谈话中，经常询问人才心中的事业发展目标是什么。比如，假如他表示有创业志向，那么你不应打压而应表示肯定、鼓励，让他知道假若有一天他准备好创业时，企业会进行支持。然后，把他的愿景与企业的愿景合并起来，制定实际可行的目标与实现目标的路径，来支持他的事业发展计划，以此向人才展现在企业的未来他可以做什么，可以往哪里去。更重要的是，在此过程当中，帮助他正确了解自己的长处与短处，并尽力培养、扶植他，让他意识到企业在帮助他提升能力，而他可以通过在公司的工作创造自己的未来。

假如你能设计好员工在企业未来发展的空间，那么他们就无需离开闯荡了，而你也无需担忧未来他会离开的问题了。

对于某些专业的与技术有关的，但企业无法提供条件使他实现个人事业愿景的员工，你甚至可以帮助他寻找适合的、更好的工作。这样，他便会对你感激。假若有一天你的企业发展壮大，需要这些专才，随着你的号召，他们便会回来。这也是所谓的“号召力”。

对未来没有明确追求的中高层员工，终究都很难有大的成就，栽培他们也是浪费资源，因为你无法推动他们。无法推动便意味着会成为团队动力的最低点，会拖后腿。因此，对于没有未来迹象的员工，应该请其离开。

因此，要留住人才，就需了解人才的事业愿景，并把它与企业愿景相结合，在企业走向未来的路上给予发展空间，最后实现人才与企业的愿景一同达成的“双赢”局面。

【瀚霆实践】

企业要走得远，一定要有使命愿景。同理，公司想要与优秀人才一起走得远，也要有共同的使命愿景，并且公司的使命愿景是囊括并支持员工的使命愿景的。毫不夸张地说，了解并支持你的员工实现他们的事业愿景，甚至生活愿景，是留住身边优秀人才最好的办法！

在我的团队里，有一位专业人才，每每提及他和他的服务成果，我都会毫不吝啬地表达我的欣赏与赞美，包括我是如何果断录用这位优秀人才、如何与他在高速路上塞着车也能碰撞出各种创意火花的经历。这些都成为我时常提及的小故事，可以说我非常看好也非常珍惜这位人才。

同时，我也了解到，他当初选择进网盈机构，是因为看到网盈机构曾经做过的品牌及成果，希望自己有朝一日通过自己的智慧与能力，取得同样的成绩，获得客户的高度认可。此外，通过几次深度沟通，我还了解到，表面平静沉稳的他，身体里有颗不安分想创业的心。我更明白，其实他要去的方向，和网盈机构未来要去的方向是基本一致的。从那一刻开始，我便思考如何一步步支持他实现自己的事业愿景。

很幸运，在入职两年后，他有了自己的小宝宝。为了让他服务的客户也能感受到他这份“为人父”的喜悦，我鼓励并支持他在自己宝宝的满月酒时，邀请他服务的网盈机构的顾问客户。从客户的祝福声中，我看到他的笑容中藏满了幸福感与满足感。在他小孩一岁之前，我刻意地减轻他的工作量，不像两年前排得那么满，好让他有更多时间陪伴小孩和爱人。

正是在他的小孩出生以后，我感觉到，是时候和他聊聊“他的事业愿景”了。于是，我与他进行了一次深度对话。在谈话中，我除了对他一路以来的成长和工作成果表示高度认可外，更重要的是，我主动问起他对创业的规划和想法，并以一个“过来人”和“企业经营顾问”的身份分享我对他的规划的看法和建议。

我敞开心扉，正式与他探讨我计划如何培养他创业所需要的能力。如果他创业，我也愿意投资支持他。我从他的眼神里看到了激动、惊讶与感激。

目前，他已经成长为一名非常优秀的专业顾问，继续前行，不断探索，接触更多的行业领域，视野更加开拓，经验更加丰富，同时也享受着与他的事业愿景越来越接近的喜悦。而我，收获的是一个更优秀、更稳定的人才和更满意的客户体验！

大多老板最担心的事情之一，就是自己着力培养的骨干离职后，这些骨干会创业成为自己的竞争对手。所以在培养人才、运用人才的时候，他们既想要这个人才为企业创造更大价值，又怕对自己未来不利。这时最重要的便是老板的格局，也即“愿景使命”“战略规划”。如何能让自己的格局大到可以容纳更多的优秀人才，以及优秀人才未来五年甚至十年的发展空间？

如果老板有更大的格局，能让优秀人才从内在驱动自己更努力地工作，专注思考如何在公司能以更快的速度成长，通过为客户创造更大的价值，早日实现自己的梦想，不也是一个“三赢”?!

六、重塑团队心智

企业由团队构成，而团队由员工个体构成。过去许多企业老板习惯看重团队能力。事实上，团队的心智更为重要，如果没有正确的心智模式相配合与支持，再强的能力也无法得到发挥，从而转化为工作绩效。

也就是说，一个成功的企业，最关键之处就在于它拥有一个具备何种心智模式的团队，而这个团队的心智模式，是由下属的每一位员工个体的心智模式构成的。简言之，员工的心智模式决定团队的心智模式，而团队的心智模式决定企业的生死成败。

团队心智模式体现在团队的思考方法、思维习惯和心理素质，无效的心智模式会使团队在看待、处理问题时倾向于“自以为是”，即以自我观念为主。

通过重新塑造团队心智，可让他们改善长期以来所形成的思维行为习惯，明晰自己在系统的位置与在企业、团队中充当的角色，并在他们的心智模式中形成与企业相匹配的、共同的理念和价值观，从而真正进入自动自发具有创造性的工作状态。

以下提供五个方法供参考，以检视、辅导、帮助团队解决最常见的心智问题。

破解“必死方程式”法

中国传统的家庭教育容易培养出具有限制性信念的人。因此，不管是在社会上，或在企业里，很多人在面对新时代带来的庞大机遇时，内心往往有很多向往，同时又有很多自我否定，表现出以下两个“必死方程式”。

(1)我需要A，但我不可能是A。

例1：我很想做部门经理，但我不可能做部门经理。

例2：我很想拿下500万的单，但这张单我拿不下。

例3：我希望他可以成为我的客户，但他不会做我的客户。

(2)我需要A，而得到A必须有B，我没有B。

例1：我知道要有5年以上工作经验才能做部门经理，我没有5年的工作经验。

例2：拿下那500万的单需要我与项目负责人有良好关系，而我跟项目负责人根本不认识。

例3：要有好的业绩必须让他成为我的客户，但我没有条件让他成为我的客户。

第二个相对第一个“高明”了一点，心智模式表现为：成功是有可能的，但“必须”要有某项条件，而这个条件我是不可能拥有的。

这种心态也就是我们常说的“自我设限”“自判死刑”。当一个人认定了自己不会成功，无法成事时，那么不管别人怎样说、自己怎样做，在心灵深处都只会寻找自己不会成功的证明。

那么，作为企业老板，如何能帮助团队扭转并发展出有效的心智模式呢？

以下为“拆招”（引导）的三个方面：

（1）没有A我也可以成功快乐，因为A能带给我的深层价值，我可以凭其他事物取得。

（2）不一定要拥有B才能得到A，凡事总有三个解决方法。

（3）我没有B不是绝对的，只是此刻的情况而已。我可以想办法拥有它，或者找到它的替代物。

通过将团队从“非××不可”的限制性信念中跳脱出来，引导其看到更多的其他可能性、更多有效的方法。

成功三步法

我想人都是生而追求成功快乐的，可很多人的实际情况却是，每天都在辛苦地为自己有朝一日能成功而忙碌，同时相信自己无法成功。这如同原本的目的地是北京，但同时相信正在走的路不会到达北京。试想，这样的感觉该有多糟？

在一个团队中，拥有这种心智模式的员工实际上非常普遍。这种渴望成功却同时相信自己无法成功的心智模式不仅妨碍员工在生活中感受快乐，同时还影响着其在企业工作中的能力发挥。

改变这种心智模式，需要企业家们通过“成功三步”帮助团队成员建立成功的心智模式：

（1）相信某件事有可能。

（2）找个新方法，去做。

（3）假如方法有效，则继续；若无效，重复上一条。

以此，不断地找出新的方法，直至找出有效的那一个。

事实上，做一件事，最难的往往是第一步。假如你已经相信某件事没有可能，那么说什么、做什么都是为了证明它没可能罢了；相反，假如你真的想成功，则必须相信成功是有可能的，要从相信开始！

脱困五步法

脱困五步法是一个快速、用语言帮助摆脱困境的说话技巧。

人的内心状态可从他的说话中得知，而人的说话方式可以改变他的内心状态。很多人内心的困境，其实是本人的一些错误信念造成的。以下的五个步骤，帮助企业老板运用语言把员工处于困境的心态，改为积极进取的心态，有更清晰的行动目标和途径。

下面的例子是某位员工说他做不到某件事（X），运用这个技巧，企业老板便会引导员工体验以下五句话，每一句都处理了员工的一些局限自己的信念：

第一步　困境："我做不到X。"

第二步　改写："到现在为止，我尚未做到X。"

第三步　因果："因为过去我不懂得（YY），所以到现在为止，尚未能做到X。"

第四步　假设："当我学会（YY），我便能做到X。"

第五步　未来："我要去学（YY），使我能够做到X。"

（注：第三步中的因为（YY），必须是某些本人能控制或有所行动的事情。）

困境事实上描述的是一件过去的事实，到说话的那一刻止，他没有这个能力或者不想去做。但是，在未来的岁月里，员工总想保留做得到或者想去做的权利。发生了的是无法改变的，然而发生了的事对员工未来的影响却可以改变，因此"我"做不到和不想去做不应该成为一个包袱，阻碍员工在未来享有做得到和想去做的权利。

上面的五个步骤，让员工放下过去的包袱，勇往直前。

试深入分析下面的五句话（例子的主题假设为"英文"）。

第一步　困境："我不会英文。"

句子的文字是负面词语（有"不"字）。

事情的真实情况是到此刻为止，“我”不会英文，但因为没有时间指标，说出来就像是一句永恒的真理一般。在我们的大脑里，也正是这样的效果，使得我们陷入困境。

第二步　改写：“到现在为止，我还未学会讲英文。”

把事情划清楚时间指标：做不到只是过去的事，未来大有可为。另外，把不懂转为还未学会，就是对潜意识讲，英文是可以学会的。

第三步　因果：“因为过去我没能找到一个好老师和安排出时间，所以到现在为止，我还没有学会英文。”

把事情的原因找出来了，即未能找到老师和安排时间。这两点都是可以自己控制和自己可以有所行动的事。注意这一句意思所包含的三点都是负面词语。

第四步　假设：“当我找到一个好老师和安排出时间，我就能学会英文。”

仍是第三步的两句，只不过是把三个负面词语改为正面词语。另外，把连接词“因为”改为“当”。当（when）比如果（if）好，因为“如果”包含做不到的可能，而“当”字则已经暗示一定做得到。

第五步　未来：“我要去找公司里英文流利的朋友，请他们介绍老师给我，并且改变工作安排，使自己每个星期六下午都可以去上课。我一定能学会英文，日后可与国外客户交谈。”

找出自己可以控制的资源去制造机会。至此，这个人已经完全脱离困境了。

回看第一句困境时的话“我不会英文”，可以感觉说话者是把自己困在一个狭小的圈子里，所说的话完全是静态的，他是无可奈何的，充满无力感。而看看第五句，说话者的目标“学英文”，已经完全在掌握之中。他不单有目标，而且有清晰可行的途径去达到目标，所说的话充满了动感与力量。他已经恢复到正常的自己控制自己人生的状态了。

当这个五步脱困法的概念掌握纯熟后，企业老板可以随便运用任何一部分，不必完全按部就班地进行。

把“不”“没”“难”变为“如何”法

限制性信念是限制团队工作能力的头号敌人，让团队在面对事情和问题时，内心做出的判断往往是“不(能/可能)”“没(有办法)”“难”。

有这些信念的员工，常常试图用冠冕堂皇、不易辩驳的虚泛言语合理化自己的“不作为”(例如“应该知足”“安分守己”“做人不可以那样”等)。这些虚泛言语只会让人把注意力放在无能为力和没有效果的地方。事实却是，每个人，只要有生命，我们总有能力使自己增加一点成功，同时使其他人、事、物变得更好。但凡成就大事的人士，都是允许自己有梦想，认为自己“能”“可以做到”，都是从思想上的突破开始的。

如何转变团队面临问题时出现的“不、没、难”心智模式？以下有两个简单小步骤：

(1)找一个拍档，用以下三字中的一字造句，描述你当下的一个困境，“不、没、难”；对旁边的拍档念出这句话，注意内心感觉。

例如：我没办法达成今年的业绩目标。

(2)用“如何”二字重写该句子；对拍档念出前后两句，注意内心感受有何不同。你会发现，前者焦点在过去，后者焦点在未来。

重写句子：我如何达成今年的业绩目标？

当把“不、没、难”的句子改为“如何”时，实际上就把焦点从问题本身转向了寻求问题的解决方法上，而这就是解决问题的开始。

解决问题≠达到目标

当团队的心智模式停留在“解决问题”时，他们就会坚持把注意力和思想放在问题上。这样一来，团队不仅看不到身边众多的机会，还会为了解决问题而去寻找问题出来解决。当大的问题没了，就找小问题，小问题没了，便会制造问题出来。

事实上，一个企业最重要的，并且最需要关注的应该是企业“达到目标”。因此，企业老板应培养起团队把焦点放在“达到目标”的心智模式。达到目标，则意味着“谁能做事，让事情效果更好”，而非把焦点放在已经发生的问题上，挖掘原因再寻求处理方法（解决问题）。

建议中小企业家们可以从会议开始，改变团队关注“解决问题”的心智模式。如在开会时，先组织团队谈论“达到目标”的事，并确保会议绝大多数的时间都把关注点放在这里。当“达到目标”的事情商谈完，尚有时间时，再讨论如何解决问题。

企业的工作由团队负责完成。当团队建立起一个有效的心智模式时，工作方法自然有效，随之而来的工作效率也自然就高，效率便意味着效益。这就如同一个积极的循环，推动企业积极发展。

小 结

1. 管理其实包含“管事”与“管人”两个部分，并且这是不同的两件事，需要区分开来看待。总结为一句话：对事用理性，对人用感性。

2. 在企业里，管理（管事）主要以6种资源为对象：人、财、物（硬件）、技（软件）、讯（资讯）、时（时间）。管理的工作主要包括4个：策划、组织、督导、控制。管事其实就是通过对人、财、物、技、讯、时的策划、组织、督导、控制，来达到企业目标。

3. “时间”是最可靠的，但同时是最缺乏被尊重、最容易被忽略的一个资源。但凡企业有关时间的事情，没有时间不够，只有时间运用不够。

4. 如果你总是有紧急又重要的A类事情要做，说明你在时间管理上存在问题，设法减少它。尽可能把时间花在重要但不紧急的B类事情上，这样才能减少A类的工作量。对于紧急但不重要的C类事情的处理原则是授权，让别人去做。不重要也不紧急的D类事情尽量少做。

5. 管人指的就是在企业工作中以人为核心，通过推动人来达成对事的运作。

6. 管人归根结底就是管心。

7. 面对当下很难做的决定，看未来，看更大的系统，以做出理性的决定；而决定之后用感性执行，这便是管事与管人需具备的心智模式。

8. 管理者的权力不是来自于老板的授权，而是来自所承担的责任。

9. 新时代正确的心智模式应该是老板将自己与员工当作彼此的“合作伙伴”，而非“敌对者”。管理的真谛在于老板与员工一起做些什么事情，而不是老板对员工做什么事情。

10. 要想使利润最大化，最佳途径便是与团队成为“利益共同体”。

11. 老大是负责未来的，而团队是负责今天的。

12. 当下企业里的很多问题，绝大部分源自于两个原因：（1）身份定位错误，老板做了团队的事，而团队在替老板考虑他本人该做的事；（2）团队能力与实现企业目标所需的能力不匹配。

13. 企业老板必须把80%的时间放在未来，20%的时间去做当下的运营与管理，并在这些管理工作中做好三件事：建篱笆、定方向和不断提升团队能力。

14. 建篱笆就是告诉员工：我们是什么，不是什么；我们做什么，不做什么；我们可以做什么，不可以做什么；我们应该怎样，不应该怎样。这也就是企业的定位及规范，是团队可以活动的空间。

15. 定方向就是指老大需让团队知道：我们去哪里，我们有什么愿景，我们用什么方式达成愿景。

16. 作为老大，应该把不断提升团队能力视为其工作中最重要的一部分。

17. 企业老大“用猫做狗的事”的心智模式主要体现为以下三点：（1）无法分辨“猫”与“狗”。（2）“猫当狗用”与“狗当猫用”。（3）“没有狗，就用猫吧”。

18.团队能力包括专业能力、软能力（沟通能力、人际关系、情绪压力管理等）、连接力和自生力。

19.未来，连接比组织更重要，因此企业领导层必须鼓励连接力的发展，让团队自己完成并提升自身连接力，即“用系统的力量做系统的事，用系统的力量解决系统的问题”。

20.不敢大胆地讲愿景、使命的老板，是没有号召力的。

21.“人才难得”往往并不是因为人才稀缺，而是源自于企业家的心智模式问题：无法识别缺乏人才的真正原因。

22.公司内部培养人才的十六字方针：我说你听，你说我听，我做你看，你做我看。

23.企业招不到人才往往都是由于企业并不清楚自己需要什么样的人才。

24.说不出来拿不到，说不清楚做不好。

25.对企业来说，在选择人才之前，先要明确自己的战略目标。企业没有付不起的薪酬，关键是你对人才估值的方法。薪酬不等于价值；薪酬不要横向平衡；薪酬不要市场对标。人才估值＝人才创造的价值－人才的成本。

26.管理企业不是当员工的爸妈。

第三章　运营心智

一、运营的心智模式

企业中所有的运营都围绕着这三个问题展开：

（1）顾客为什么要买？

（2）顾客为什么要向你买？

（3）顾客为什么要再次向你买？

顾客为什么要买

任何一种产品都有它存在的价值，而它的价值是否能得到实现，取决于顾客是否对它有需求。换言之，要想让顾客产生“买”这个动作，需先弄清楚他关于产品的真实需求是什么。

举个例子，顾客买了一把锤子，表面上看他买的是锤子，可实际上他的需要是“洞”。也就是说，他之所以买下这把锤子，完全不是因为锤子的功能多好或外观多美，而是他需要在墙上或者物品上打洞，正好这把锤子能解决他的问题。

可见，顾客之所以买某样产品，并不是因为你提供了这样产品，而是因为你所提供的产品刚好能解决他的问题，满足他的需要。

因此要做好运营，首先应从看待这个问题上改变心智模式，不要只看着自己能提供什么，而是去了解顾客购买的原因，即他真正需要的是什么，他向你购买的背后是期望解决哪些问题，你是否能够帮助他解决那些问题。

顾客为什么要向你买

运营要解决的第二个问题是顾客为什么要买你的产品，即在市场上，同类产品如此之多，他选择你的理由是什么。许多企业老板习以为常的心智模式是，对顾客的购买行为想当然，认为自然是因为产品好所以顾客才会选择。事实上，让顾客向你购买的理由，远远没有你想的那么简单。

要令顾客选择你而非其他竞争对手，根本就在于你能提供独特的产品（服务）。产品的独特性可体现为全新的、市场上尚未存在的产品，也可表现为在现有产品上添加竞争对手没有的价值。具体而言，这个独特性必须让顾客知道，当他向你购买时，可获得哪种具体的、他最想要的利益；此外，所提供的独特性还必须是竞争对手无法提供或超越的，并且能够吸引、打动顾客产生购买行为。

以第一章提到的海底捞为例，它的运营之所以如此成功，并不是因为它的火锅食材有多出众，而是它在众多火锅店围绕着火锅材料、火锅设备等进行竞争时，把关注点放到了顾客身上。虽然海底捞的核心业务仍然是产品，但重点却是服务，以顾客为中心提供个性化的、独特的、贴心的服务（如为戴眼镜的顾客提供眼镜布，为长发顾客提供橡皮筋等）。

传统的心智模式使得企业之间围绕着向顾客销售产品而竞争，而海底捞为顾客提供独特服务的心智模式，不仅让企业避免了同质化的竞争，还为企业带来了产品的热销和丰厚的收益。

顾客为什么要再次向你买

顾客再次购买，便意味着忠诚。然而，这种忠诚度并不是轻而易举就能建立的。事实上，顾客的重复购买意向，是基于上一次购买产品、使用产品与服务所带来的正面的主观感受。这种正面感受使得顾客愿意保持与现有产品提供者的关系。

影响顾客再次产生购买行为的因素很多，如服务质量、消费情感、购买习惯等，而这一切都是基于满意度的基础上。

高水平的满意度可增加顾客对企业的偏爱程度，从而增加对企业产品的再次购买意愿。如果顾客对一个企业的满意度越高，那么他就会对企业越偏爱，从而产生忠诚度。因此，企业老板的心智应该是在做好产品的同时，更加关注顾客满意度，通过在服务过程中总是让顾客产生正面、愉悦的感受，实现重复购买的目的。

由上述三个问题可见，企业中所有与运营相关的理念、观点、手法与行为，都取决于企业老板的心智模式。

以张瑞敏为例，其心智模式由始至终影响着海尔集团的发展。比如，他认为“国门之内无名牌；东方亮了，再亮西方；先难后易”。在这种心智模式的指导下，他先在国内运营阶段实行名牌战略，让海尔在这个阶段做了国内第一，随后再进行国际化战略布局，抓住中国加入世贸组织的机遇，实现海外建厂，在海外设立信息和设计部门，实现了海尔在海内外均占据一片天地的局面。

如今认为“成也互联网，败也互联网”的心智模式，使他在企业组织架构上极其关注连接性，这体现在他要求企业内部的组织、流程，以至于每位员工都形成一个互联网，并与世界联系起来。

整个企业的运营模式，事实上取决于老板的心智模式。在现实生活中，很多老板的心智模式僵化固化严重。在这个瞬息万变的互联网时代，老板需在自己的心智模式上进行修炼和突破，随时根据市场的变化来调整自己，这才是正确的运营之道。

【瀚霆方法论】运营闭环

按照中文字面意思，运即运作、运行和运转，营即谋划、管理和建设。

传统的企业运营概念主要是指生产运营，随着企业面对的市场环境发生变化，以及新兴产业和新技术如互联网的应用等，企业运营的概念也在发生变化。

瀚霆方法论认为，企业运营就是企业在价值创造的全过程中，通过决策、计划、组织、执行、协调、控制与创新等一系列行为，来达到企业整体目标的工作集合。

基于企业的四大基本活动，生产、市场、财务、人资等，分别可以称为生产运营、市场运营、财务运营和人资运营等。当然，还可继续细化到各项更加具体的运营活动，如产品运营、内容运营等概念，也可能会有其他的运营概念。

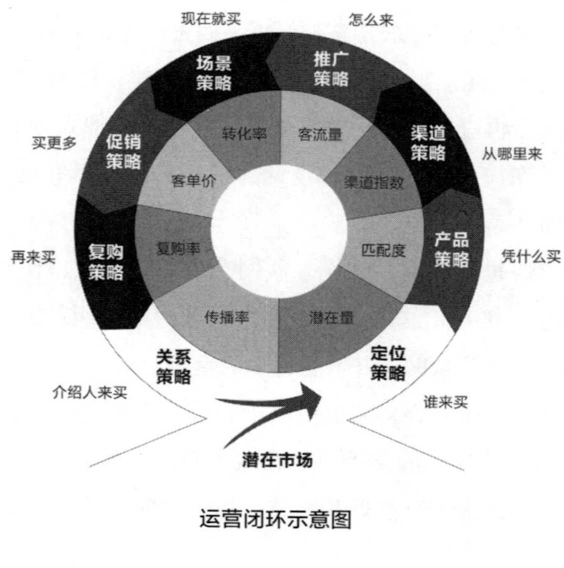

运营闭环示意图

这里瀚霆方法论的运营闭环主要是指，以为客户创造价值为核心，以市场为导向，新时代企业家需要关注的运营过程及其逻辑。运营闭环的流程及其环节是从定位、产品、渠道、推广、场景、促销、复购、关系等，再回到市场定位和产品定义的闭环。相应的逻辑或维度是谁来买（即卖给谁）、凭什么买（即卖什么）、从哪里来买（即怎么接触到客户）、怎么来买（即如何吸引客户）、现在就买、如何买得更多、还会再来买、还会介绍人来买等。每个环节相应的工作量化标准是潜在量、匹配度、渠道指数、客流量、转化率、客单价、复购率、传播率等。

★定位

定位决定地位，定位的核心是要回答“谁来买”。要清晰地知道谁才是你真正的消费者，传统定位理论把焦点放在竞争对手与市场份额上面，而瀚霆方法论认为，新时代的企业家，特别是中小企业家，应该把焦点放在消费者当下没有被满足的需求，或者超出消费者现在的期望而会令其尖叫的需求上，本书中的“瀚霆方法论”之客户画像和“瀚霆方法论”之三层需求已经有详细的介绍。

中小企业由于资源的局限性，如果做不了第一，就做唯一，通过顺应消费者已有认知和逆向消费者已有的认知，迅速抢占消费者心智。

我在服务涟影职业女装时，就是顺应消费者对职业女装应该是专业、规范、素养等的认知，通过“空姐范”这个词来隐喻它的内涵，同时采取逆向消费者已有的职业装普遍质劣价低的现状，以高质高价来瞬间抢占消费者心智。同时让同行或竞争者无法拼价，只能迅速跟进我们走向高品质和高价格，形成主流趋势，扭转了一个几乎被低价格、低品质摧毁的行业的发展趋势。

瀚霆方法论认为，新时代的中小企业家，在市场定位及策略上，要把焦点放在超越消费者的期待和市场潜力上，而不是仅仅去看竞争对手与现有的市场份额。

★产品

产品需要定义，由消费者来定义产品。产品并不来自于研发与设计，产品的源泉是消费者，由消费者先定义产品，然后再由研发与设计人员实现。互联网技术推动了这一理念的实现。我把这一现象称之为“消产经济”，即由消费者来定义产品，甚至参与设计研发、生产制造和推广营销等环节。

往后生产者与消费者的界限日益模糊，任何一种产品都不再可能由企业单独完成，只有发挥消费者自身的创造性，超越标准化制造和个性化定制，真正实现消产闭环，完全消除了库存及资源浪费，才可能同时为企业、消费者、社会等共同创造财富。这也达成了系统动力的“我好、你好、世界好”。

而这个向理想化过渡的阶段，就是中小企业最大的时代机遇。当大中型企业还在组织变革和文化变革中时，我们中小企业船小好掉头，可以迅速连接自己的消费者，组建自己的消费社群，最后构成自己的消费族群，由他们来做产品定义。

我在为便携式净水器公司做战略规划时发现，工程师思维的便携式净水器的发展远景已经越来越模糊，由客户回老家洗澡不爽，到处购买花洒的遭遇，再到我们与客户一起对花洒重新定义，就有了“宜维康”和“御见”这两个产品系列品牌。这就是瀚霆方法论的“消产经济”。

瀚霆方法论认为，产品就是营销。产品源于消费者，产品的核心就是要回答消费者“凭什么要买”的问题，需要我们给消费者一个充分而现实的购买的理由，就是你的产品与消费者的需求之间的“匹配度”。

★渠道

渠道就是效率。渠道就是回答“消费者从哪里来”的问题。在过去的十多年里，为什么在传统企业的集体抗拒和抵制中，电子商务仍然势如破竹地发展，现在又进入了新零售时代呢？渠道是整个营销系统的重要组成部分，它对降低企业成本和提高企业竞争力具有重要意义。线上与线下相比，哪个投入少、哪个成本低、哪个覆盖率高、哪个渗透力强、哪个风险更大呢？渠道是运营规划中的重中之重。

随着市场发展进入新阶段，企业的渠道不断发生新的变革，旧的渠道模式已不能适应形势的变化。以往的地域型结构被“网上销售、全球购买”的互联网颠覆了；以往的产品型结构从专卖店到用户集合店，被消费者的行为习惯颠覆了，等等。

瀚霆方法论认为，无论渠道如何变革，以前渠道的宽度、长度、深度等单向思考或整合思考都已经越来越低效，必须做渠道融合。比如，线上线下融合、产品品类融合、合作伙伴融合、资源共享融合等。比如，我的瀚霆研习会，高端职业女装与高端零食的渠道融合，零食渠道线下门店与线上网店融合，钢构建筑与地板家具的渠道融合等。

只有提升渠道综合指数，即渠道与定位契合度、渠道合作满意度、渠道资源贡献率、渠道终端表现指数、渠道覆盖率等，解决“消费者从哪里来”的问题，才能覆盖更多的消费者。

★推广

推广就是让潜在的消费者有兴趣关注，关注就是流量。从传统的包装产品后做广告推广、包装企业后做品牌推广，到互联网的视觉推广（即眼球经济）、内容推广（即内容经济）等，无外乎是解决消费者“怎么来”的问题。所有的企业都在运用一切策略拉客流量。互联网企业“得用户者得天下”，传统企业“得消费者得天下”。这些拉流量的策略就是推广。

传统经济的推广逻辑就是在精准潜在客户所在的区域搞活动，吸引潜在的客户看过来走进去，而互联网打破了地域性结构及其规律，让“地球是平的”，消费者对同类商家的比较仅仅只是动动手指头，对比和转换成本几乎为零，因此推广就显得更加重要了。而在互联网上比较多的内容推广也被急功近利的“标题党”透支了消费者的信任，其效果越来越差，随之而来的是体验推广。

我服务的“空姐范”职业女装，率先由内容推广走向体验推广，比如参加某直销公司高级职员活动，通过为他们提供职业服装，现场选款试穿，活动结束之后再决定是否购买，活动期间共同创造内容和话题，进行内容传播推广，通过渠道获得更大的流量。

★场景

场景就是情景加情绪，分为虚拟场景和现实场景。虚拟场景是通过虚拟的情景，让消费者在体验后产生错觉和幻觉；而现实场景则是通过构造的此情此景此物的现实环境，创造真实的体验，促使你产生企业期望的情绪。

瀚霆方法论认为，所有的营销都是情绪营销。运营中的场景策略主要是解决“现在就买”的问题，提高转化率。什么是转化率？即来了100个客户有10个人当场就买了，其转化率为10%。消费者在什么场景下会产生需求呢？例如，在家闲着没事的时候、餐饮吃饭的时候、坐在车里的时候、遇到困难的时候等。

场景描述包括用户地点、时间和情景等。其实百度精确广告的核心，也就是根据场景推送相关广告。比如，你到搜索引擎上搜索“搬家”，假设你没有搬家的意向，根本不可能搜这个词。搜索引擎会根据你的意向，直接推送一个密切相关的服务。

“精确”的颗粒度是可以无限度地被推广的。它意味着，不但根据你这个人来提供服务，还要知道你是在哪儿，几点钟、什么场景需要服务。早上9点跟晚上9点，心情肯定不一样；在家跟在公司，需求不一样；喝了酒、没喝酒情况也不一样。精确要追求的方向是，在极度颗粒化的场景下，能找到具体时间点的需求。这才是按需服务，能解决“现在就买”的问题，从而提升转换率。

现在的电子商务就是通过视觉来打造场景提升转换率，现在的内容营销就是通过专业描述或者虚拟故事的方式，将典型用户的需求和应用场景进行描述来提升转换率。回顾我自己做的企业经营管理咨询顾问案中，场景策略是必用策略之一。

★ 促销

促销就是利他式沟通，是站在消费者的立场，用消费者的语言，与消费者进行高效的沟通。促销是向消费者传递有关本企业及产品的各种信息，说服或吸引消费者购买产品组合或更多的产品。促销实质上是一种沟通活动，即企业发布刺激消费的各种信息，把信息传递到一个或更多的目标对象，以影响其消费的态度和行为。

通过促销来解决“买更多”的问题，从而提升“客单价”，即每个客户一次性能购买更多的产品或服务。比如，消费者进店后，他需要购买一套西装。通过产品组合，他结果一次性同时购买了衬衣、领带、皮带、皮鞋、袜子，还多买了一条西裤。短视的企业是为了提升销售额，有智慧的新时代中小企业家们，看重的是消费者通过购买全系列的产品组合，能更加穿出品位与气质，进而产生好的体验。

在促销策略中，要特别注意几个陷阱。

（1）不要强迫消费者，强迫消费者的促销只会适得其反。

（2）不要让消费者思考。因为我们习惯用自己的经验和技能做出判断，这样做容易犯的错误是用自己的需求替代消费者的需求。不要让消费者思考的意思是，“一看就划算，瞬间就决策”。

（3）简单易操作，否则消费者很容易中途放弃。

（4）不破坏消费者的习惯，是消费者享受体验，而不是自己制定规则。

（5）超出消费者预期。

★ 复购

复购就是“再来买”，是消费者对前面定位、产品、渠道、推广、场景、促销等最真实的综合检视。瀚霆方法论认为，消费者的第一次购买仅仅只是销售的开始。对于企业而言，每个成交的消费者都是宝藏。除了自己还有更多次的消费以外，他们还能为企业提供最真实的消费体验。可以邀请他们参与产品重新定义及研发、设计、制造、营销等过程。第一次购买可以说是运营策略起到了决定性的作用，而复购则是由产品和服务决定的，更高一些说是由运营的实力，即对运营管理的全过程的管理来决定的。

如何提升复购率呢？

（1）让消费者体验达到甚至高于100%。

（2）给消费者一个“再来买”的理由。

（3）跟进消费者消费场景，知道准确的复购时间、地点、情绪和情景。

（4）设计好的产品组合，即产品纵深度。

（5）对于低频购买的产品，可以通过瀚霆方法论的模式结构创新，转变成高频购买的模式或产品。

★关系

关系就是系统，即你如何让消费者和你之间构成一个系统。新时代的中小企业家们要从简单的交易性运营转型，要在企业与消费者和其他利益相关者之间建立并稳定保持一种长远的关系，进而实现信息及其他价值的相互交换。

在传统运营中，大众式的单向传播方式是企业与消费者进行沟通的主要渠道。这一方式之所以能够实现沟通目标，是因为企业控制着大部分的产品信息，依靠这些有限的信息也可以进行决策。

随着当下互联网技术的应用，传播已经是网状的多向沟通，企业与消费者之间的信息交换将经历这样一个过程：首先，企业要了解消费者所拥有的信息形态和信息内容；然后，通过某种渠道和方式明确消费者对信息的需要；最后，以适当的方式传递信息。当消费者获得信息后，可以随时随地多向传播，直接影响更多潜在消费者。

关系策略可以提升传播率，从而直接解决“介绍人来买”的问题。

（1）消费者忠诚度，让消费者能与你形成一个系统，与消费者一体化，形成利益共同体。这里的利益共同体并不全指经济利益，还包括信念、价值观、身份等利益。

（2）Wi-Fi式传播，梯度式层层推进，给消费者提供十分便利的传播手段和方式，比如邀请、晒单、分享等。

关系解决了“带人来买”和提升传播率，重新检视再回到定位“谁来买”和提升来源量的螺旋式闭环。

运营闭环一览表

方 案	维 度	量 化	运营理念及相关部分内容
定位策略	谁来买	潜在量	做第一 做不了第一，就做唯一
产品策略	凭什么买	匹配度	让消费者来定义产品 产品定义在先，技术研发设计在后 消产经济，让消费者参与产品全过程 我好，你好，世界好
渠道策略	从哪里来	渠道指数	线下：代理、批发、直营、经销、加盟 线上：交易、内容、社交、搜索、流量 规划：长度、宽度、深度、组合
推广策略	怎么来买	客流量	眼球经济 内容经济 体验经济 社群经济
场景策略	现在就买	转化率	产生需求的时间 产生需求的地点 产生需求的环境 产生需求的情绪
促销策略	买更多	客单价	不强迫消费者 不要让消费者思考 简单易操作 不破坏消费者习惯 超出消费者预期
复购策略	再来买	复购率	让消费者体验达到甚至超过100% 给消费者一个“再来买”的理由 跟进消费者消费场景 设计好的产品组合 创造高频购买
关系策略	介绍人来买	传播率	形成利益共同体 Wi-Fi式层层推进

二、走近企业运营

企业离不开运营。只要一家企业还活着，就必须得面对“运营”。

什么是“运营”？总体而言，一个企业的运营主要涵盖两大方面内容：

第一，对生产经营活动的运营。即以产品生产和服务创造为中心，通过设计并控制企业系统，使得企业资源（如原材料、人力资源、设备、设施和关系等）得到有效利用，从而实现生产产品或创造服务的过程。这里强调的是对生产过程的计划、组织与控制。

第二，对企业经营活动的运营。也就是围绕企业的日常运作与服务，通过对企业财务、技术、生产运营、市场营销和人力资源五大职能进行统筹管理，从而实现企业经营目标的过程。这里运营的关注点扩展至企业的各个方面、各个层次，包括运营战略的制定、产品的开发与设计、原材料的采购、产品的生产制造、配送物流、售后服务与反馈等。

事实上，在不同社会阶段，企业运营的对象、目标和手段是截然不同的。

传统企业的运营是把产品卖出去

从传统商业的角度来说，企业运营指的是一家企业的运作及其管理，主要通过对运营过程的计划、组织、实施和调配控制，充分调动各项资源以达成企业制定的预期目标。因此，运营的本质是为公司的目标和方向服务的。

传统企业运营所关注的核心业务点主要在“产品的设计与生产”“市场的宣传与推广”以及“产品的销售与反馈”这三个模块上，所涉及的具体岗位有厂长、总管、运营经理、运营总监，甚至首席运营官等，并且他们的工作是相对静态的、单向的。

比如，你请一个传统的首席运营官（COO）来帮你管理公司。他的工作方向一般是自上而下的，从产品的原辅材料采购、产品的设计到供应链，产品的生产与制造，再到将产品推出市场而做的宣传卖点说明，一路跟进。甚至产品在市场上的销售情况、效果评估，细致到消费者的反馈意见收集和下一轮的产品改进，都属于这位COO及其管理团队的工作范畴。

互联网企业的运营是与客户建立良好关系

互联网角度的运营概念，是指收集分析用户需求，并将产品或服务推向用户，它包括但不限于对过程的计划、组织、实施、调配等方式和手段，来调动各项资源达成企业预期目标。与传统运营不同的是，互联网行业的运营是相对动态的、双向的。也就是说，它需要实时调整，比传统运营的过程、操作更灵活，调整变化的次数也更频繁。

互联网公司的核心业务岗位分为“产品”“技术”“运营”三个大的方向，所涉及运营的具体岗位有内容运营、产品运营、用户运营、新媒体运营、活动运营、数据运营等。

这种新运营的工作流程一般是这样的：先由运营人员（可接触一线终端市场的）通过活动、内容等互动形式手段，来收集用户的需求反馈等资讯数据，反馈给产品方向的运营人员，产品方向的运营人员再结合用户数据分析，来讨论验证确认需求（比如所满足的需求有哪些），再提交至技术开发。注意，技术方向的运营人员拿到需求后，并不是一股脑地埋头就干，而是需要和产品方向的运营人员反复沟通各种可行性，确认产品需要达到的效果，再有针对性地开发。完成开发环节后，将能满足客户需求的新产品再次给到负责市场运营的人员开始进行市场测试与投放，最后完成推广促销活动的环节，如下图所示。

互联网企业运营示意图

从上述过程来看，互联网时代的运营工作，是一个需要不断地小幅度地实时双向沟通调整才能完成的工作。更重要的是，互联网运营的意义就在于能更高效地提升投入产出比，提升组织绩效，提升产品及服务体验，最终达到可持续化的企业经营效果。

总结两种“运营”的特点：传统的商业运营，是企业自己关起门来思考探讨如何做好产品，然后自己想办法卖出去，重在“生产产品和卖出去”。互联网运营，是由客户协助企业做好产品，然后再以“满足客户相对个性化的需求”为卖点来营造营销氛围，把产品卖出去，重在“与客户建立关系”，为后续的可持续经营打下扎实的“人心”基础。

这两种运营方式，根本上源于截然不同的两种心智模式。新时代背景下，互联网运营的心智模式明显更符合现实需要。事实上，任何一个企业的运营工作，都是为了顾客。因此，新时代中小企业家要想做好企业运营，必须改变心智模式，应围绕“顾客需求”出发，找到你的顾客群体，挖掘他们的需要，并真正满足他们的需要。

【瀚霆方法论】运营的六个心智模式

在我过去30多年的企业经营管理历程中，分别经历了乡镇企业的雨后春笋时期、政府机构兴办企业时期、国有企业的技术改造时期、外资企业的大行其道时期、民营企业的蓬勃发展时期等，以及兴办企业、扩充产能、技术改造、市场拓展、产品研发、营销策划、品牌建设、电子商务、社群经济、资本运营、人工智能等等过程。

而在这每个时期当中，企业运营特征与心智模式是不尽相同的。通过对每个时期运营的特征进行回顾思考与提炼，结合企业家运营心智模式，我把企业运营归纳为六个基本的心智模式或层次，分别是“运营市场心智模式”“运营工厂心智模式”“运营产品心智模式”“运营用户心智模式”“运营品牌心智模式”和“运营资本心智模式”。

在企业不同的发展阶段，企业家的运营模式、运营对象、心智聚焦和令企业实现盈利的模式不同，就构成了运营的六个心智模式或层次。

1.运营市场心智模式

运营对象：市场

心智聚焦：市场行情

盈利模式：利用买卖双方信息不对称来赚取差价，实现盈利。

在市场经济中，信息不对称表现为买方和卖方之间的信息不对称，而卖方利用这种不透明的信息来与买方进行交易，从而获取利润。举个例子，从虎门以20元的成本价拿到的衣服，运到北京可以卖出100元的价格，中间相差的80元扣掉运费、人工等成本，就是所赚的利润。

这种运营模式是大部分企业在创业初期必经的阶段，也是企业最原始的资本积累与实现扩张的方式。比如，市场流动的“摊贩”、改革开放初期的“倒爷”，还有进行跨国贸易的“国际倒爷”等。

对企业运营者来说，需要具备善于捕捉与把握市场信息的能力，尤其是新兴行业、领域和产品，越早把握商机，越能占领先机。

同时，我们也必须看到大环境的发展趋势：随着市场信息越来越透明，人们获取信息越来越多，由“信息不对称”产生的机会已不复往日。因此，仅凭单一的“运营市场”心智模式，已不足以支持企业取得更大的发展，企业需要思考如何提升自己的产品和服务的差异化，来更好地获得消费者青睐。

2.运营工厂心智模式

运营对象：工厂

心智聚焦：生产制造

盈利模式：提升生产制造能效，提升投入产出比来实现盈利。

这是大部分制造业采用的运营模式。该运营模式关注的重点是通过技术改造、精细管理、流程再造、精益生产等方式，最大化地扩大产能、提升生产的投入产出比。所有运营工作的核心都围绕着如何将一个产品制造和生产出来，通过提升产能，把设备设施和人力资源等运用到最大程度。

这种运营模式是，大部分企业在创业初期，成为大型企业的供应链或产业生态中的某个供应商，或者从某些区域或行业品类市场起步创业，也是企业最原始的资本积累与实现扩张的方式。比如，定牌生产合作俗称“代工”的OEM商、为品牌加工的原始设计制造ODM商、材料加工制造商等。

对企业运营者来说，需要具备某项基础技术、工程技术、生产工艺等，拥有制造设备或工厂，并能组织工人进行生产。这类企业一般不直接面对终端市场，通过低廉的劳动力、技术改造和精益化管理来提升投入产出比，为品牌商设计或加工，来赚取技术服务或加工费。但随着劳动力和土地资源越来越贵，特别是即将到来的人工智能时代，这类中小微企业的生存空间越来越窄。

3.运营产品心智模式

运营对象：产品

心智聚焦：产品的研发和迭代

盈利模式：打造令客户尖叫的产品，满足客户对产品的期望和需求来盈利。

这种运营模式随着互联网时代应运而生，已经很常见。因为产品信息对于消费者来说越来越透明，随之而来的就是产品同质化严重，消费者对产品的个性化和品质感要求也越来越高。这个时候，只有那些能将产品打造得极致，令消费者惊喜尖叫的企业，并将客户体验提升到超预期的程度，才能在竞争激烈的市场中脱颖而出。

在这种运营理念下，整体的运营工作核心和焦点都围绕着“如何满足客户‘已说出口’和‘未说出口’的需求”，来思考如何改良已有产品和研发设计新品。这就需要企业具备洞察能力、工匠精神和毅力，通过打造超越客户期望和需求的产品，令客户开心到尖叫。

将这种运营模式用到极致的企业，就是乔布斯在位时的苹果，无论能把1000首歌装进口袋的iPod，还是能畅快淋漓地滑着屏听歌、打电话、玩游戏的iPhone，都是运营产品心智模式的企业典范。

4.运营用户心智模式

运营对象：用户

心智聚焦：满足用户全方位的需求

盈利模式：实现用户多层次、多元化的方式来盈利。

如果说“运营产品”是互联网时代发展初期的企业“杀手锏”，那“运营用户”就是“互联网+”时代的绝杀技。

在这一运营模式下的整体运营工作，均围绕“用户”展开。基于用户全方位的需求，提供个性化的产品和服务，满足每位用户全方位的需求，让用户获得愉悦感、认同感、参与感、归属感和成就感。刺激和促使用户消费，让他们积极与企业互动，共同建立起社群圈层。激发用户的参与感，让他们自愿自发进行口碑传播，继而成为我们的使用者和销售者，即“消费商”和“种子用户”。后续的运营工作可同时思考如何围绕这些用户及其多方位需求来实现盈利。

关于运营用户模式，如网红“张大奕”运营用户的案例，是我们中小企业可以探索与思考的。而中大型企业代表“小米”，通过一年的论坛深耕MIUI系统、运营话题内容、策划活动等互动培养起米粉社群，在之后的手机销售和宣传中得到卓越成效。现在，“小米”已经发展到围绕米粉用户的生活轨迹，发展手机周边产品和系列家居产品，小到USB插座，大到空气净化器和电饭煲，从之前积累和后续吸纳的用户中完成多层次、多圈层、多元化的盈利。

5.运营品牌心智模式

运营对象：品牌

心智聚焦：品牌的溢价能力

盈利模式：提升品牌价值，掌握市场乃至本行业的产品定价权来盈利。

当企业的用户数量达到一定体量级别，能带来稳定的用户流量与口碑时，就需要开始将运营的心智聚焦转移至“品牌”上，围绕“如何提升品牌价值”展开系列的运营工作，通过品牌创意、营销策划、价值传播等手段，对企业和产品的独特品牌符号和价值主张进行传达，加深消费者对企业品牌和产品的认知，以有助于产品的生产与销售，使品牌资产提升，促进企业持续盈利。

6.运营资本心智模式

运营对象：资本

心智聚焦：资本增值

盈利模式：通过资本增值盈利。

运营资本是以投资回报最大化和资本增值为目的，以价值管理为特征，将本企业的各类资本，不断地与其他企业、部门的资本进行流动与重组，实现生产要素的优化配置和产业结构的动态重组，以达到本企业自有资本不断增加这一最终目的的运作行为。典型的例子就是“上市”。

该运营模式的核心是“如何利润最大化”“如何将股东权益最大化”“如何将企业价值最大化”。一般来说，这类运营模式是一家企业发展到相当大规模时，或者需要资本支持来完成一个体量级飞跃发展的时候会选择走的路。

从上述运营的六种心智模式及其理念，我们可以看到，企业在不同的发展阶段，需要根据企业实际发展情况和所在领域来选择适合企业的运营模式和理念，在最佳的条件下通过最大化创造价值来使企业盈利。

无论是帮助企业做战略规划和商业模式重构，还是进行运营策略制定和管理优化，我都会分析企业家的心智模式处于这六种运营心智模式的哪一个层次，然后对应企业目前发展的阶段匹配度，来开展对企业家心智模式的教练辅导与专业顾问服务。

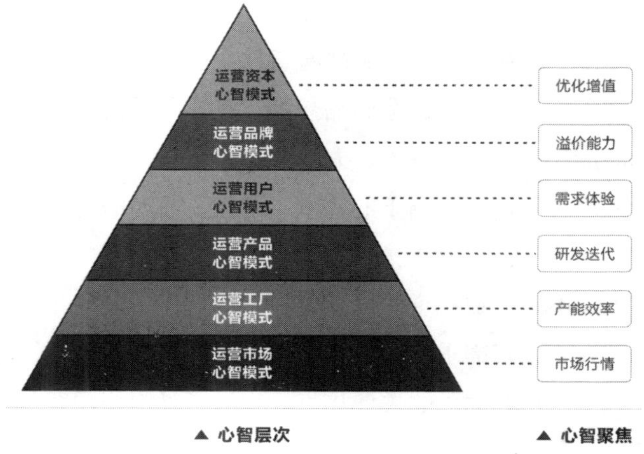

运营六个心智模式层次示意图

你正处哪一层的企业运营心智模式呢？欢迎扫描以下微信二维码并输入“六个层次”与瀚霆老师在线交流。

三、走进企业运营

基于顾客需求

美国管理学家彼得·德鲁克说：“企业的唯一目的就是创造顾客。”换言之，企业的运营根本是为了满足与创造顾客的需求。顾客为企业提供了发展的空间与平台，企业通过产品、服务来满足顾客需求，从而实现自身的盈利与后续发展。因此，满足顾客的需求是企业唯一合理、合法的生存资格。假如做不到，那么一切都是痴人说梦；相反，假如做得到，其他一切也就都做到了。

事实上，几乎现在所有的企业都同意且奉行以顾客为导向，以满足与创造顾客需求为立足点，来创造商品与经营企业。然而，为什么并不是所有的企业都能成功呢？原因在于，大多数的企业，尤其我国中小企业，习惯于用过去的思维看待顾客当下的需求，忽略了顾客的需求处于不断变化中这一事实。

顾客需求并不是一成不变的。随着科技发展、市场变化，以及对自身需求理解的深入，顾客需求不可避免地将发生一些潜移默化，甚至是颠覆性的变化。因此，企业运营的关注焦点，应该紧紧围绕顾客需求，随着顾客需求的变化而变化。

要了解这些变化，最直接、简便的方式便是真正走近你的顾客，定期或随时随地询问他们对产品、服务的看法感受，了解他们的需求。当然，这种方式有一定的局限性。

首先，调研本身限定了顾客在设定好的范围、问题中进行思考和选择，因此无法获取顾客的真实想法与需求。

再有，调研只能让你拿到过去或者现在的信息，而无法获得未来的信息。因此，你通过调研所了解到的需求，也许只是顾客基于当下，认为自己有的需求而已，并不是他真正的需求。举个例子，假设顾客说想要一辆跑得很快的马车，侧面反映的是他脑海中对汽车没有概念。倘若按照顾客的想法去开发生产产品的话，那么也许今天有的也就是所谓的快速马车而已，而不会出现汽车、飞机等其他一切运行更快的交通工具。

由此可见，顾客希望拥有某样东西，只能说明他脑袋里对其他更好的东西没有概念。也就是说，顾客不能告诉你他脑袋里没有的东西。假如企业一味根据顾客的描述与理解，去创造相应的产品，最终出来的结果很有可能并不是他最需要的。

所以，企业要真正满足顾客需求，就得走在消费者前面，满足其还没出现，或尚未发觉的需求。这便要求企业通过各种手段，发挥自身具备的各种能力，调动所拥有的各种资源进行投入，深入挖掘客户需求；同时保持对市场变化的敏锐度，预测顾客需求可能变化的方向，从而调整、开发新产品，变在顾客变化之前。当抓住了市场需求的演变潮流、顾客需求的变化规律，那么企业就能抢占先机，在竞争中获得主动权。如此一来，企业的持续运营才能得到保证。

那么，如何满足“顾客的需求”呢？

传统的做法是追求：一、付更少的钱得到同样的产品或功能；二、付同样的钱得到更多的产品和功能。关注点在于钱与产品在数量上的比较。可事实上，随着大众生活水平的普遍提高，人们的消费行为早已发生翻天覆地的变化，不再是传统意义上的消费模式。现在的消费者对于产品、服务的价格已经不再那么敏感，而是越来越在意它们能带来的体验。换言之，消费者越来越关注的是产品带给他们的心理需求的满足，而非仅仅是对其功能使用的需求的满足。

互联网时代的到来产生了许多的机会和可能性，而这些也往往是中小企业的机会。此时，要想满足顾客需求，就得从两个方面入手：一是消除顾客的麻烦、不方便；二是提供过去没有的价值，如全新的产品或服务。

首先，消除别人的麻烦、不方便，就是你的商机。假如在你的竞争对手中，你是唯一提供这个服务的，那么就意味着你有机会。以我自身经验为例，曾经在候机时在机场闲逛，看中了一样非常有特色的木质装饰品。由于物件太大太重，加上本身手提不方便，我问店家可否安排送货。店家态度很坚决，表示无此项服务，于是即便再喜欢，我也选择了离开。相反，假如店家事先就说能帮忙送达，即便时间不多我也会买，并且可能因此再多买几样。事实上，如今的消费者无非是想要买到自己喜欢的东西而已，而他在购买过程中的麻烦、不方便恰恰是你的商机。如何向顾客体现“我愿意解决你的麻烦”，是让你与竞争对手区别开的关键。

其次，提供过去没有的价值、全新的产品。人是生而喜欢新鲜感的，新鲜感能给生活带来美好、积极与期待。消费者也不例外，没有任何一个时代的消费者能像当代消费者这样喜欢新鲜事物。尤其是在商品同质化极度严重的大环境下，一个企业能否提供给顾客全新的产品，保持顾客新鲜度，是其能否制胜的关键。

说到为顾客提供全新产品，不得不提苹果公司，苹果公司便是一个不断创新，不断为顾客创造过去没有的价值或产品的一个最好例子。在全世界人们都用着实体键盘手机的时候，2007年苹果创造出一款全新的手机，名为“iPhone”，实行触屏键盘操作。这款全新的手机一经推出便引起全世界各地人们的追捧和抢购热潮。在iPhone发布会结束后，莫斯伯格曾问过乔布斯：“团队对于iPhone没有实体键盘这件事讨论了多久？”当乔布斯表示一次都没有的时候，莫斯伯格惊讶不已，难以相信在世界上千百万的人都已经习惯使用键盘的时候，他们竟然完全不予讨论。当时乔布斯只是肯定地告诉他，只要用过这种触屏手机，就不会再想用回传统键盘。正是秉持着这种为顾客创造过去没有的价值，提供全新产品的精神，iPhone不断地走在行业的前面，享受着大众的尊重与喜爱。

事实上，对今天绝大多数的行业来说，在运营中能做好两件事意义就不同了。

第一，维持专业水平的质量。对于产品、服务，你是否有一套标准化流程？对于产品、服务，你是否专注把每一个细节都做到极致？维持一般的水平是没有未来的，只有维持高度专业的水平，才能与你的竞争对手区别开。

第二，非常高的客户满意度。随着中国经济发展水平越来越高，人们消费不断升级，消费者追求的不仅是物质需求，而是物质需求与心理需求的双重结合。因此，是否能够让客户在消费的整个过程中感到开心、满意，极其关键。

假如你能把这两点做好，满足他们的需求，那么你的企业就有未来。

【瀚霆方法论】三个需求层次

在我近20年的企业经营管理顾问经历中，服务过国内外知名的大型企业，如阿里巴巴、TCL等，也服务过中小微企业，如涟影、光夏建筑等。在辅导他们开展产品定义、研发设计以及品牌策划、营销推广甚至产品销售的过程中，我发现，但凡这些与顾客需求相关的运营工作，只要遵循了“三个需求层次”规律，基本无往不利！这样既能做好企业当下的经营，还能兼顾企业未来的可持续发展。我把这三个需求层次分为满足需求、创造需求和发展需求。

1.满足需求

这是传统对待消费需求的态度和思路，其核心思想和主要特征重在

"满足"消费需求，认为市场上有了人们所需的商品，人们能买到所需的商品即可。这个层次的"需求"属于经营性质，即通常企业只要能做到满足顾客的这个层次的需求，即可获得基本生存资格。这也是大多数企业在起步阶段会遵循的规律。

同时，根据马斯洛需求理论，只有尚未满足的需求才能满足。当某层需求得到满足之后，另一层需求就将出现。仅仅做到"满足需求"的产品是不够的，因此出现了第二个需求层次——"创造需求"。

2.创造需求

"创造需求"作为一个名词，最早出现于20世纪30年代的美国。它的出现就是为解决企业推销难而提出的新观点，其核心思想是企业将市场消费需求与自身生产经营能力结合起来，主动生产并刺激人们购买某种产品，以变被动推销为主动营销。

因此，创造需求这个层次属于策略性的，主动发现和创造顾客，满足顾客"未曾说出口的，甚至需要而不自知"的需求，进一步刺激、扩大顾客的需求购买欲来促进企业进一步的发展。

3.发展需求

与前面两个层次的需求不同，我提出的"发展需求"属于战略性的思考举措，是基于与客户保持长期亲密关系的战略决策。如果说"创造需求"是通过营销不断找畅销产品，那"发展需求"就是沿着畅销产品不断进行迭代升级与跨界丰富，是沿着消费者的生活行为路径，将一个受欢迎的产品进行深度开发，逐渐形成一个完整的产品矩阵，甚至是产品生态。

如德鲁克所言，"企业存在的唯一目的就是创造顾客"。在这三种不同需求层次中，"满足需求"让企业获得基本生存资格，"创造需求"让企业过得更加滋润，而"发展需求"则是让企业基业长青、打造繁荣商业帝国的必循规律。

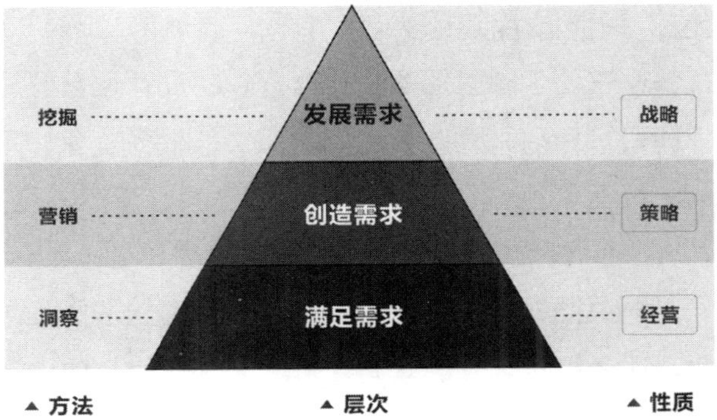

三个需求层次示意图

或许你所在的行业竞争非常激烈，整个行业已经基本满足了客户需求，正在创造客户需求，但你思考过发展需求吗？欢迎扫描以下微信二维码输入“三个需求”与瀚霆老师在线交流。

找到你的顾客

企业只有通过向顾客提供自身的产品、服务，才能实现产品、服务的价值，实现盈利，使企业得以持续运营。换言之，对企业而言，只有找到适合自己的、数量充足的顾客群体，让自己的产品、服务与客户需求连接上，企业才可能因此实现盈利，获取生存与发展空间。这也是为什么企业会认为顾客是上帝、顾客是衣食父母的原因。如果企业不能精准地界定自己的顾客群体，那么将失去利润沉淀与累积的机会，因而连生存都可能出现问题，更无法谈论后续发展了。因此，企业能否运营成功，要从找到你的顾客开始。

精准定位，只照顾我能照顾的

对于正在创业或处于转型期的企业而言，在设计运营模式时应首先把焦点放在选择和定义精准目标顾客上。事实上，很多企业，尤其是中小企业，很容易陷入什么都想做、什么顾客都想要的心智模式里。不难发现，当被问到其产品是面向什么人群时，他们的答案往往是“普罗大众”“老少咸宜”。当然，假如你的企业是像全球500强那些经过长期发展、沉淀而成的超级大企业，那么绝对有可能做到让每个人都成为你的顾客。可一开始就期望天下通吃，不好意思，我认为那是“痴人说梦”，不可能发生。中小企业本来资源就少，精力有限，倘若什么都想要，最大的可能就是什么都得不到。

所以，中小企业该有的心智模式应是，对一个顾客群体进行精准定位，找到适合自己的，自己能照顾好的一个群体。对这个群体的定位越是精准，企业承担的风险就越少，成功的概率就越高。然后，在对顾客精准定位取得初步成功的基础上，才开始逐步继续往外拓展其他目标顾客群。

精准定位目标顾客，就需要企业对顾客进行“客户画像”。当你有了一幅清晰的画像后，就能迅速、高效、精准地找到你的目标顾客。而且，画像特征越显著，企业进入市场的投放就越少，所面临的风险也越小，而回报速度越快。

任何运营模式的成功，都源于精准界定目标顾客。举个例子，国产手机领先者OPPO、VIVO的用户定位就非常精准。两款手机针对的用户群体就是那些“比较爱美的、有点自恋的、热爱生活的人”，以及“爱追星、看剧、刷微博、爱玩耍的人”。这个客户画像非常有趣，生动形象。很多年轻人，尤其是大学生和城市里的小白领都是OPPO和VIVO的目标用户，平时的消遣娱乐主要是刷社交媒体追热点、看剧，爱自拍，这两类手机对他们而言，正中下怀。由此可见，当客户画像越精准、越明确时，寻找目标顾客的速度就越快，甚至这些目标顾客还会自己找上门来。

想要成功，就必须聚焦，做到少而精，这是一条极容易被忽略但极其重要的真理。许多成功的大企业都是这样做，而“缺钱、缺人、缺技术”的中小企业为什么还不明白“只照顾我能照顾的”这一道理呢?

国产男装品牌“柒牌”之所以能从一间缝纫店发展成大型服装企业集团，屹立服装行业30多年而不倒，其原因在于一直坚持精准定位，只照顾我能照顾的理念。集团董事长洪肇设说:“我们三十六年来只做了一件事，就是专注男装。也有人曾经问我为什么不搞房地产，我想过，但最后没有做。我认为一个人的能力是有限的，坚持做服装，坚持走适合自己的道路才是硬道理。”

正是秉持对顾客进行精准聚焦的心智模式，“柒牌”三十几年来把精力都投放在男装上，不搞多元化。在后来大量的国外服装品牌涌入中国市场并占领国民消费者心智，使民族品牌受到冲击时，“柒牌”在市场上依然坚挺，并且持续稳步成长。数据显示，2015年“柒牌”的品牌价值达到332亿元，2017年突破400亿元大关，以425.72亿元继续领跑中国服装行业品牌阵营，成为闽派服装的重要标杆性企业之一。连续14年，“柒牌”取得了平均两位数的复合增长率。

同样，以男装起家的凡客诚品公司，最初便是精准定位到“懒男人”，而不是针对通常服装企业倾向的女性顾客。所谓“懒男人”，指的是那些厌烦到百货商场一家家地走、一件件地选购物品的男性。这些男性一直在期待一种更加简便、快捷的购物方式。凡客的出现便是针对这一群体的男性。通过网络目录、电话订购等不需要外出的购物方式，目标顾客的期望得到了满足。同时，这群“懒男人”对衣服款式、尺码大小标准度也不是那么苛刻，因此对商品的满意度也相对高。凭着对目标顾客的精准界定，凡客急剧增长，为后来目标顾客群的延伸打下了坚固的基础。可惜的是，凡客最后由于不能坚持自己的定位，越走越迷失方向。

所以，企业必须清楚哪类顾客群体是适合你运营模式的顾客，对其进行精准定位，并结合企业自身资源条件，专注照顾好这群顾客。企业在选择和定义“精准目标顾客”时，最大的禁忌就是什么都想做、什么人都想要，对于中小企业来说，更是大忌。

【瀚霆方法论】客户画像

对于定位目标客户之后进行客户画像，传统的方式是通过“行业数据分析”“调查问卷”和“客户访谈”等抽样调研和统计分析方法来进行的，维度一般包含“基本属性”（如性别、年龄、地区等）、“基础标签”（如职业、学历、收入等）、“行为特征”（如喜好、社交、习惯等）以及概率性描述。事实上，这种传统调研和统计分析方法手段在今天得到的往往是“伪信息”居多，已经不能够再支持企业做出精准的客户画像，进行准确判断和决策了。

于是，当下流行的大数据应运而生。大数据的确能更加精准地还原客户的全面信息，甚至部分还是实时反馈，能够获取客户“未说出但需要的”内心需求。但是，这种方法往往需要大量的资金投入或一定的技术条件，并不是所有的中小微企业都能够承担或拥有的。

我根据自身多年的实战经验，研发出来一套“客户画像”理论，不需企业大量投入便可做到。

我的“客户画像”强调的，是将消费者当人看。这并不是要摒弃或完全颠覆传统客户的分析方法，而是在传统方法的基础上，先把消费者“还原成人”，还原消费者真实的生活轨迹，尤其是在心理方面，来完成最真实的“客户画像”。我的客户画像的方法主要是围绕客户的“看”“听”“想”“说”“感”“时”“空”这七个方面逐一通过提问等方式去了解，从中获取更多心理需求层次的有血有肉有情感的反馈。

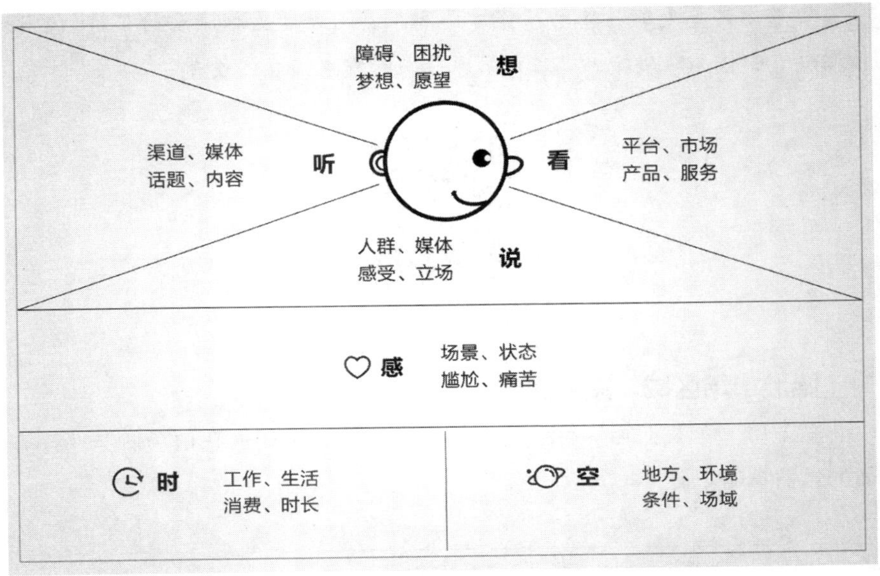

客户画像示意图

看：客户经常在什么样的平台和市场，看到什么样的产品和服务？

听：客户经常从什么样的渠道和媒体，听到什么样的话题和内容？

想：客户经常遇到什么样的障碍和困扰，有什么样的梦想和愿望？

说：客户经常对什么人群或媒体，表达什么样的感受和立场？

感：客户经常在什么样的场景和状态中，感觉到尴尬和痛苦？

时：客户经常怎样分配工作和生活时间，他们怎样来消费时间？

空：客户经常在哪些地方出现，那些地方的环境和条件是怎样的？

瀚霆方法论之客户画像工具可以帮助你超越以往的客户调研与统计分析，更好地理解客户的环境、行为、关注点和愿望，洞察客户更多没有被满足的需求。

如果你需要更加具体的操作方法和工具，或者更加深度的了解，欢迎扫描以下微信二维码输入“客户画像”与瀚霆老师在线交流。

瞄准市场区域，集中突破

以下用一个我们培训行业的案例来表达我关于如何在市场区域选择方面的运营策略吧。

案例背景	培训公司一名导师，主场在济南 年业绩目标：1500 万元 现有三大市场：济南、昆明、厦门，每 3 个月开一次课 另有 5 个城市偶尔开课，经营了 3 年，未能达到目标的 50%
现状分析	1. 业绩目标 1500 万元 ÷ 人均学费 4500 元 = 每年 3300 学员 2. 每次课程分 2 次讲课，每年飞行约 60 次 3. 除济南外，昆明、厦门每年提供 600 名学员，另 5 个城市约 6 次开课，提供 300 名学员
开处方	1. 集中在济南及济南周边高铁 2 小时车程内的地区 2. 每年飞行省下的时间，用 40 天奉献社会 3. 加开 “特别指导班”
结　果	年终达到年业绩目标 1500 万元

案例所反映出来的，是我国大多数中小企业经营过程中的一个普遍的心智模式导致的现象。太多的企业急于开发、扩张市场，以为只要多开发市场，便能获得成功。然而，开发了市场并不代表占领市场先机，往往很多时候出现的局面是，市场开发了，可自身资源、精力、能力跟不上，于是主场被冷落了，新的市场也无法照顾好，最终落得精力交瘁却无法实现

目标的下场。

中小型企业相对大企业而言，本身就先天能力不足，经常面对资金不足、人才短缺、品牌影响力弱、运作规划性弱等问题。而扩张市场必须确保是可行有效的，毕竟一个区域市场的开拓是否成功，直接影响到企业是否能够把自己的根基打好、扎深，为后续持续的扩张、壮大提供原动力。

因此，与其盲目扩张，还不如集中精力建立起稳固的区域市场，让企业在有限的空间内创造局部优势，把该区域的市场份额先占下，这样便避免了与其他竞争对手在整体市场上竞争。而在这当中，轻松积累资本、壮大自己，才具备往其他区域市场拓展的条件。

也许有人会跟案主当初一样，对放弃济南及济南周边高铁2小时车程以外地区市场的建议存在疑惑。他当初是这样跟我说的："好可惜，好不容易才找到人帮我打开其他市场，舍不得放弃。"我的回答是："舍不得的心智模式才是问题的本质所在，就如同下围棋，有一粒棋舍不得放弃，于是用其他两三粒棋来救，最后全盘皆输。"

俗话说："打江山难，守江山更难。"若将市场区域拓展比喻成"打江山"的话，那么管理好市场区域就是"守江山"。假如不集中资源、精力对局部市场区域进行突破，守江山都守不住，谈何打江山。例如，可口可乐把精力集中在一线城市取得了成功，而娃哈哈的非常可乐则是另辟蹊径而行之，把目标锁定在中国的农村市场，同样取得不俗成绩。但凡成功的企业，都是从锁定某一区域市场，集中突破，成功之后才开始进行有序、有规划的市场开拓的。

建议中小型企业用下围棋的方法经营，这种方法要求你总是看着整个盘，关注大局；相反，假如你只是想走好一步棋，则有可能全盘皆输。总是维持一个大局的平衡，这是中小企业需要注意的。

在当下变幻莫测，并且变化情况持续加剧的市场中，今天风光无限的明星企业，明天可能一个不留神就消失在大众视线之外。不难看到，很多曾经占据行业市场大量份额的领头羊，在互联网时代到来的短短几年内便关门倒店，最终不见踪影。

促使企业走到这一步的原因有多个方面，也许人们习惯于将失败归结为对企业长期运营策略、模式的不够坚持，但实际上很多中小企业的失败，归根结底是因为没有真正照顾好顾客需求，以及对长久沿用的模式的过于坚持。企业自身环境与外界环境一直处于变化之中，企业要想发展，必须首先具备正确的心智模式，发展出以下几点正确的运营概念与运营原则，以便对已经出现的、可能出现的变化做出准确判断和反应。

只做擅长做的，只做能做的

中小企业的优点之一是灵活，弱点是资源不足，所以，正确的心智模式是做精准而不做全部。

首先，专注在最擅长的和企业核心竞争力的发挥上。中小企业应该发挥“小”的特点，把焦点放在最擅长的业务上。只有当企业专注于一两个优势方面，将业务做到极致，做到与众不同，形成企业独特性与专属优势，才能培养起企业核心竞争力。

其次，对于企业中做不好的就不要做，没有什么是必需的。企业如何生存与发展，并非看别人怎么做然后照搬，而要考虑到企业自身的条件与特点，并以此来做力所能及的事情，方才可能得到平稳发展。

事实上，企业所有功能都可以外包。对于中小企业而言，外包可以让企业有限的资源获得伸缩，从而发生横向或者纵向的增长，甚至全面性的增长。比如，随着HR部门由行政角色转向战略性角色，企业可把一些重复性的、行政类、不关乎企业机密的工作（如岗位描述、福利、人力资源管理系统等），外包给从事这项业务的机构。再如，企业财务也可通过外包的方式交由专业机构负责，这样不仅免除企业配置财务部门与人员的成本，还减少购买相关财务技术的支出。

一个中小企业最常犯的错误就是模仿大企业，但现实情况是，大企业拥有的资源以及各项优势不是小企业能够比拟的。中小企业往往“缺钱、缺人、缺技术”，假如非得模仿大企业，采用其运作的那一套方法，那么只会因为能力不够，而导致失败。

不妨先来看看亚马逊。在市场上，一直号称是“中国版亚马逊”的企业不乏其人，例如汉王、爱国者、盛大、纽曼、大唐电信等公司。目前，学得最像的非汉王莫属。当初亚马逊Kindle声名鹊起之时，汉王跟风推出自己的电子阅读器产品。然而在短短的两年间，汉王股价已由高峰期的175元跌至15元，股价加发行价下跌6成多。汉王电子书业务的惨痛失败，归根结底就是盲目模仿亚马逊模式，忽略自身资源能力不足的客观存在。表面上看，亚马逊的商业模式极其简单，无非就是图书资源加上硬件。然而，这个简单模式背后，支撑着的是整个企业强大的产业链的力量、专业人才以及与传统出版商、作者的良好沟通、合作能力，而这些恰恰都是汉王无法做到的。于是，这一强行模仿的举动，也让汉王陷入后来的“汉王困局”。

每一家小企业都想做大，要做大则往往倾向于学习、模仿大企业，而支撑大企业运作的系统与流程根本是中小企业无法复制的。事实上，没有两家企业是一样的，小企业永远无法做成大企业的复刻版，中小企业需要找到适合自己现阶段发展的运营模式。

作为中小企业，应该做到立足为本，切忌模仿大企业，追求超越自身可控的盈利模式，否则只会因实力不足而让自己处于危机边缘。中小企业的优点是灵活，应走出一条自己的路，比如做到“小而精”“小而快”，这本身也是让你能成功的一个模式。

【瀚霆方法论】精确定位

在现实中，每个行业、每个企业都有各自的规律，但在企业运营定位方面是有迹可循的。

我把这些年来服务中小微企业的运营定位经验概括为三个方面：

首先，确定好自己的市场。对于实力不足的中小企业来说，最有效、最直接的方法就是定位于“大的看不上，小的做不来”。

其次，谁都想做行业第一，但不是所有人都能如愿。当你对市场进行足够细分之后，你就可以“做不了行业第一，就去做行业唯一”。

最后，思考企业存在的独特价值。不是每个企业都能做到行业第一，但你可以通过自身的努力来影响行业、为社会创造价值，做一个“英雄”企业。一定要记住，做不了冠军，就做英雄。

1.大的看不上，小的做不来

在讲述这一点之前，不妨先来问自己一个问题：

当你经过初步市场考察，发现某个产品非常具有市场爆发的潜力，初步核算就有十亿甚至百亿千亿的市场规模，这个时候，你会去做吗？

如果你的答案是“Yes”，那我遗憾地告诉你，你可能掉进一个美好的“大坑”里了。

原因很简单，因为当一个真实的市场有百亿级的规模时，任何大企业都是不会轻易放过的。作为中小企业，精力、资金等资源缺乏，自然无法与具备强大资源的大企业抗衡和争夺市场。

因此，中小微企业在选择商机时，为了不让自己掉进一个美好的“大坑”里去，最安全的定位就是“大的看不上”。也就是说，大企业不会为了这个商机特别专门增设项目来经营，毕竟投入产出比不高，如必须跟进这个市场，也会倾向于与ODM商等企业合作。

“小的做不来”，指的是一般的小作坊，或者技术、资金等实力较为欠缺的其他小企业，即使对这个定位感兴趣，但基于自己的技术、研发能力、资金实力和经营水平，想做也做不来。保障你所挑选的商机具备一定的“门槛”，就可以避免日后陷入无谓的价格战、质量问题等白热化竞争的漩涡。

2015年，我有一位做消毒柜项目的顾问客户，进行战略规划。我们分析，消毒柜市场目前已经是无数大品牌在血拼的一片红海，以现有市场及其发展趋势评估，如果没有非常特殊的研发能力，想杀进这个市场站稳脚跟已经有点难度，将市场份额做大的可能性更是微乎其微，并且还需要投入大量的人力物力，特别是技术研发与市场渠道的门槛非常高。

通过深度沟通，对企业的研发设计能力、目标客户市场以及现有的销售渠道情况等了解后，确定在南方餐饮业使用的煲仔饭机这个项目上发力，并且是结合其当下的研发能力特点和目标客户痛点需求来进行创新研发。这是一个大企业看不上的市场，因为需求特殊，且客户基数量少而分散，并且可以通过轻度智能化创新，让小作坊式工厂或研发实力欠缺的小微型企业做不来。

结果就如当初预期一样，一做就火！由于购买煲仔饭机的客户主要是南方的餐饮企业，这位顾问客户在拓展市场及维护客情方面也做得非常出色。因此，客户转介绍，或者客户开连锁店的时候都会首选他们家的产品。

小的做不来，一是没有能力，二是没有远见；大的看不上，一是当下没有一定的规模支撑，二是没有远见。当然，这就成为了中小微企业的突破口！

市场上有很多是大的看不上，而成就了一个小企业变成一个伟大的企业，包括刚开始的汽车行业巨头福特，以及如今的阿里巴巴、淘宝等。当时一些传统的大企业都看不上，因为觉得这个市场未来规模太小，不值得花大力气去投入。但事实证明他们错了，原因何在？归根结底是因为这些大企业没有对未来的远见，没有对未来市场进行足够的预期和判断。当然还有一个原因就是，他们不愿意进行改变、突破，去做一些开拓市场或者说发展用户需求之类的事情。例如，滴滴打车这种企业的出现和崛起，传统大企业认为这个打车有什么未来可言，没有太大价值。结果就是，大的看不上，小企业一做就做成了大企业。

小的做不来，表面上看，是没有能力，但实际是缺乏远见的表现。当你一旦对任何事情有远见的时候，你的能力相应就有了。为什么这么说？

因为当你对事情想得长远时，就会把时间拉长。比如，著名的苹果公司，1976年创立时，个人计算机仍是一个新鲜事物，认为计算机将走进千家万户的想法在当时看来简直是疯狂的，而乔布斯就是这样认为的。他敢于投入资金，招聘员工，制定战略规划，最终让苹果大获成功。这个目标花费了数十年，其实这就是把时间拉长的具体表现。所以说，当一个中小企业一旦有远见、会做战略规划的时候，有愿景使命的时候，有方向的时候，有对未来憧憬和渴望的时候，那他的能力自然就有了。

因此，对中小企业家来说，第一步一定要有远见卓识，要意识到自己未来想要做什么、得到什么、达到什么高度，如何从现在开始规划布局。这就是所谓的“大的看不上，小的做不来”。

2.要么做第一，要么做唯一

“第一”是时间熬出来的，而“唯一”则可以通过智慧，在短时间内创造出来。

做企业谁都想做老大，谁都想争“第一”。殊不知，这个“第一”的背后是长年累月的积淀，是时间的凝结。每个做品牌的老板都抱有一个做第一的远大理想，说野心勃勃也好，说不切实际也罢，既然做了就做最好，也是企业家非常普遍的创业精神，无可厚非。但是，变幻莫测的市场与风起云涌的竞争永远考验着企业家的智慧。“第一”太难做，即使你想体验老大的幸福与责任，市场也未必给你机会。

除了时间成本，还必须要注意，做行业第一的前提是，这已经是一片“红海”了！事实上，对于任何企业来说，尤其是中小企业，所拥有的资源都是有限的，包括人力、物力、技术、现金流、投资资本等这一系列的资源。在资源有限的情况下，和竞争对手进行拼资源的做法是极不明智的行为。举个例子，对方持续投入几百几千万，你跟进投入，那对手投入几个亿甚至更多呢，你还有能力跟下去吗？就算有能力，有必要继续跟下去吗？正常人都明白，资源不是这么用的。

那是不是说，做不了第一就等死呢？显然，这不可能。市场上已经有很明确的答案。很多领域或行业，都有两家或者更多的领头羊企业，他们是怎么做到的？答案很简单：做不了第一，就去做唯一。

相比做第一所需要花费的时间、资本等，选择做唯一更是一种智慧的选择。选择做唯一，最常用的策略就是“细分”。要认识到，品类里面还有品类，产品里面还有产品。当你对品类、产品进行足够细分之后，才能找到自己所要做的那个唯一。任何行业、品类、产品都可以进行持续的分解，为什么？因为消费者，只要消费者有需求，就可以进行细分，细分之后再细分。比如我服务的职业女装品牌“涟影”，从大的职业装一步步细分为房地产职业装，再细分为售楼部用的职业装，再细分为售楼部门的男女装、经理和普通职员装，还可以继续分解到不同品类的楼盘等。细分下去，企业的未来就充满了可能。

也有人问，要是实在不能再细分了呢？确实，有些产品已经细分到一定程度，难以继续细分。这时候可以考虑“跨界”。跨界，是指从某一属性的事物，进入另一属性的运作。主体不变，事物属性归类变化。如今进入互联网经济时代，跨界更加明显、广泛；各个独立的行业主体，不断融合渗透，也创造出很多新型、发展的经济元素。

比如近期非常火爆的一件事，就是王老吉开办线下凉茶实体店。这就很有意思了。不论其未来市场如何，单从这一行为来说，王老吉做到了“唯一”。因为这在所有罐装消费凉茶的品牌中，甚至包括更大范围的茶饮料品牌中，应该是第一家把“凉茶”和“星巴克模式”相结合的实体店。王老吉打造有格调、有气质的实体凉茶店，这就是做唯一的表现。

做唯一还有一点非常重要，就是填补空白。无论是创造新品类、新产品，还是开辟新市场，抑或创造新概念，都是打造“唯一”的有效途径。那如何去做到填补空白呢？就如上文中提到的王老吉实体店通过跨界去做“唯一”，说到底就是创新。因为无论跨界组合，还是全新的产品、概念，都需要通过创新来开拓思路，来开拓市场，最后实现填补空白。

因此，做不了第一，就去做唯一。

3.做不了冠军，就做英雄

对于这点，在我顾问服务的众多企业中有非常多的案例，“空姐范”是最佳代表。

空姐范是我服务的职业女装品牌涟影推出的最新一代品牌。最早，职业女装各家企业疯狂打价格战，让职业女装行业陷入无钱可赚的困境。我通过对客户画像，重新定义职业装，让行业焕发出勃勃生机。之后，随着市场发展，涟影又推出“空姐范”这一品牌，引发行业无数企业“抄袭”，可以说引领了整个行业的前进步伐。

当时品牌创始人林玮隽先生给我紧急电话，说他发现好几家同行在抄袭他们的产品。我即刻反问：“你的愿景使命是什么？”“成为职业女装的领袖品牌。”我回应他，若“空姐范”连抄袭的人都没有，它是领袖吗？领导谁？领袖品牌不是指冠军品牌，领袖是英雄而不是冠军，有影响力的才是领袖！后来，整个职业女装开始受到我们品牌的启发，从“抄袭”到自我调整，从行业价格战的黑洞里走了出来，恢复到以品质和价值竞争的良性市场竞争轨道，因此拯救了整个职业女装行业。

为什么要做英雄？在我看来，英雄比冠军对这个社会、对这个世界更有价值，也更有意义。毋庸置疑，冠军是第一，且只有一个，是超越了其他所有对手才能获得的地位和荣誉。但其实他承受了非常巨大的心理压力，你超越了别人，别人也随时会超越你。

做人如此，企业亦如此。一个行业中只有一家企业是冠军，这是肯定的。作为冠军企业，它一定承受着来自各方面的压力，包括企业如何维持第一、如何保持竞争优势等，很容易将运营企业的焦点转向为竞争对手，而忽略了企业是为客户创造价值的本质。

因为，冠军是竞争出来的。这就意味着冠军无时无刻不在面临着竞争的压力。一家企业在行业中能做到冠军，必然是在激烈的市场竞争中脱颖而出的，是打败了无数的竞争对手的。在激烈竞争的情况下，各种各样的情况都有可能发生。如果说纯粹的正当竞争还好，要是搞点什么其他的名堂，用些不正当的手段去获得胜利，这就不好说了；而在波云诡谲的商业战场中，这一切都是有可能发生的。因此，要明白争夺冠军这一位置，存在着各种显性隐性的风险。

对一家企业最有意义的或者说最具社会价值的不是你在行业中是单一的销量第一还是所谓的销售额第一，而是能影响一个行业、改变一个行业，为社会提供价值、做出贡献，这才最能让人记住，也最有意义。通信设备里智能手机成就了苹果，电子商务中免费模式成就了淘宝等，他们对行业的推动绝不是简单的规模性的数字可以描述清楚的。

什么叫影响行业、影响他人？英雄就是影响他人的典型。从古至今，能被传颂至今被称为英雄的人，从来没有听说过和其他人去争所谓的第一，但他们却被世人敬仰，影响着一代又一代人。道理很简单，冠军争的是那个第一的位置，而英雄更关注的是价值。

做不了冠军，就要做英雄。要做一家英雄企业，做一家能影响他人、影响行业、影响社会甚至影响世界的企业，才最有价值。

大的看不上，小的做不来；要么做第一，要么做唯一；做不了冠军，就做英雄。我在企业经营管理实践中总结出来的这三个方面的经验，既是对企业运营的定位，也是对企业未来的布局，更是对企业价值的思考！

维持旧模式无法取得新成功

有许多企业，特别是曾经凭借一套运营模式取得过成功的企业，他们因为曾经取得过成功，而一直沉浸其中，认为这种成功方式可以复制与延续。当市场环境发生变化，迫使企业必须对产品、服务甚至模式进行革新时，这些成功的企业往往很难从这个思维的漩涡中跳脱出来，而盲目相信目前良好的经营状态必将得到延续，于是在市场环境真正发生变化时，无力抵抗，最终遭到淘汰。

正如前面所说，一个企业失败的原因可能有很多，但最为普遍的一个就是维持一个旧的模式不愿意改变，以至于在市场、社会等环境发生变化时，运转不良，导致企业死掉。纵观整个商场，多少企业，甚至整个行业都是因为维持旧模式而日渐衰落，最后失败、消失的。

手机行业巨头，芬兰大型公司诺基亚，曾经风光无限，一度在全球占据40%的手机市场份额，且在相当长的一段时间里垄断了手机市场。然而，最后的结局却是，诺基亚在2000年被微软低价收购。当年市值3030亿欧元的诺基亚最终成交价格跌至71.7亿美元，令人唏嘘。

让诺基亚走向这种境地的原因源自于其死守一个模式，不愿意接受变革。面对3G普及后带来的移动互联网翻天覆地的剧变，三星、索尼、摩托罗拉等纷纷顺应潮流，投向Android系统的“怀抱”时，诺基亚却执意沿用Symbian系统。一方面，诺基亚害怕改变会疏远用户，另一方面更重要的是，换系统则意味着牵一发而动全身，需要对当时的模式进行彻底变革，这是诺基亚最不愿意做的。于是，用户越发青睐操作方便的Android系统，不断地往其竞争对手阵营靠拢，诺基亚却还维持着Symbian的深藏设置，无视用户一键式操作的需求。这也就造成了诺基亚最后的没落。

无独有偶，保持固执态度，维持模式而导致失败的还有大家都熟悉的柯达公司。当时伊士曼柯达公司面对数码照相技术席卷而来的巨大风潮时，不做任何反应，死守着原来的核心产品，因为不愿放弃曾经为公司带来高利润的照片冲洗方式与传统工艺。最后，他们为这种坚持付出了血的代价，相比公司顶峰时期，如今柯达公司的股票市值下降了75%。

如果说诺基亚、柯达的失败经验只是说明了旧模式对一个企业的危害，那么瑞士钟表业的案例则展示了其可能对整个行业造成的灾难性后果。

瑞士钟表业享有500多年的历史，其机械表畅销全球，所向披靡。20世纪60年代，瑞士钟表在世界市场占据50%～80%的份额，产量超出一亿，产值达40多亿瑞士法郎，被称为“钟表王国”。然而，正是因为满足于一直以来坚持的模式所带来的王者地位，瑞士钟表生产商盲目自信，拒绝对现有的一切做出任何改变。1954年，石英电子技术发明后，瑞士钟表行业对其满是鄙夷与拒绝，即便在1969年第一只石英电子表试制成功之后，仍对此技术不予以重视，安于传统的机械表制造模式。日本投资生产石英表，仅在20世纪70年代五年时间就挤垮了100多家瑞士手表厂，随后迅速占领全球市场。瑞士制表行业不断衰落，截至1982年，其市场份额仅为9%，行业内数以千计的中小型钟表企业关门破产，造成超过一半的钟表工人失业，瑞士整个钟表业陷入危机。假如当时瑞士钟表业不是沉溺于对旧模式的坚持，那么也许就能免遭一场风波，或许还能乘风而上，让其发展更上一层楼。

事实上，经营企业中的辛苦、无效，都是由于企图维持一个旧的无效的模式。这些模式可能给企业带来过成功，但也是后来造成毁灭的罪魁祸首。

小 结

1. 企业中所有运营都围绕着三个问题展开：顾客为什么要买？顾客为什么要向你买？顾客为什么要再次向你买？

2. 整个企业的运营模式，事实上取决于老板的心智模式。

3. 在运营中做好两件事：（1）维持专业水平的质量。（2）非常高的客户满意度。

4. 运营闭环主要是指，以为客户创造价值为核心的，以市场为导向的，新时代企业家需要关注的运营过程及逻辑。运营闭环的流程是从定位、产品、渠道、推广、场景、促销、复购、关系等，再回到市场定位和产品定位的闭环。

5. 定位决定地位，定位的核心是要回答“谁来买”。中小企业由于资源的局限性，如果做不了第一，就做唯一，通过顺应消费者已有认知和逆向消费者已有的认知，迅速抢占消费者心智。新时代的中小企业家，在市场定位及策略上，要把焦点放在超越消费者的预期和市场潜力上，而不是仅仅去看竞争对手与现有的市场份额。

6. 产品需要定义。“消产经济”，即由消费者来定义产品，甚至是参与设计研发、生产制造和推广营销等环节。

7. 产品就是营销，产品源于消费者，产品的核心就是要回答消费者“凭什么要买”的问题，需要我们给消费者一个充分而现实的购买的理由，就是你的产品与消费者的需求之间的“匹配度”。

8. 渠道就是效率。无论渠道如何变革，以前渠道的宽度、长度、深度等单向思考或整合思考都已经越来越低效，必须做渠道融合。

9. 推广就是让潜在的消费者有兴趣关注，关注就是流量。急功近利的“标题党”透支了消费者的信任，其效果越来越差，随之而来的是体验推广。

10. 场景就是情景加情绪，分为虚拟场景和现实场景。虚拟场景是通过虚拟的情景，让消费者在体验后产生错觉和幻觉；而现实场景则是通过构造的此情此景此物的现实环境，创造真实的体验，促使你产生企业期望的情绪。所有的营销都是情绪营销。

11. 促销就是利他式沟通，是站在消费者的立场，用消费者的语言，与消费者进行高效沟通。短视的企业是为了提升销售额，智慧的企业是为了提升消费者的良好体验。

12. 复购就是还会“再来买”，是消费者对定位、产品、渠道、推广、场景、促销等最真实的综合检视。消费者的第一次购买仅仅只是销售的开始。

13. 关系就是系统。如何让消费者和企业之间构成一个系统？要从简单的交易性运营转型，在企业与消费者和其他利益相关者之间建立并稳定保持一种长远的关系，进而实现信息及其他价值的相互交换。

14. 企业运营归纳为六个基本的心智模式或层次，分别是“运营市场心智模式”“运营工厂心智模式”“运营产品心智模式”“运营用户心智模式”“运营品牌心智模式”“运营资本心智模式”。

15.三个需求层次分为满足需求、创造需求和发展需求。与顾客需求相关的运营工作，只要遵循了“三个需求层次”的规律，既能做好企业当下的经营，还能兼顾企业未来的可持续发展。

16.精准定位目标顾客，就需要企业对顾客进行“客户画像”。当客户画像越精准、越明确时，寻找目标顾客的速度就越快，甚至这些目标顾客还会自己找上门来。

17.想要成功，就必须聚焦，做到少而精，这是一条极容易被忽略，但极其重要的真理。

18.企业在选择和定义“精准目标顾客”时，最大的禁忌就是什么都想做、什么人都想要，特别是对于中小企业来说，更是大忌。

19.“客户画像”强调的，是将消费者当人看，先把消费者“还原成人”，还原消费者真实的生活轨迹，尤其是在心理方面，来完成最真实的“客户画像”。方法主要是围绕客户的“看”“听”“想”“说”“感”“时”“空”这七个方面逐一通过提问等方式去了解，从中洞察获取更多心理需求层次的、有血有肉有情感的反馈。

20.建议中小型企业用下围棋的方法经营，这种方法要求你总是看着整个盘，关注大局；相反，假如你只是想走好一步棋，则有可能全盘皆输。总是维持一个大局的平衡，这是中小企业需要注意的。

21.很多中小企业的失败，归根结底是因为没有真正照顾好顾客需求，以及对长久沿用模式的过于坚持。

22.中小微企业的运营定位概括为三个方面：（1）大的看不上，小的做不来。（2）如果做不了行业第一，就做行业唯一。（3）做不了冠军，就做英雄。

23.大的看不上，小的做不来。对中小企业家来说，第一步一定要有远见卓识，要意识到自己未来想要做什么、得到什么、达到什么高度，如何从现在开始规划布局。

24.要么做第一，要么做唯一。“第一”是时间熬出来的，而“唯一”则可以通过智慧，在短时间内创造出来的。做唯一，最常用的策略就是“细分”。难以继续细分时，可以考虑“跨界”。

25.领袖品牌不是冠军品牌。领袖是英雄而不是冠军，有影响力的才是领袖！对一家企业最有意义的或者最具社会价值的，不是你在行业中是单一的销量第一，还是所谓的销售额第一，而是能影响一个行业、改变一个行业，为社会提供价值、做出贡献。这才最能让人记住，也最有意义。

26.经营企业中的辛苦、无效，都是由于企图维持一个旧的无效的模式。这些模式可能给企业带来过成功，但也是后来造成毁灭的罪魁祸首。

第四章　赚钱心智

促使一个人创办公司、创业的驱动力纷呈多样：有的人是为了求得温饱，有的人是为了享乐，有的人是为了时间自由，免受朝九晚五的困扰，有的人是为了实现自己的价值和贡献社会……而在这林林总总的驱动力之中，最常见的还是为了赚钱，这可能是大多数企业老板们创业或做企业的目的。

诚然，企业需要赚钱，毕竟在一个企业中，不管是配置、升级生产设备，扩大再生产，抑或提高员工的生活品质，都需要钱来支撑。但是，有一点是需要加以区别的：赚钱究竟是目标还是结果呢？它是你的企业最终所追求的目标，还是当你实现了企业的目标之后，顺带的结果呢？不同的心智模式将会导致对这个问题截然不同的回答。

事实上，如何看待赚钱的心智模式，直接决定企业老板对外如何看待市场与消费者，对内如何看待经营企业与业绩考核，以及如何看待本人赚钱，如何引导员工赚钱的问题。

许多企业老板当下的心智模式呈现的是，赚钱就是目标，并且由销售部门负责，因而所有的奖赏与惩罚都根据他们做出的业绩而判定。销售部门及其员工可能会为了获得奖赏，不惜利用一切手段以求把钱“赚”到，达到目标，却忽略了顾客感受，为企业发展埋下隐患。

新时代中小企业家要从心智模式上开始改变，需要意识到企业收入并非由销售部门创造，而是由企业战略规划、经营管理和财务预算等决定的。一个卓越的企业家必须时时关注未来，具备对未来市场的前瞻性判断，从而制定战略规划。与此同时，必须加强企业的经营管理和培养自身的财务预算思维，做好经营管理与财务预算，并且认识到这一切必须建立在为顾客创造价值的基础上。这样才是维持企业健康发展与持续盈利的正道所在。

一、赚钱是结果，不是目标

现代管理学大师彼得·德鲁克说："创造价值是真实的，利润不过是结果。"对于企业赚钱，阿里巴巴创始人马云持有相似的观点，他对此曾有过一段非常有名的公开讲话。他说："挣钱不是我的目的，是我的结果。如果要说创造价值和赚钱哪个重要，我的回答是都重要；但是，一定要问哪个更重要，则创造价值更为重要。如果创造了价值没有钱，你这个价值根本不是价值。你创造了这个价值，结果没人愿意付你钱，你这是垃圾，你给社会不是创造价值，而是在创造垃圾。"

钱是什么？钱是商品交易发展的产物，是价值交换的媒介。过去，人们使用"物与物"的直接交换方式。由于交易双方供需并不总是对应的，交易时可能需要经过好几次中间交换方才最终得到想要的东西。为了解决这种麻烦，人们逐渐发展出货币，也就是我们所说的"钱"，作为交换媒介，以解决物与物交换带来的不便。可见，交换的本质是为了价值，而非交换的媒介，这就是"钱"的意义。

假如一个企业认为最重要的是赚钱，那么他便会把焦点放在"钱"上面。记得在某一期课堂上，当我问学员们如何可以赚到我手中的一百元时，其中一位学员的反应是上来抢。这不就跟很多企业一样吗？当把焦点放在

“钱”的时候，关注点便放在了如何把钱弄到手的问题上，因而便会做出如上述学员的行为——抢，或其他不正当行为，甚至许多无意义、无效果的行为。

钱，归根结底，是产品、服务和价值交换的媒介。对于企业而言，当其价值能在顾客身上得到呈现时，对方便会主动地把钱递过去。因此企业的重点不应放在“钱”上，而应放在如何让顾客对你的产品有需求，并且让他感觉你的产品就是他想要的，从而自然而然地愿意用手中的钱来换取你的产品。

举个例子，如做手机的企业，其焦点应该首先放在顾客对手机的需求上，其次让他感觉某款手机就是他想要的，他便会愿意买，并付款拿走。因此，做手机的企业就应该把焦点放在“手机”上面，制造出满足顾客需求，并且为其带来积极效果和意义的手机，从而最后实现“赚钱”的结果。

做企业正确的做法是，让自身的价值在顾客身上得到呈现。如同当对方需要衣服，而你能够满足他对衣服的需要，那么他便会把钱送过来。因此，把焦点放在“什么是他们需要的”，并且让他们相信“这就是我需要的”，这样顾客便会自动自觉到你这里来，而非到对手那里去。顾客购买你的产品、服务，而“钱”只是随之而来的一个结果罢了。

不可否认，做企业都离不开赚钱，但假如你把经营企业的目标定位为“做企业就是为了赚钱”，那也就意味着把企业最重要的东西视为收入。在这种情况之下，企业里每个人都把为公司带来收入视为最重要的。对于销售人员而言，这是企业分配给他们的目标，为了达成目标，便意味着要销售多少产品、做多少张单、卖给多少人、收多少钱。如此一来，脑袋里想的全是如何说服顾客相信，从而付钱！

当销售人员把焦点放在“钱”的时候，他真的就只能偷、骗、抢；不干得那么过分的话，也只能利用忽悠、误导、欺诈的手段。换句话说，对顾客根本没有足够的尊重和真诚，只求达成目标罢了。如今我们看到的很多销售，不就是这样吗？假设你是消费者，是否也会觉得十分反感？

让顾客自动把钱送上来其实很简单。当你能在他身上呈现价值，他便会反过来成就你，让你拿到你想要的钱。要让企业价值在顾客身上得到呈现，企业必须把自身的定位设置为满足顾客的需求、创造顾客需要的价值。因此，企业与团队要定的目标应该为以下两点：一是提供专业水平的高质量产品，二是保证很高的顾客满意度。通过为顾客提供称心的、比其他同类产品优质的、专业水平的高质量产品，与具有高满意度的服务，让顾客喜欢你，主动为你的产品、服务付钱，这样便自然得到了赚钱的结果。

放眼国内市场，多少行业是因为盯着“钱”而爆发各种丑闻，使得信任严重透支。实际上，整个中国营销市场的大环境普遍处于信任透支状态。无论从2008年三鹿奶粉被曝光三聚氰胺严重超标，还是到后续不断涌现的苏丹红、地沟油，以及食品添加剂等一系列事件，都在消耗着消费者对商家、对市场的信任。

信任被透支，买单的却是企业自身。以保险与保健品为例，这两样产品的初心都是好的。而在现实生活中，某些保险公司的业务人员为卖出保单，夸大保险责任、误导客户，引发各类理赔纠纷。某些保健品公司为谋求更高利益，夸大保健品功效，对老人进行洗脑推销，鼓动他们高价购买。近年各类报道老年人上当受骗的消息层出不穷，消费者对保健品基本失去信任。而那些有良心、想要做好产品的企业，也因为此类事件，为整个社会的信任成本买单。

事实上，信任成本是企业最大的成本。企业做的广告里投入的每分钱都是为了赢得消费者的信任。如果企业能够踏踏实实做好产品，消费者能够买到高品质的产品，并由于使用到好产品而广而告之，形成口碑效应，那么企业就不必投入大量金钱去获取新的客户，成本也会降低；否则销售额也无法提升，就算一时有好看的数据，终究不是长久之计。

因此，赚钱不能是企业的目标，只能是结果。仅仅盯着钱的企业往往赚不到钱，因为利润是满足顾客需求之后顺带的结果。

【瀚霆方法论】“三交”模式

我的企业经营顾问服务在业界可谓一个传奇。首先，我没有销售团队，也没有客服团队；其次，我的经营顾问服务没有任何承诺，服务形式为你问我答，不提供任何书面文件，在协议中还有“商业有风险”的温馨提示；最后，费用比较高。这已经让人觉得我的企业经营顾问服务是“奇葩”了。更有意思的是，这样“奇葩”的企业经营顾问服务，客户居然还排成了长龙！很多中小企业家以能成为我的顾问客户为梦想。

许多人误以为我是在做饥渴营销，或者做了什么营销策划之类的事件与活动。其实并非如此，这正是我基于李中莹老师关于“赚钱是结果，而不是目标”这一理念的实践结果。

我创建的企业顾问服务品牌“网盈机构”，它的使命是“打造行业领袖”，这是机构运作的前提条件。因此，我们有着非常强的目标感，无论是我，还是机构里的每位成员，都是围绕着“打造行业领袖”的使命开展工作，而非以赚钱为目标。

★ 交友

我们会邀请一些有潜质的和共同理念的客户，加入以“发现行业领袖”为使命的“瀚霆研习会”。通过线下研习探讨和线上主题授课，我们为加入“瀚霆研习会”的企业家们提供个人身心灵的成长、建设私人智囊团、共享友情资源，提升企业家心智和经营管理能力，以及创造发展机会等服务。

★ 交心

在“瀚霆研习会”与企业家们一起分享、探讨、交流、互助等。我们与客户的关系从交友发展到交心，与客户建立充分的信任，同时让客户看到我们能为他们带来的实际价值，并且能够实实在在地支持客户本人的身心灵成长与企业的经营管理提升。

★ 交易

当“瀚霆研习会”会员客户的企业不断向前发展，成长到一定的阶段，需要“外脑”即企业经营管理咨询服务的时候，便会不由自主地想到我们，选择我们的顾问服务。效果非常好，因为合作是建立在完全百分之百的信任基础之上的。瀚霆方法论认为，企业经营管理咨询服务，一旦失去信任，就是一场灾难。

从“瀚霆研习会”中“发现行业领袖”，再到“网盈机构”的“打造行业领袖”，我们的企业运营，服务方向全部围绕着“为客户创造价值，支持客户成长，推动企业成功”。所以，我们在业界打造出许多业绩翻番，甚至增长20多倍的行业领袖品牌。这正是基于李中莹老师的“赚钱是结果，不是目标”这一理念。网盈机构与客户就是在“创造价值”的基础上，先交友再交心，进而达成交易的。

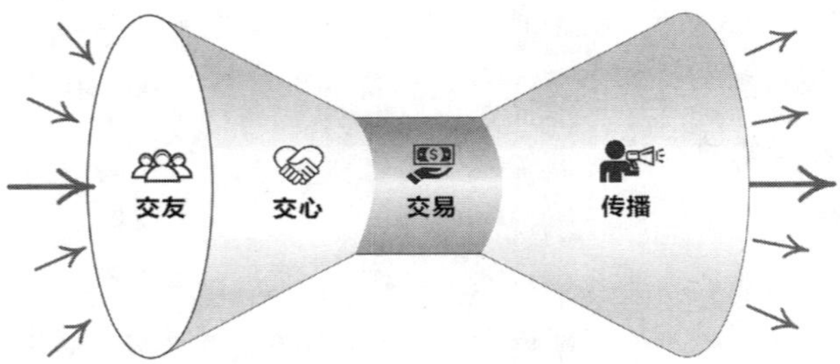

“三交”模式示意图

如果你对“瀚霆研习会”很好奇，请扫描以下微信二维码关注“瀚霆研习会”的公众号，享受更多的内容。

二、用业绩论功行赏是不公平的

凭借业绩考核论功行赏，一直是许多企业老板奉行不渝的金科玉律，长久以来，以业绩论英雄成为老板们考核团队时普遍的心智模式。不难看到，每到年终企业忙着考核各部门、各员工的业绩目标达成，量化其工作表现，进行奖赏惩罚、激励员工来年加倍努力。然而，很多企业设置各种硬标准，拘泥于原定目标的达成与否，以此为依据对员工严格考核，导致员工要么主动性降低甚至丧失，要么一股脑奔着目标去做，甚至不择手段，一味追求表面数字的增长，忽略其他因素，影响企业正常健康发展。索尼的绩效之痛与万科集团多次遭遇质量问题，便是企业对团队论功行赏而埋下的隐患。

对企业的危害

单纯依照业绩目标对员工论功行赏是危害极大的，因为此时的员工会认为达到目标才是最重要的，为达成目标，就会想办法投机取巧，或采取各种人工手段，不惜损害顾客与企业利益。不妨来看以下例子：

1970年，Levi's全球负责人为了保证管理稳定，按原定计划达成业绩目标，对各区域总经理实行目标管制，目标达成过高过低都要惩罚。因此，香港地区总经理为达成目标，在服装旺季通过人工控制压低供应量，结果由此出现的市场空白被对手占领，导致市场份额丧失，企业元气大伤。讽刺的是，Levi's全球负责人还因此得了"优秀管理奖"。这就是为了业绩目标，实行人工操作来达到目标绩效的荒谬例子。

20世纪80年代，美国银行也曾制定过被称为"全美最有雄心的目标业绩奖罚制度"，以发放贷款的数额来评定贷款员的工作表现，业绩最好的贷款员被承诺可获取超过业绩表现中等的贷款员50%收入的奖赏。美国银行最终实现了自己的业绩目标，同时也带来了大量的坏账，使得银行惨遭巨大损失。只追求业绩目标，让员工不顾贷款质量、贷款风险与客户信任度等，花尽一切手段只为达成目标，于是造成公司最后耗损，得不偿失。

事实上，员工业绩增长或下降有着许多偶然原因与一些不可预测的因素，比如气候、自然灾害、消费习惯，以及员工所处环境与条件的变化等。假如企业忽略这些因素所能产生的影响，而一味根据员工业绩进行评判，那么长期而言，对企业的危害是极大的。

当团队严格规定需按照目标业绩工作，他们便会通过各种人工手法、不惜牺牲企业利益来“达到 ”目标。对管理层而言，当销售额下滑时，为实现原先定下的目标，很可能通过其他方式，如改用低廉劣质的供应商、减少研发和客户服务或取消员工培训与裁减人员等手段减少开支，以获得他在一个管理岗位上一两年的短期效益，以及任期内的利润增长点。这种只关注个人绩效来获取晋升机会的行为，不仅会对团队造成耗损，而且当其升迁后，给后续的替补高管留下烂摊子，对企业造成严重内伤。

而底下的员工，也会为了实现目标得到奖赏和提升，用尽方法。比如，有些人会向顾客推荐价格高但不一定适合的产品；有些人会弄虚作假，做表面文章欺骗上级；还有些人会通过各种不正当的方式对产品进行销售等。这些行为都会毒害企业，最终令顾客失去对企业的信任度与忠诚度，甚至导致企业的灭亡。

对团队的危害

通常情况下，企业习惯于在每年10月前后决定明年的业绩目标，而业绩目标的确立，是建立在当下的环境条件之下的。然而，市场环境、企业发展状况等一切都是在不停地变化。也就是说，从定下目标的那一刻起，环境就在变。因此，当各方面都在变化时，业绩目标的实际意义也因而改变。所以，中小企业管理中关于业绩目标的理念及态度也应改变了。否则，过分严格用业绩目标作为销售团队的驱动力，将会带来以下至少三个不良后果。

埋没、错失难得的人才

请看看这两个情况：

情况1：所有对手的年业绩都增长了50% ~ 150%，你团队的业绩目标增长20%，实际增长30%，算优秀吗？

情况2：所有对手的年业绩都增长了5% ~ 10%，你团队的业绩增长20%，实际增长15%，算不理想吗？

若只看绩效行赏，情况2的负责人会受罚或无奖金。若他愤而辞职，投靠你的对手，得到重用，次年市场急剧发展，这个对手三年扩充五倍，你后悔吗？

假如只是盲目针对原先设定的目标，对管理层进行考核，而忽略结合外部环境进行对比与评断，这是不公平的，也可能会令优秀人才选择离开。因此，企业需要做的是制定科学、公平，符合企业具体情况的目标考核标准，不应仅限于目标的达成，而需要结合员工的能力、态度、业绩以及其他方面进行考核，使奖赏与考核评定挂钩。

若团队奋发尽力，全心全意，却无法做得更好，此时你应把关注点放在提高他们的能力上。因此，需要从定目标的怪圈跳出来，把大量的精力放在提升团队能力上，让他们越做越好，更轻易地达到目标。当他们做出超越你对手的成绩，便已是行业里最好的人才！相比之下，业绩目标算得了什么呢？

做少的可能远高于做多的

通常情况下，当企业定了一个目标，团队往往只会有机会达到目标，很难超过目标。是否思考过，当你定了一个目标给一个人的时候，他往往95%的机会是达不到这个目标的，而极少有可能是大大地超越这个目标的。

事实上，万事万物都处于变化之中。人与人、事物与事物之间存在差别是一个不可抗拒的客观事实。举个例子，假设一个公司的月均销售额是100万，销售额允许浮动的范围为85万到115万。当一个员工没有做到平均数100万的销售额，如果简单地认为他就是工作没做好，那只能说明你不懂统计客观规律，因为这个结果很大程度上是由系统决定的。假如由此惩罚这些销售人员，将是非常不明智的举动，因为你会发现每个月公司都将会有一半沮丧的失败者。

系统里面的成功与失败，离不开系统。也就是说，在系统世界里，把目标看得如此重要，最后的结果往往是确保自己不能达到这个目标而已。

在互联网时代，市场瞬息万变，你可能注意到了一些企业在短短几年后，便有了几十倍的发展，这都是他们不死守计划，不断变化的结果。假如你羡慕他们，也许应该把自己的思维从“认为定了一个计划就不能改变”的转变开始。

专注于达到目标所需的能力方法上，忽略错过比目标更大的机会

很多人对于目标的认识往往存在一个误区，认为只要盯着目标去做，便可以做好。然而，事实相反，专注于一个目标只会让你的团队忽略比目标更大的机会。比如，假如你给团队定下的业绩目标为50万，团队便会认准50万的目标而去，采取一切方法实现50万的目标。因此，在出现更大的，如300万、500万的机会时，他们常常会因为专注在50万的目标上，而把它们忽略或者错过了，造成浪费。

许多企业为帮助团队实现业绩目标，对销售团队进行能力培训。实际上，我们所看到的绝大多数培训，关注点不过都是在于培养出“狼性”团队，即“不怕死”的团队罢了。所谓“狼性”，倡导的是一种粗暴的、不要命的、坚持的、主动出击的精神；是一种对工作拼搏的精神和迎难而上的决心。事实上，当销售团队做到“不怕死”“不放弃”，主动进取扑向消费者，就意味着消费者一定会买你的产品了吗？就意味着一定能达到业绩目标了吗？答案明显是否定的。专注在达到目标所需的方法或能力上，只

会让你一切工作围绕着方法或能力去开展罢了，并非能够真正帮助你实现目标。

假如坚持根据目标的实现来论功行赏，那么往往会出现上述情况；而如果我们把焦点放在让顾客满意上，那么团队采取的行动便会尽可能让顾客满意，而这时得到的往往是更大的机会。

当然，这并不意味着企业运营完全不需要目标与计划。事实上，年度业绩目标还是需要制定的，只是你看待目标与计划的心智模式需要改变。可以明确的是，只允许自己定下目标的30%，剩下的70%是不断地看着市场以及行业变化，以每三个月为周期而进行检讨与调整。同时，必须明确目标定下的意义，理解它并不是用作评定员工的表现，而是让企业的人有一个方向，让团队成员维持同一个速度，向着那个方向，走向企业的未来。

【瀚霆方法论】绩效考评的四个导向

对业绩论功行赏就是绩效考评。仅仅依据目标达成的结果论功行赏是不公平的。对员工的功劳，还需通过其他方面进行综合考量。根据实践经验，我认为绩效考评主要分为四个导向：效果导向、过程导向、能力导向和竞争导向。一个有效的绩效考评制度，必须是四个导向相结合思考的考评制度。

1.效果导向

顾名思义，就是以时效和结果（目标）为导向，即在员工工作之前就先设立一个工作时效和结果的标准，当员工工作完成后，将其最后完成的实际时效和结果与原先设定的标准进行对比。这种考评方式最常用于能直接量化的岗位，比如销售岗位和生产岗位。

效果导向型考评，考核的重点是工作时效和结果。以生产部门而言，考核的内容主要包括产品产出量、质量与劳动效率等，并以此来衡量员工在某一时间段内工作中的实际产出。对销售部门来说，考核的内容主要以某一时间段内的财务收益结果为主，包括成本、资产收益率、回款、销售量、利润等。

效果导向型考评注重的是工作的最终时效及其业绩，因而有利于营造出相对理性，并以成果为导向的公司氛围，从而能够调动员工积极性。但这种考评方法存在明显缺陷，它只关心时效和结果，不在意员工在工作上的行为与过程，并只适用于相对稳定的市场状态。当市场竞争压力加大时，如果仍沿用这种考评方法，员工个人甚至整个部门很可能会不择手段，通过损害其他人、其他部门，或损害公司未来利益的方式，以达成绩效结果。

2.过程导向

过程导向型考核方法着眼于员工完成工作的具体过程与细节。这种方法注重过程对结果的影响，认为只要严格按照过程来做，就肯定有结果。因此，它对员工的要求是遵章守纪，严格按照公司标准、规章制度、流程执行工作，强调的是对过程的执行。

通常而言，这种考核方法把重点放在对过程的监控上，适用于某些工作成果难以量化，或需严格按照某种规范行为来完成工作的岗位，如行政岗位与工厂的流水线。这些工作岗位要求员工以工作步骤、顺序为核心，按照作业标准，包括执行方法、流程与标准动作进行工作，以保证工作效率。

过程导向型考评主要包括两种方法：行为锚定等级评价法和行为观察量表法。这两种方法并不直接对员工行为进行考核，而是通过对员工行为的观察，对员工的关键事件描述，来判定其是否依照操作流程标准进行工作。

这种方式并不适用于所有员工。对某些员工而言，严格要求他们按照规章、制度、流程行事，反而会扼杀他们的积极性和创造性，这是与考核的本意相违背的。比如，对于从事科研工作和艺术创造，或者其他灵活性较大的工作的员工，执行制度或流程，反而会限制其发挥。

3. 能力导向

能力导向型考核方法关注的是员工的专业技能与软能力。这种方法的前提假设是，只要员工具备足够的技能与心理素质，那么他就有执行过程与完成目标绩效的能力。

使用能力导向型考评的企业，倾向于认为能力是绩效是否出色的决定性因素，认为能力强的员工就能获得优秀绩效，能力差的员工绩效也会差。因此，这种考评方法关注的重点在于员工的个人特质，通过考核判断员工是否具备与其所在岗位匹配的能力与个性。通常而言，该考评方法的主要内容包括岗位驾驭能力、技术能力、管理能力、决策能力、沟通能力、抗压能力、创造力等。

这种考评方法有助于帮助员工开发自身潜能，同时有利于企业对员工进行有计划的长期培养。但是，这种考评方法相对适用于中高级技术或管理层人才，对于基层职工和行政人员，过程导向考评更为适合；而对于采购、生产、销售等价值链增值环节的职员，效果导向型考评更为有效。

4. 竞争导向

竞争导向型考核，考核的是参数。这些参数可以是同行参数，如排名、市场份额、企业知名度的排名、行业知名度排名等外部的竞争参数。而在这里，我们主要讲的是企业内部的竞争，即对员工在企业内部竞争力的考核。考核的内容主要有员工业绩排名、企业文化排名等。

这种考评方法的好处是能够营造优胜劣汰的竞争氛围，提升企业内部人员的竞争意识，以增强员工进取心，全面发挥其才能。但是，该方法同样存在缺陷，因为不同岗位所需的能力和职责是不一样的，员工的技能、思维、方法也不一样；即便同一岗位，人员的能力也是不一样的，难以用同一套标准进行评估、排名。

可见，意图通过其中某一导向的考评制度对所有员工进行绩效评估是不合理的，因为企业有不同的部门和不同岗位的员工，同时也是在不断发展的，市场是在不断变化的。因此，考评制度应随着企业所处的阶段而进行调整。同时，员工进入岗位的时间长短不一，所以也不具备可比性。

也就是说，企业不能仅采用单一的方法，而应根据不同岗位、不同阶段、不同环境、不同条件、不同目的，选择不同的考核方法。

三、销售团队不是赚钱的核心因素

销售与卖东西

谈到销售，很多人，甚至很多企业老板第一反应就会认为是简单的“卖东西”，这是对销售片面的认识。那么，到底什么是销售？销售说到底就是为满足顾客特定需求，通过不同的解决方案传递价值的过程。销售是以发掘且满足顾客需求为前提的。

销售，首先就是帮助顾客清楚了解他真正需要的是什么。任何企业销售产品，一定要满足顾客的需求。“帮助顾客真正清楚他需要的是什么”不是指忽悠顾客购买商品，而是让他知道自己需要的与不需要的是什么，同时为他创造出现在没有而将来会有的需要。因此，销售的过程其实就是一个不断发现顾客需求，并通过产品、服务去满足他们的需求的过程。实际上，需求的呈现形式具有双面性，有的需求是显而易见的，有的需求确实隐蔽、不易发现，连顾客自己都不清楚。这便要求销售人员去挖掘这种需求，帮助顾客了解其真正的需求。

然而，在实际生活中，我们常常会看到销售人员为了把产品卖出去而不择手段，为企业获取暂时的利益而损害了顾客利益。这种没有基于顾客需求而发生的销售，是一种强行贩卖或欺诈蒙骗的行为，违背了销售的本质。

销售不是一次性的、一锤定音的行为，相反，其带来的影响是持续的、长期性的。因此，不能为获取企业片刻利益而损害顾客利益，否则不仅会流失顾客，更重要的是损害企业诚信，影响企业长期利益。

销售，远远不止于把东西卖给顾客。

就如我当时训练保险公司销售业务员时，给他们设定的目标一样——每次出去见一个陌生顾客，带着三个目标：

（1）让顾客买单，实现销售。

（2）让顾客推荐顾客。

（3）跟顾客交朋友。

我们不可能跟拜访的每位顾客达成交易，但我们应该信奉的一个原则是，“即使跌倒也要抓一把沙”。也就是说，即便客户现在对你的产品、服务没有需求，不能成交，但在你与他沟通的过程中，让他觉得你是可信赖的，愿意把你的产品介绍给其他需要的人。在这个过程中，顾客甚至会把你当成值得一交的朋友。长期来看，这对于企业也是有帮助的。

其次，销售是让顾客感觉你的产品、服务最能满足这种需要。注意，我用“感觉”二字，是指专注于对顾客心理世界需要的满足。

从三层世界看需求的满足，我们可以看到：

第一层，指物质世界上的满足，即对产品功能、性质的满足。

第二层，精神世界的满足，即产品、服务带来的心理的舒服与愉悦。

第三层，系统世界的满足，即通过购买某样产品、服务所带来的意义，如产品为顾客的人生或者更大的系统带来更好的变化。

要在销售过程中让顾客感觉你的产品是他最需要的，便要求销售人员以“满足顾客需求为中心”，而非以卖产品为中心，总是站在顾客的角度看问题，帮助他了解自身真正的需求，从而建立信任感。以苹果公司为例，当顾客进入苹果体验店时，不会有员工过来兜售手机，员工会做的是，不断地根据顾客的需求，帮助其试用各种产品，并且如实介绍产品可做到与做不到的，站在顾客角度为顾客的需求服务，而非通过吹嘘促成购买。如此一来，顾客便在这个过程当中，感到安全、信任、愉快，从而感觉苹果产品便是其需要的。

销售人员卖的是什么

“我卖的不是雪佛兰汽车，我卖的是我自己！”这是被称为“世界上最伟大的推销员”、连续12年维持世界吉尼斯汽车销售第一纪录，销售业绩至今无人能够打破的传奇推销员乔·吉拉德对自己的总结。也就是说，作为产品、服务与顾客之间的桥梁，销售人员卖的，首先是自己。假如在面对面的销售过程中，顾客对销售人员无感，甚至反感，那么他更不会给销售人员机会介绍产品了。销售人员只有把自己做好，才有可能吸引到顾客。

首先，销售人员卖的是自己的外在形象、气质、谈吐与礼仪等。试想，如果一位销售人员衣着不得体、谈话欠缺技巧、举止粗鲁失礼，任凭其滔滔不绝地介绍产品、服务是如何优质，顾客也不会买账的。因此，销售人员必须时刻关注自己的外在形象，提升沟通能力。

同时，销售人员应具备良好的专业知识。销售人员所表现出来的专业性是使顾客产生信任感的重要因素。专业的知识包括销售人员对本企业、产品、服务的深入认识，以及顾客所需业务与所处行业的相关知识。只有掌握这些，才能在与顾客沟通时，正确理解顾客的意思、体会客户的感受，提供顾客有效的咨询建议与解决方案，从而提供给顾客真正需要的产品、服务与价值。

销售人员在与顾客交流的过程中，能影响到双方是否成交的决定性因素，除了外形、谈吐、专业度之外，还有真实、多面的自己。比如，人生经历、成长轨迹、真诚的个性、心思细腻等。在顾客面前，销售人员不仅仅是一个单纯的销售，而且是一个有血有肉活生生的人。相比在顾客心里呈现的一个平面的销售，另一个立体化的销售人员是更能被顾客喜爱与尊重的。

其次，销售人员卖的是企业与品牌。顾客对一家企业的第一印象源于企业形象与品牌形象。企业的形象、规模、实力、行业地位、声誉、发展前景和规划都会让顾客产生联想，从而影响到顾客对产品的信任。而品牌代表着企业的声誉与价值，产生的效应超乎想象。

纵观国际市场，一个代工厂以低成本生产的产品，但凡贴上世界名牌的标签，便能摇身一变，身价翻倍。在顾客的角度，他能看到的只是品牌标识的光环形象，而往往无法把这些看似奢华、高端、上档次的产品与低成本的生产工艺联系起来。而其他采用同样材料、经过同一工序生产出的产品，却因无品牌光辉加冕，在价格上呈现出天壤之别。

这也是为什么同样是鞋，耐克的卖600元，李宁的卖400元，特步的卖200元，而其他不知名的杂牌卖到百元以下。企业卖的是自身的知名度与影响力，而驱动顾客购买的因素也往往来自于这里。企业品牌知名度越高，产品便越多顾客购买。

无论家电行业的美的、格力，手机行业里的苹果和三星，或电气行业的施耐德、西门子，都是因为公司名气大，产品自然更容易卖出去。

最后，销售卖的是产品与服务。产品是企业生存、经营的基础。提供高质量、专业水平的产品，是获得顾客的决定性因素。其中，产品是否能够售出，与服务也息息相关。试想，假如一家企业服务做得不好，让顾客感觉不舒服，那么他还会买其产品吗？销售归根结底，卖的是产品与服务。我们所有的营销主题都是围绕产品开展的，方法、技巧服务于产品，通过不断地挖掘出产品的差异化，展示产品价值的最大化。

中国空调领先品牌格力，正是因为提供保修期长达6年的服务，在服务销售中打出了一片天。同样，国产家电巨头海尔，也是凭借着号称“五星级的服务”在销售服务中获得第一桶金。

服务已成为产品销售中的重要环节与手段，并催生了一个销售服务的大市场。例如IBM，即便拥有绝对领先的产品技术，它还是从销售产品转型为销售顾客解决方案，这便是销售服务中的典范。这都源于企业逐渐意识到，相对于销售产品，销售服务更易创造价值。

要做好销售，需了解销售的三层境界：

（1）物有所值，付出100，得到100；即你和你的企业应该做的，都做到了，顾客认为你和你的企业还可以，产品价格、服务等与客户感觉的价值相符合。

（2）喜出望外，付出100，得到120；可做和可不做的，你也做到了，顾客认为你和你的企业很好。也就是说，在过程之中，你所提供的超越了顾客对产品、服务的期望。

（3）意外惊喜，付出100，得到“120+”。与销售无关的服务，你都做到了，顾客认为你和你的企业不仅可以是生意合作伙伴，还视你为朋友。意外惊喜往往是培养、发展忠实顾客的决定因素，因为意外惊喜是超越物质世界，带给顾客心理愉悦的感觉的。

因此，销售不仅是单纯地向顾客推销产品，销售的还有服务，以及企业各方面呈现的专业性。过去中小企业习惯于把企业赚钱的重任放在销售模块上，一个销售人员的身上就像背负着数人的工作，这种过度重压容易导致人做不好工作，采用不规范手段，损害企业声誉，甚至失控。把过多的资源与关注放在销售团队上，还会产生销售团队“绑架”企业的可能性，以至于没有他们不行。

事实上，企业里的每个人都可以是销售，只要他表现专业，能把企业最好的一面呈现出来，为顾客传递价值，在与顾客的每次接触过程中都让顾客感觉舒服，那么顾客便会主动，自然而然地完成交易。也就是说，企业需要销售，但不一定需要由销售团队来完成，销售团队有多重要，是由战略规划决定的。这也是为什么决定企业赚钱的并不是销售团队，前瞻性的战略规划、优秀的产品、高效的经营管理和良好的财务预算才是。

【瀚霆方法论】交易是销售的开始

如李中莹老师所说，企业能赚钱盈利，是因为企业为客户创造了价值，并通过产品的销售将这份价值传递至客户手中。当下，服务已成为产品销售中的重要环节与手段，销售“服务”更易创造价值。如何把服务销售出去呢？坚持“交易不是销售的结束，而是销售的开始”。

汽车销售行业有一句名言：“第一辆车是销售出去的，第二、第三辆车是通过良好的服务实现销售的。”真正可持续盈利、能实现低投入高产出的销售，往往都是在成交之后，而不是之前。成交之后继续关心客户，维系双方关系，将会为企业赢得老客户，带来新客户，让客户越来越多，业绩越来越好。

我的一个顾问客户经营职业女装，自创业以来，就致力于打造好的客户体验。例如发货迅速，即使成本高，也要选择国内最好的物流服务，就是为了让客户最快收到产品。企业规模还不大时，便有专人负责老客户的客情维护，不定期地在线沟通、致电关怀、闲聊，并在某些重要的节假日给顾客寄出惊喜小礼物。而客户回馈给企业的，就是口口相传，介绍更多新客户。

随着客户增多，企业品牌形象也越来越好。我建议他在产品定义、制造品质、供应链管理和品牌视觉方面发力以外，更重要的是放大“成交后的服务”这个点，特别是要围绕客户对产品的需求，甚至在工作生活中使用产品或和产品相关的需求，来丰富完善“成交后的服务”，让客户的购买使用体验实现“质”的飞跃。这样便能进一步促成客户转介绍，同时还能通过与客户的连接，及时收到客户的反馈信息，及时对产品、服务改进，满足客户的需求。

于是，围绕着放大“成交后的服务”这个点，为服务用户，专门成立了独立的新公司。通过在公司组建专业团队，对客户提供更全面、更个性化的专业服务，进一步提升客户体验。

为加大力度提升客户服务品质，新公司的工作主要围绕着以下几方面展开：

1.建立客户专属的服务“基地”

将每位到店客户引导到“VIP服务官”的微信上，通过一对一个性化的沟通或朋友圈互动，更深入地了解客户的生活工作状态，心理感受。

2.围绕客户工作生活，通过公众号进行内容推送

以职业女性为目标客户，包括初入职场的新人、快速成长的职场精英和久经沙场的职场老将，打造职场不同客户群体关注的不同内容。例如，大多职场女性都关注的服装搭配、简易妆容教程，甚至和恋爱生活、工作前途等相关的八卦娱乐星座等；职场新人比较关心面试如何能更顺利，如何快速融入团队、协调人际关系；成长中的精英更关注如何高效地“自我充电”等。以此提升客户黏性，增加复购率，同时让客户为我们传播甚至“代言”。

3.不定期策划各种惊喜回馈和感恩福利专属活动

即对客户提供个性化服务。比如，新公司曾在某客户的盛大年会上，安排专人对接，为客户团队提供同一风格不同款式的主题服装的“小组战队主题服装定制服务”，同时在公众号进行内容报道。

4.沿着客户的工作生活轨迹扩大产品线

提供的产品不再仅限于上班穿的职业装，而将其扩张至下班后的小礼服、运动装、包包、能量零食、日常保健……围绕着客户的日常生活轨迹，扩大产品线，逐渐从“经营产品”转型到“经营用户”。

“交易不是销售的结束，而是销售的开始”，只要坚持这个原则，用心服务，为客户创造价值，那么便无需追着客户销售产品，会有客户主动地过来找我们购买。

四、战略规划与预算管理决定了企业能否赚钱

战略规划决定企业盈利，战略规划决定企业如何赚钱，因此每个企业都需要战略规划，中小企业也不例外。由于传统心智模式的缘故，许多中小企业老板对战略规划的理解总是有偏差。他们通常认为赚钱只与销售部门有关，而从未想过企业赚钱与否决定于战略规划。

对于中小企业老板来说，战略规划就意味着长篇累牍的报告，因而只有大企业才能做，小企业做不来。大企业通常有专门的战略规划部门，为企业做出详尽的战略规划；中小企业的战略规划可由企业老板在高管等相关人员的协助下完成。事实上，战略规划的意义并不在于报告，而在于让企业老板们形成战略规划的意识，即愿意对战略进行系统性思考的思维习惯，并逐渐转化形成企业的一种特征。

也就是说，对中小企业而言，战略规划的真正价值在于理解和开发企业的战略。当有了这个目的时，企业老板便会组织团队对企业内部环境和企业外部环境（顾客、竞争对手、行业、政策等）进行深入调查、了解、分析与评估，进而确定自己的市场定位，制定出营销策略，最终才可能实现企业盈利。因此，中小企业家必须从心智模式上改变，提升战略规划的意识，并通过战略规划实现企业赚钱。

与此同时，实现企业赚钱，还需中小企业老板从心智上重视财务预算管理。绝大多数中小企业在发展的过程中，倾向于把关注点放在市场、劳动成本以及企业资金运转状况等，缺乏对财务预算管理的重视。然而，要实现企业赚钱，就要求企业把钱管理好、利用好，让企业资金充分发挥其该有的作用力。

屏蔽掉有可能赚钱的业务，专注做一定能赚钱的业务

企业怎么赚钱取决于公司的战略如何规划，不同的战略会给公司带来

不一样的盈利模式。战略规划不仅帮助企业解决创业初期的赚钱问题，还让企业在后续的发展中稳定、顺畅。没有战略，企业便不知道该如何赚钱，也无法确定该往哪个方向去。战略规划是一家企业成功必须要做的事，其意义是：为企业找出一个最好的未来，为企业找出达到这个未来的最佳途径。

很多中小企业家并不真正理解战略的真实含义。有人误把企业运营目标当作战略，有人会把灵机一动的想法当成战略，往往不能对战略概念进行正确解读。或者，有人认为战略规划没有必要，因为对于他们当中某些人而言，战略规划便意味着放弃，会让他们失去许多赚快钱的机会。

实际上，做战略规划并不会让他们丧失赚钱的机会，相反，是使他们实现赚钱的决定因素。战略的意义在于集中精力、资源做真正有效、持续赚钱的业务，而放弃一些易分散企业注意力，以及与企业业务领域不相干的事。

战略规划有利于帮助中小企业明确自己的战略目标，从而做到“有所为，有所不为”，通过将企业现有的资源聚焦在有前景、可发展的领域上，进而在该领域处于领先地位。企业做的每件事都是为未来而做，因而需要明确未来3～5年的战略，梳理3～5年间需要做的事情的先后顺序，确保其符合逻辑。企业只有通过明确的战略规划，才能让员工清晰今后企业的发展方向、发展状态，以及自己在企业中需承担的责任、职能，使得各部门配合更加默契、有效。

公司的战略规划不是盲目地策划，而是根据企业条件与市场状况，围绕如何实现战略目标，设计全面的、系统的企业运营策略。做战略规划时，需明确几点，即做什么、怎么做、为什么做、有没有能力去做，而非什么业务都去尝试。战略规划就是让企业避免去做“有可能赚钱”的业务，而是通过综合考量、分析企业内外情况后，专注做“一定能赚钱”的业务。这便是为什么说赚钱是由战略规划决定的原因。

该赚的赚更多，不该花的花更少

预算管理，就是把企业中的人、财、物、技、讯、时，转化为金钱做统一核算，确保在实施、完成公司战略与年度目标时，各部门是以成本、利润为核心执行工作计划的。

预算管理有两个重要的关注点：

（1）开源，即增加收入。主要靠业务部门扩展销售渠道、开拓新业务等方式。

（2）节流，即控制费用。节流需要每个部门的支持和参与，削减开支、节约成本。如通过减少物资采购成本、严格把控办公行政费用、精简运作部门等措施。

中小企业资源有限，需要很多投放好、效果好的思维及方法，尤其是绝大部分中小企业老板没有财务管理的背景。因此，预算管理对中小企业显得尤其重要。预算管理没做好，往往就是很多企业做得辛苦而没有钱赚的原因。

做好预算管理，就必须对企业各部门采用不同的管理方式。按功能分配资源，以“人”为单位，即我们所讲的“部门”。

企业里的部门可分为四类：

类　别	预算管理	运营管理
创收类	1. 不少于周、月、季度目标，密切关注；超标部分递增式丰厚奖金	每周讨论： 解决问题、提升能力、市场变化、趋势迹象
预创类	1. 建立成效量化机制，超标部分丰厚奖金 2. 部门行政支出、项目预算管理制度	1. 配合企业愿景设定目标 2. 预创类部门目标需先于企业目标 1~3 年
服务类	控制费用不超标，省下部分丰厚奖金	顾客满意度作为绩效考评标准
支援类	控制费用不超标，省下部分丰厚奖金	内部顾客满意度是绩效考评标准

每个企业针对自己的实际情况，预算管理方式可能不尽相同，但有一条基本法则需要记住：该赚的赚更多，不该花的花更少。当把预算管理做好，企业短期与长期目标的实现便有了强有力后盾，这也是为什么会有“赚不赚钱，全凭预算员”这句话，可见预算管理的重要性。

【瀚霆方法论】战略规划与预算简表

很多中小企业老板对战略规划和预算管理的认知存在误区，认为它们过于复杂，只有大企业能做，中小企业做不来。事实上，战略规划与预算管理并不难。做战略规划要提炼战略要素，依据战略要素，做出预算。

在此，我结合曾经的企业管理咨询同事，资深财务专家贾卒的专业研究，附上一张简明战略规划与预算表供各企业参考。

××公司××××年度简明战略规划与预算表

序　号	战略要素	战略规划	年度预算	时　间	行动措施	责任人
1	战略目标			季度 1		
				季度 2		
				下半年		
2	发展规划			季度 1		
				季度 2		
				下半年		
3	商业模式			季度 1		
				季度 2		
				下半年		
4	投融资规划			季度 1		
				季度 2		
				下半年		
5	市场规划			季度 1		
				季度 2		
				下半年		

续表

6	产品规划			季度 1		
				季度 2		
				下半年		
7	运营规划			季度 1		
				季度 2		
				下半年		
8	人才规划			季度 1		
				季度 2		
				下半年		
9	薪酬激励			季度 1		
				季度 2		
				下半年		
10	盈利分配			季度 1		
				季度 2		
				下半年		

如上表所示，我列举了10项战略规划的主要要素，每项内容的具体含义如下：

（1）战略目标。战略目标是对企业生产经营活动需要达成的效果的设定。战略目标的设定，也就是企业愿景的展开和明确化，具体内容包括总体目标、目标体系（包含各项关键目标：质量、产量、财务、投资、市场占有率、品牌等多个方面）、各业务目标（分业务板块的指标体系）、分年度目标（各年度的指标体系）。

（2）发展规划。发展规划是基于战略、为落实战略而实施的年度性的工作规划。其具体内容包括业务发展规划（核心业务、重点业务、普通业务的划分）、业务规划策略（发展策略、稳定策略、退出策略）、各职能发展规划（财务、营销、技术、信息化、人力资源等规划）。

（3）商业模式。商业模式即盈利模式，也就是企业通过什么方式或途径赚钱。商业模式具体包括企业生产何种产品，提供何种服务，选择何种定位，采用何种供应链，以及如何生产、经营、销售等。注意，商业模式需体现出企业能为客户创造的价值，以及可持续盈利的可靠性。

（4）投融资规划。企业投融资规划需立足于提高现金流的创造能力，以现金流价值分析为核心，对资金成本、财务杠杆与资产结构进行全方位的思考。

（5）市场规划。市场规划指企业通过对外部环境与自身条件的分析，找出自己的优势所在，从而进入市场的一系列规划活动。也就是说，市场规划就是企业优势的规划，包括价格优势、技术优势、服务优势、渠道优势、促销优势、区域优势与物流优势等。企业需对自身优势清晰了解，才有可能做出合适的市场规划。

（6）产品规划。产品规划主要包括对产品功能属性的确定、目标客户群的调查与定位，以及产品卖点的构思与设计。只有做好以上三方面的规划，才能得出清晰的产品开发战略，才能做出真正能够满足目标客户的产品，有助于企业在市场竞争中占据有利地位。

（7）运营规划。运营规划是为实施战略目标，而从时间与空间上对各种资源进行调配与统筹的规划。其具体内容有：分析企业现状、分解企业目标、设立行动计划、合理调配资源与制订检视计划。

（8）人才规划。人才规划是基于企业的未来发展需要，根据发展规划，对企业的岗位编制、人员安排配置、员工能力培训、人才资源管理制度、人才招聘等内容进行的规划。

（9）薪酬激励。包括现金性薪酬，如工资、奖金、补贴等；以及福利性薪酬，如保险、职业培训、企业文娱活动、奖品等。

（10）盈利分配。盈利分配包括对公司股东、管理层人员和各部门员工的利益分配。盈利分配规划可从三个方面入手：内部员工持股、年末利润分成与职业年金制。只有做好盈利分配规划，才能确保企业各个利益方的利益，从而使得员工真心愿意付出，为企业创造价值。

经上述步骤将战略规划细化之后，再根据细化内容做出年度预算。年度预算分三个方面：经营预算、投资预算和财务预算。

1.经营预算

经营预算是指企业一切基本生产经营活动的预算，包括成本预算、采购预算、生产预算、销售预算、管理预算、办公行政预算等。这些预算中最关键的是销售预算，它是企业整个预算管理的基础。有不少的企业在没有做好销售预算时，试图通过费用预算以控制成本和费用。事实上，这是无法为企业带来效益的，甚至还会造成相反的结果。

2.投资预算

投资预算又叫资本预算，是企业为得到更好发展而做出的资本支出计划，如对项目的购置、扩建、优化和更新。投资预算应与企业战略和长期计划紧密联系，需明确表明企业投资的时间、金额、收益回报、回收期、资金筹集和现金流。

3.财务预算

财务预算是指企业在预算期内反映有关预计现金收支、经营成果和财务状况的预算。它反映了各项经营业务和投资的整体预计情况，即总预算。具体而言，财务预算主要分为五个方面。

（1）现金流预算，反映的是预算年、季、月度预计的企业现金收支的详细情况。现金流预算是操作相对困难，但对企业发展尤其重要的预算。一个财务部门是否具备强大的现金筹划质量，从其是否能够做好现金流预算便可看出。

（2）预算利润表，反映的是企业在预算期间生产经营的财务的综合情况，是预计企业经营活动成果的重点。其中，利润预测分析表，又称总指标预算测试表，是企业盈利预算的重要依据，也是企业预算总指标设计的起点。

（3）预算资产负债表，呈现的是企业在预算期末需要达成的资产质量状态。预算资产负债表是检验预算编制最后能否合拢的标志，预算资产负债表是否平衡，反映预算编制的质量是否合格。

（4）预算现金流量表，根据利润预算、投资预算及有关资料编制，反映企业在预算期内的现金流量情况。

（5）预算合并财务报表（尤其针对集团企业而言），是企业全面预算的重点，反映的是整个企业在预算期内的预算现金收支、经营成果和财务状况。

企业在做预算时切记将以上三个方面结合起来，以做出全面预算，并保证企业在计划期间，从各个环节对其全程监控与执行。如果某一过程出现问题，那么就会影响企业目标的实现，更谈不上为企业带来盈利了。

战略规划和预算管理才是企业赚钱的决定因素，中小企业应加大对战略与预算的关注力度。做好它们并不复杂，只要参照以上的《××公司××××年度简明战略规划与预算表》，并结合企业实际情况，做出清晰简明的规划，那么实现盈利就不是什么难事了。

五、顾客决定你如何赚钱

一个企业的利润来自于顾客。当企业能够为顾客创造价值时，顾客便自然会用钱来交换价值。因此企业想要实现赚钱，必须树立以顾客为中心的心智模式，形成以顾客价值为中心的企业运作系统，通过深入分析顾客购买过程，以求真正了解顾客想要的价值是什么，并进行满足，促使他通过购买行为与企业达成价值交换。

如何赚钱

顾客购买过程，其实也是顾客消费行为产生、抉择以及最后做出决策的全过程。顾客之所以会购买某样产品，源自于其需求，而顾客的购买过程，就是一个出现需求、满足需求的过程。对顾客购买过程进行分析，有助于帮助企业真正了解顾客需求，深入洞察顾客潜在的购买情况，得知哪些产品顾客是满意的、哪些是顾客喜爱的、哪些是顾客不喜欢的，同时找出最让顾客头痛与最让顾客感觉舒服的环节。这样一来，企业便能清晰知道在生产经营活动中哪些方面需要改进、调整，哪些方面需要维持、发扬，以让顾客满意，提高企业效益。

传统的交易模式下对顾客购买过程的分析主要体现为以下六步：

（1）顾客有需求：是什么？何时有？当什么情况出现时会忽视需求？需求的精准定义是什么？

（2）找到你：顾客在哪里找到你？如何找到你？为何找到你而不是你的对手？如何让他更容易找到你？

（3）感兴趣：顾客对你感兴趣的是什么？为什么他对你而不是你的对手感兴趣？如何让他更感兴趣？如何让他感到非你不可？

（4）了解你，并且满意：顾客想怎样了解你？你用什么方式、工具介绍你自己？如何让顾客更容易、更快、更充分地了解你？让顾客满意并进而购买的原因是什么？

（5）购买、付款：顾客用什么方式购买？有多少种选择？如何让顾客轻易、简单地购买？购买的方式可以更简易方便吗？

（6）交付、收款：你用什么方式完成交付？如何能更迅速、简单、方便？如何让顾客对交付服务更满意？收款能否更安全快捷？

通常，传统的交易模式到此结束，企业与顾客的关系在交付环节便终止了，没有通过高质量的服务获取更多客户。新时代的中小企业应该更注重后六步：

（7）跟进：跟进是了解顾客购买过程中的感受、体会，顾客使用产品反馈的最好方式。保持与顾客之间的连接，让企业更好地了解顾客的需求、购买后的产品使用情况、使用感受和心态变化，从不断的跟进与沟通中，达成复购。据美国专业营销人员协会报告显示，80%的销售是在4 ～ 11次跟进后完成的。

（8）客服：客服也就是我们常说的售后服务。很多人误以为售后服务就是打打电话，上门维修，殊不知，这仅仅是客户服务的冰山一角。真正的客户服务是在顾客购买了产品、服务之后，企业对其的延续服务。真正的客服要求企业在顾客使用产品的过程中，给顾客提供咨询服务，成为其产品使用顾问，解决其在产品使用中出现的问题。

（9）回馈：回馈包括两方面，一是企业对顾客的回馈，通过一些简单的动作便可以完成，如对交易过的顾客赠送小礼品，不定期发送企业推广活动信息，赠送折扣、优惠等。二是顾客对企业的回馈，包括客户对产品的具体反馈，如质量、包装、服务态度、物流服务与售后服务等。

（10）再购买（重复购买）：企业通常都非常重视新客户开发，提高市场占有率。老客户往往被忽略，而老客户恰恰是已经消费过产品，对企业有信任度的群体。维护好老客户，既可以通过老客户重复购买提升复购率，还可以通过老客户的传播提升品牌度。

（11）分享创造新顾客：人的分享是一种本能，一旦顾客认可了产品和服务，就希望与他人分享。对企业而言，这就多了一个创造新顾客的途径，并且这个途径是成本最低，见效最快的一个。

（12）共享共创：拓展新业务、与顾客共享成果，忠诚顾客发展成为合作伙伴。积木玩具公司乐高便是鼓励顾客与之共享共创的一个典型。乐高鼓励顾客发挥自己的创造力，参与模型设计。乐高从这些设计中挑选出优秀的作品作为备选方案，最后由消费者投票选出最佳方案。最佳方案的获奖者不仅可以看到自己设计的产品在市面上亮相，还可得到销售额5%的利润。顾客不再仅仅是乐高单纯的消费者，而是在这个合作设计产品的过程中，发挥了自己的创造力，贡献了独特的力量，因此自然而然会卖力地推广产品。

通过以上步骤，企业就可以寻求机会不断创新。例如“小米”，通过搜集顾客想要的产品，再根据顾客需求进行产品研发。传统交易，企业根据自己的经营策略，生产出有利于自己的产品，推向市场向顾客进行售卖，而现在是顾客决定企业生产什么、以什么赚钱。

假如企业能认真地、深入地研究顾客购买环节的每个细节，就会很容易找出进步突破的地方，如提高效率，减少出错，降低成本，发展竞争优势，发现隐藏商机。如此一来，企业赚钱便成为一件自然而然的事情。因此，企业赚钱不能忽略、脱离顾客，顾客决定企业如何赚钱。

把钱放在哪里

这是一个消费者至上的时代，传统的卖方市场为主导的局面正在逐步瓦解。身处瞬息万变的市场环境，要令企业处于不败之地，本质仍需回归到消费者，围绕消费者的需求展开资源投放与生产经营活动。

事实上，企业所有的计划，都是凭借主观做出来的，这是必然的。但是，当事物发展不符合计划，旧的心智模式容易使我们维持主观而忽视现实情况，往往把自己误导到盲区与辛苦的地方去。这时，不妨跳出来，听听、看看你的顾客怎么想，他们想要的产品是怎样的，从而把资源投放到最有机会的产品上。

例子：年初计划，今年的业绩主要来自于一个新系列，内含四个产品，销售目标分别是（×万元）。

产　品	计划业绩	9月中累积业绩
A	1200	490
B	1200	790
C	800	980
D	800	690

假如你是企业的老板，手上有宣传推广预算50万元，你会怎样用？

如果我们习惯于看着计划来做事，会坚持应该维持计划，则把预算放在进展比较慢的A、B两个产品；而事实上，顾客已经用钱包投票，告诉了你他们更喜欢的产品是哪一个。这样一来，维持原来的“产品结构比例”就显得毫无意义。因此，正确的做法是，根据顾客真正想要从企业得到的，合理配置资源，把预算的80%投放于产品C，20%投放于产品D。这样一来，才有可能夺得市场资源，赢得消费者的青睐。

一个中小企业老板每天做很多的决定，如何确保做的选择对的多，错的少呢？那就是一切从顾客出发，坚持企业是为了顾客而存在，企业的意义是为了带给顾客价值，而不是一味为了维持而维持以前的计划，错过商机。明确做企业是为了未来，在三层世界的系统层面坚持这个方向，会让选择更加容易和准确。

【瀚霆方法论】购物路径

要令企业立于不败之地，本质就是回归到消费者，围绕消费者的需求展开各种活动。的确，假如企业都能做到认真深入地研究客户购买的每个环节和细节，就能轻松找出客单价和销售额提升的突破口，同时还能提升效率、降低成本。

在我的顾问服务中有一个常用的方法和工具——购物路径，即结合产品和目标消费者精心设计购物路径。

“购物路径”也叫购物动线，是源于建筑学和室内设计领域的说法，指的是人在一个空间里所有移动线路的总和。通俗地说，购物路径的设计，就是商家通过有意识地干预消费者的行走路线，以影响其最终的购买决策。比如，我们线下逛的商场，或者线上逛的淘宝、天猫店铺，但凡会出现“买到停不下来”现象的，其实都是经过商家精心设计过的。购物路径的设计，能够以最有效和最高效的方法，将符合市场需求的商品及商品结构，展示给消费者，以此实现经营效益的最大化。

结合线上、线下两个部分，我向大家讲述如何设计购物路径，以及设计时需要关注的点。

1.线下部分

相信大家在购物时都曾经出现过这种情况：原本去超市只想买支牙膏，结果结账的时候什么都买了，偏偏牙膏没买；明明去宜家只想逛一逛、看一看，结果不知不觉购物车上放满了家居小物件。这就是“购物路径”设计的巧妙之处。

一般线下的购物路径设计都绕不开以下几点：

（1）路径的长度：尽可能让消费者在空间里停留时间长一些。

其实，宜家的路径设计也曾遭过一些客户吐槽，认为过长而影响他们前进的速度，有时想买一个打折的抱枕得穿过好长一段路。但是，宜家选择的是“让大部分客户满意就好”的方案。通过设计足够长的路径，在过程中不断设置吸引客户制造小惊喜的“磁石”。比如体验区、特价商品、季节商品等，像一只隐形的手，让客户跟随它所设计的路线不断在它希望的区域来回徘徊，提高回游性，以提高客户购买的可能性。

（2）停留率：通过提升徘徊时间诱导客户产生“计划外购物”行为。

这是完成路径长度设计后需要思考的第一件事。客户在每个“磁石区”里会停留多久？在通道和通道间、货架上陈列哪些商品会更有效地刺激客户发生计划外购买行为？还需要出现哪些POP等辅助提高这个行为发生的可能性？

（3）注目率：即客户浏览商品的概率。

客户经过时，区域内的商品能多大程度被看到？如何才能保证“被看到”？

（4）促销信息适当曝光（如捆绑式或组合式），让客户买得更多。

有时甚至会通过价格信息的巧妙设置对比，令消费者尽量购买价格更高的产品。

……

2.线上部分

随着互联网的发展，各大电商平台崛起，提供了消费者能够利用碎片化时间购物的机会。因此，和线下“拉长停留时间以提升购买概率”的方法不同，线上购物路径要求更加简单便利，以方便消费者速战速决。如果让消费者停留太久、思考太多，那么客户流失率就会加大。

线上购物路径大致分为这几个部分：用户进入平台首页，通过搜索、类目或促销信息来到商品详情页，浏览详情页时有可能发生购买行为，进入结算环节，离店。而详情页浏览环节，是促成消费者购买的最佳环节，也是整个线上购物路径最需要设计的部分，也就是电商所说的“产品详情页设计”。

线上购物路径和产品详情页的设计，其实只需一个法则——“艾德马法则”（AIDMAS）。通过引导消费者心理发生变化，引起他们购买的冲动，从而影响购买决策。这个法则也符合客户从见到产品到决定购买的普遍心理活动历程。

AIDMAS法则的含义：

A（Attention）：引起注意。进入产品介绍页面的那一刻，一定要设置能吸引客户目光的“引子图片文字”，或好奇或惊艳，令他们有继续看下去的冲动。

I（Interest）：产生兴趣。随着页面向下，要有产品卖点、亮点来唤起客户对产品的兴趣，告诉客户为什么要选择你，给他们一个“购买的理由”。

D（Desire）：培养欲望。运用超强场景感的图片，令客户产生“代入感”，唤起购买欲。

M（Memory）：形成记忆。感性牌——直达目标客户的内心渴望，或者产品的细节图——打消客户顾虑，强化对产品的好感与信任。

A（Action）：促成行动。沟通直接促成购买。

S（Satisfaction）：达到满意。客户完成购买行为后，提供服务，提升满意度。

以上便是我在实战中总结出来的，关于购物路径设计的基本方法。各企业可根据自身具体情况，在每个环节步骤设置具体内容。但有一点需要注意的是，不可以牺牲客户体验的代价去追求所谓的“理想购物路径”，而应自始至终站在让客户获得更大的满足感和购物体验的基础上进行设计。

六、企业与摊贩的区别

摊贩，顾名思义，指的是摆摊做买卖的小贩，也就是我们说的小生意人。摊贩通常无固定经营门店，具有高度的自由与流动性。

企业，是有着特定的经营宗旨、经营目标，通过一定的方法、步骤对各项资源进行整合利用的经济组织。

对待赚钱的不同心智模式，决定一个组织到底是一家真正的企业，还是一个小摊贩。

只会赚钱，没有愿景的是摊贩。摊贩每天早上4点钟去批发市场买菜回来摆卖，到了下午5点钟卖完了，点算一下今天赚了多少，再想想明早应该卖白菜或改卖苋菜会多赚一点。他们的关注点放在目前的存活问题和收支问题上，对未来没有概念与计划。

而企业是有愿景的，企业所做的一切是在不断地积累人、能力、资本和资源。但凡成功的企业，无一不源自于一个良好的愿望，如微软公司想让每个人都拥有一台计算机，迪士尼公司想让自己成为全球的超级娱乐公司，沃尔玛要打造大众喜欢的平价商店，这就是最原始的企业愿景。

假如一个企业只为多赚一点，会“逐钱”前行，不断改变方向，没有累积性效益，无法发展出竞争优势、品牌效应等，只能永远是摊贩。

战略规划是真正判断一个企业与摊贩的区别所在。摊贩每天的所作所为都是为了眼前的利益，什么好卖就卖什么，因此缺少规划和策略。企业的存在，说到底是为了满足顾客需求，而满足顾客便要求企业做好战略规划。

真正的企业需要战略规划，战略规划是为企业找出一个最好的未来，以及找出达到这个未来的最佳途径。当有了战略规划，企业便能发现行业变化的大趋势，而且能够在这个大趋势中有效调配各项资源，如人力、物力、财力，以实现目标。

首先，战略规划帮助企业实现盈利。企业赚钱离不开良好的战略规划，只要做好战略规划，把焦点放在真正给顾客带来价值，同时保持具有专业水平质量的产品和高满意度的服务，“钱”便自然而来。

其次，战略规划确保企业合理分配资源，在竞争中发挥优势。中小企业资源有限，需要投放少、效果好的思维与方法，而做好战略规划，能让中小企业做到知己知彼，不盲目模仿大企业，而是找出自己的优势，从而发挥优势，走向更好的未来。

相反，摊贩易受到淘汰，准入门槛低，就是“咪兔”（Me-Too）型企业，竞争因而激烈。当所有人都可以去卖菜时，你就变得可有可无。如此一来，当巨头出现时，一把火就能让几千家该种类型企业关门。比如当年淘宝出现，使李宁线下6000多家门店一年之间关了2000多家，这便是血淋淋的割喉战例子。

摊贩没有未来，也难以有未来。维持一个旧的模式，从未想过未来的“咪兔”企业就是下一个被淘汰的对象。

【瀚霆方法论】企业家要有愿景和使命

判断一个组织是摊贩还是企业，关键看其是否只会赚钱；只会赚钱的是摊贩，而不是真正的企业。我认为，这个标准同样可用于衡量一个人到底是生意人，抑或真正的企业家。事实上，生意人就是摊贩，一心只为赚钱而做生意；而企业家是指组织、管理企业，并为企业风险承担责任的人。

一个企业家与生意人最大的不同是兴趣。企业家的兴趣不仅仅只是限于赚钱，而是要实现梦想，并通过经营企业为消费者、行业、社会、国家，甚至整个世界，创造更多更美好的东西。因此，企业家相对于生意人而言，往往更具激情与创造力。这也是一个企业家与生意人最大的不同之处。

生意人的思维模式、行动举措都是围绕着赚钱；而企业家们是拥有愿景使命的。企业家的所思所想所为都是基于创造价值，通过为他人带来价值来实现自己的价值，因此他们的激情不仅仅是为了赚钱或盈利而已。真正的企业家都是具有使命感的个人，是具备强烈意愿为他人创造价值而经营企业的个人。

可见，生意人跟企业家，呈现出来的是完全不同的心智模式。生意人表现出的是一种为自己赚钱、获得实际盈利的心智模式，而企业家具备的是一种通过为他人创造价值，而获得经济利益回报，与内心成就感回报的心智模式。心智模式的不同，源自于是否拥有愿景、使命与目标。

“愿景”这个词已经成为企业领导者所必需的一种职业期许。愿，就是心愿，景就是景象，愿景就是一个预见未来的美景，这个美景给人动力去做一件事情。企业愿景在20世纪90年代开始盛行，并风靡一时。它是企业领导者对企业前景和发展方向的一种高度概括，是描绘企业期望成为什么样子的一幅图景，即企业最终想实现什么、成为什么，是一幅充满激情的“巨大的画面”，是推动企业超越环境的巨大动力。

愿景，是要有阶段性的，即你的企业五年、十年、二十年后会是一个怎么样的激动人心的景象。明年业绩涨20%～30%，五年翻两番等不是愿景，是目标。一个真正伟大的企业愿景应具备四个基本特征，即给企业相关利益者带来强烈的画面感：意愿的期许、未来的景象、更大的系统、归属的世界。

伴随“愿景”出现的一个词，叫“使命”。

使命是企业组织成立的目的和存在的原因，主要解决的问题是如何创造价值并实现愿景。比如，企业存在是为了“提供什么”“创造什么”“完成什么”“实现什么”。在实现愿景的路上，企业扮演什么角色，这属于

“使命”的范畴。一个真正伟大的企业使命应具备四个基本特征，即给企业相关利益者带来强大的力量感：特殊的贡献、价值的方式、重要的任务、行动的范畴。

我们可以从以下四个维度来理解和区分愿景与使命。

1. 从概念定义上来说

使命，是企业在社会经济发展中所应担当的角色和责任，是指企业的根本性质和存在理由。

愿景，是企业领导者对企业前景和发展方向的一个高度概括的描述，描绘了未来的管理抱负及战略进程和长期方向。

2. 从时间维度来分析

使命，是公司存在的理由，是解决公司存在与否的问题。

愿景，是企业发展前景的描绘，是在企业已经存在的前提下，进一步的演绎。

3. 从功用上来说

使命是企业应承担的社会责任，回答的是“做什么”。

愿景体现的是公司在某个区域、行业中的地位，回答的是“希望成为什么”。

和愿景使命同步出现的还有核心价值观，核心价值观是用来凝聚人心、判断是否做、指导行为的，回答的是“应该怎么做”。

4. 从构建维度上来说

愿景：地域、行业、地位、特定的角度等。

使命：价值、产品、客户、社会、员工等。

目标，是指将愿景使命转化为企业经营阶段性要达成的指标和目的，是对愿景使命的具体化。

事实上，从生意人到企业家，其实只有一步之遥，中间的区别就在于有无愿景、使命。

如果你是一名企业家，并拥有企业家的心智，那么你的愿景、使命是什么呢？

小　结

1. 新时代中小企业家要从心智模式上开始改变，需要意识到企业收入并非由销售部门创造，而是由企业战略规划、经营管理和财务预算等决定的。

2. 钱是商品交易发展的产物，是价值交换的媒介。钱，归根结底，是产品、服务和价值交换的媒介。

3. 对于企业而言，当其价值能在顾客身上得到呈现时，对方便会主动把钱递过去。因此，企业的重点不应放在“钱”上，而应放在如何让顾客对你的产品有需求，并且让他感觉你的产品就是他想要的，从而自然而然地愿意用手中的钱来换取你的产品。

4. 做企业正确的做法是，让自身的价值在顾客身上得到呈现。因此，赚钱不能是企业的目标，只能是结果。仅仅盯着钱的企业往往赚不到钱，因为利润是满足顾客的需求之后顺带的结果。

5. 用业绩论功行赏至少有三个不良后果：（1）埋没、错失难得的人才；（2）做少的可能远高于做多的；（3）专注在达到目标所需的能力方法上，而忽略错过远比目标更大的机会。

6. 绩效考评主要分为四个导向：效果导向、过程导向、能力导向和竞争导向。一个有效的绩效考评制度，必须是四个导向相结合思考的考评制度。企业不能仅采用单一的方法，而应根据不同岗位、不同阶段、不同环境、不同条件、不同目的，选择不同的考核方法。

7. 销售就是帮助顾客清楚了解他真正需要的是什么。销售是让顾客感觉你的产品、服务最能满足这份需要。

8. 首先，销售人员应具备良好的专业知识，卖的是自己的外在形象、气质、谈吐与礼仪，还有真实、多面的自己。其次，销售人员卖的是企业与品牌。最后，销售人员卖的是产品与服务。

9. 销售的三层境界：（1）物有所值：付出100，得到100；（2）喜出望外：付出100，得到120；（3）意外惊喜：付出100，得到“120+”。

10.“交易不是销售的结束，而是销售的开始”，只要坚持这个原则，用心服务，为客户创造价值，那么便无需追着客户销售产品，客户会主动过来找我们购买。

11. 战略规划的意义并不在于报告，而在于让企业老板们形成战略规划的意识，即愿意对战略进行系统性思考的思维习惯，并逐渐转化形成企业的一种特征。

12. 战略规划是一家企业成功必须做的事，其意义是为企业找出一个最好的未来，为企业找出达到这个未来的最佳途径。

13. 战略规划就是让企业避免去做“有可能赚钱”的业务，而是通过综合考量、分析企业内外情况后，专注做“一定能赚钱”的业务。

14. 预算管理，就是把企业中的人、财、物、技、讯、时，转化为金钱做统一核算，确保在实施、完成公司战略与年度目标时，各部门是以成本、利润为核心执行工作计划的。

15. 预算管理有两个重要的关注点：（1）开源，即增加收入；（2）节流，即控制费用。

16. 企业里的部门可分为四类：（1）创收类；（2）预创类；（3）服务类；（4）支援类。

17. 战略规划的10项主要要素：战略目标、发展规划、商业模式、投融资规划、市场规划、产品规划、运营规划、人才规划、薪酬激励、盈利分配。

18.年度预算分为三个方面：经营预算、投资预算、财务预算。

19.顾客购买过程十二步：顾客有需求、找到你、感兴趣、了解你、购买付款、交付收款、跟进、客服、回馈、再购买（重复购买）、分享创造新顾客、共享共创。

20.购物路径的设计，就是商家通过有意识地干预消费者的行走路线，以影响其最终的购买决策。

21.线下购物路径设计的要点：路径的长度、停留率、注目率、促销信息适当曝光。

22.线上购物路径“艾德马法则”（AIDMAS）：引起注意、产生兴趣、培养欲望、形成记忆、促成行动，达到满意。

23.战略规划是真正判断一个企业与摊贩的区别所在。战略规划帮助企业实现盈利，确保企业合理分配资源，在竞争中发挥优势。

24.维持一个旧的模式，从未想过未来的“咪兔”（ME-TOO）企业就是下一个被淘汰的对象。

25.衡量一个人到底是生意人，抑或真正的企业家，关键看其是否只会赚钱。事实上，生意人就是摊贩，一心只为赚钱而做生意；而企业家是指组织、管理企业，并为企业风险承担责任的人。

26.真正的企业家都是具有使命感的个人，是具备强烈意愿为他人创造价值而经营企业的个人。

27.一个真正伟大的企业愿景应具备四个基本特征，即给企业相关利益者带来强烈的画面感：意愿的期许、未来的景象、更大的系统、归属的世界。

28.一个真正伟大的企业使命应具备四个基本特征，即给企业相关利益者带来强大的力量感：特殊的贡献、价值的方式、重要的任务、行动的范畴。

第五章　发展心智

企业做任何事都是为了未来。一家企业之所以存在，必然是为社会提供了某种需要的产品或服务，即创造了价值；当下企业的同质化现象越来越严重，企业要想生存下去，要想发展壮大，就必须思考未来：是固守不动、随波逐流，还是找到突破点、逆流而上？要想在激烈的市场竞争中脱颖而出，必须快人一步。也就是说，企业做的任何事都要着眼于未来，不是现在，更不是过去。

只有着眼于未来，才能有未来。传统的心智模式习惯于用过去和现在的思维看未来的发展，比如用自己的经验或别人的故事为企业规划未来；但是，时代更迭，传统的思维已经跟不上时代发展的步伐了，再用以前或现在的眼光去描绘未来，很可能是要失败的。在新时代下，企业家必须具备用未来的眼光看现在的心智模式，把大部分的精力放在对未来的把握上，才能在现阶段做出正确的抉择，让企业在未来的竞争浪潮中屹立不倒，甚至把握机遇，茁壮成长。

其实，关于企业的发展和未来，无外乎两点：一是产品或服务的未来，即企业为社会所提供的价值；二是企业自身的未来，即企业该往何处去。这是关乎企业生死存亡的关键。因此，问题来了，产品或服务的未来在哪里？企业的未来是怎样的？怎么做才能找到企业的未来？

当理清这一系列的问题之后，就知道该从何下手，一步一步为企业找到未来和发展的方向，并且为之制定相应的规划去努力。

一、产品的发展与未来

产品是一个企业的核心，没有产品，企业就如无根的大树，失去根基，难以成长。然而，只要是企业，必然缺乏资源，这就要求企业必须把有限的资源集中分配到最能带给企业利润的产品上，使企业在竞争中处于有利地位。作为新时代企业家，在面对瞬息万变的市场需求以及消费体验的不断升级时，必须对现有产品进行不断的提升、改进，同时持续推出新产品，调整产品线和产品链，方可让企业适应变化，在变化当中稳住阵脚，不断发展。

有形、无形的产品

对企业而言，“产品”是指能够为企业带来收入的有形或无形的事或物，也是企业赖以生存和发展的基础，企业的兴衰存亡与产品是否能够获得市场喜好紧密相关。基于企业性质不同，其产品所呈现的状态也不一样，产品大体上分为两种——有形的和无形的；我们习惯于把有形的称为产品，无形的称为服务，这里统称为“产品”。企业无偿提供的物，这里称为“赠品”；无偿提供的事，这里称为“服务”。赠品及服务存在的理由都是为了直接或间接促进产品的销售。

对现有产品的优化

产品优化离不开研发

产品优化是为了让现有产品得到更大的价值，为消费者带去更高的使用价值。产品优化有助于企业对产品的各个流程进行梳理，从而提高生产质量、改善顾客服务，最终实现企业高效运行。

产品的优化、发展离不开研发。研发不一定是指开发新产品，只要是针对现有的产品，不管是在产品销售、生产模式还是顾客服务等环节进行改变，都属于研发的方向和目标。

具体而言，对现有产品的优化，可通过对产品的结构或流程细分：

（1）分析每个环节或组成部分，找出哪个环节或组成部分是顾客最喜欢的、最愿意付钱购买的。

（2）哪个环节或组成部分是顾客感到最麻烦、最不想要、最不喜欢的。

（3）哪些是顾客觉得不需要的。

（4）哪些顾客想要但你的产品无法提供的。

……

只要你有研发能力，便能够不断地把这些找出来，并且对顾客不喜欢的、感觉麻烦的进行修正和改善，对他们喜欢的进行加强、提升，那么你便会在不知不觉中超越对手。

产品优化离不开对未来客户的发掘

产品，归根结底是用于满足顾客某种需求、欲望的事物。因此，顾客的需求就是产品优化的方向。想要挖掘出顾客需求，让顾客满意，就需要得到以下几类人的帮忙。

1.接触顾客的一线员工

一线员工主要包括销售、接待、客服、投诉处理员等。

顾客作为企业最重要的资源之一，是企业实现价值创造的关键因素。作为面对顾客的一线员工，具有直接与顾客接触，及时了解顾客需求的得天独厚的优势。

首先，一线员工可立即洞察到不同顾客的不同需求，进而反馈给企业，从而为顾客提供、创造个性化服务。

其次，一线员工能够对不同时间、不同地点的差异化顾客信息进行整合，集中提交给企业，为企业的生产经营活动提供有效的调整、改进依据。

再有，一线员工能够及时与顾客保持紧密联系与互动，通过深入了解顾客关于产品与服务的体验感受等信息，帮助企业更加准确地挖掘顾客的真实想法，从而找到产品优化的方向与突破点。

一线员工应该提高顾客意识，鼓励并且重视顾客提供关于需求的信息、关于现有产品和服务的反馈，从而帮助员工和企业更好地掌握顾客需求，以促进产品和服务的改进、优化。

2.终端使用者

终端使用者主要有两类：付钱的人与使用的人。

以经营幼儿园的企业为例子，家长是付钱购买教育服务的人，而真正使用教育课程的人是小朋友，因此要不同对待这两类顾客。

一方面，企业的课程项目需要以孩子为中心，改进、研发有助于孩子学习的益智课程，同时需要设计科学有效的活动项目，促进孩子快乐健康成长；同时，还需关注孩子的心理健康，培养孩子的自信心、勇敢、耐心以及沟通协作能力，真正促进孩子的全面发展。

另一方面，家长作为买单者，直接决定了孩子是否在你的幼儿园上学。如今的家长，对孩子的教育越来越重视，对幼儿园提供的教育服务标准的要求也越来越高。假如一个幼儿园提供的课程项目或活动项目无法让家长安心、满意，那么这个幼儿园便不能赢得家长的心，迟早会遭受淘汰。

因此，幼儿园只有深度了解孩子及家长，提供让孩子快乐成长，家长放心满意的服务，才能建立起认同感，才能让幼儿园立于不败之地。

3.神秘顾客

神秘顾客是指第三方的人员，受企业所托，以普通顾客身份，到企业的销售点或服务点，进行产品购买、服务体验与业务咨询等行为，抽查销售、服务人员的真实表现，记录购物、服务流程与体会等，最后将信息完整反馈给企业。神秘顾客与企业以及受访的终端没有相关联系，因此能保证反馈信息公正，是帮助企业发现产品体验过程中的不足的一种有效方式。

神秘顾客以中立的身份，能在购买商品和消费服务时观察到企业人员最真实的工作状态，并能感受该种状态给顾客带来的感受好坏，信息反馈给企业后，有利于促进企业对员工服务水平的提高。神秘顾客作为一名普通的顾客，也能够站在顾客的立场与角度，及时发现、改正产品中的缺陷，对产品进行调整、优化，提高顾客满意度，以留住老顾客，发展新顾客。

4. 未来顾客

未来顾客即现在还不是你的顾客，将来会成为你的顾客的人。

同样以经营幼儿园的企业为例子。对于这些企业而言，正在怀孕或刚生完宝宝的年轻妈妈就是未来的顾客。这个群体现阶段的需求也许主要表现为对孕期知识、哺乳知识与婴儿健康知识的需要，对幼儿园服务还未萌生需求，但随着小宝宝一天天地成长，始终会出现受教育的需求。因此，在日常的幼儿教育课程之外，企业不妨专门针对这个群体，另外安排一些现阶段她们关心的课程或讲座，吸引她们到幼儿园来。那么，当她们未来有需要送孩子进幼儿园时，首先想到的便是你。

因此，产品的优化，离不开对未来顾客需求的挖掘与了解。

产品线、产品链、产品发展

产品发展对企业发展起着直接而关键的作用。好的、恰当的产品发展战略能够使企业得到急速发展，而不合理的产品发展战略则影响甚至阻碍企业的发展。

以中国家电第一企业海尔为例，当初以冰箱为基点，成功奠定“海尔”

这一驰名品牌，并在之后把产品延伸到洗衣机、空调、彩电等家电领域，急速占领了中国市场。可是，当海尔试图把产品延伸到电子科技产品，推出电脑时，市场反应却异常惨淡，被迫停止电脑业务。可见，并非产品扩张、发展就一定意味着成功，只有做好科学合理的产品发展战略才是取胜之道。

做好产品战略

做好产品发展战略，就必须把重点放在产品线与产品链上。

产品线是指独立存在的产品构成的企业产品线，如一家品牌有服装、珠宝、鞋包、香水等。

产品链则是指独立产品衍生的同类产品，如服装里的不同产品。

产品链基本分为两种性质：

（1）替代性，即产品之间相互竞争，如不同颜色、材料。

（2）添加性，即产品之间互补，如衬衫、外套、裤子。

良好的产品线战略能分散企业经营成本，提高企业知名度；而通过发展出与众不同的产品链，能确保消费者日益多元化的消费需求得到满足。

产品链内的产品，必须有故事，能把它们全部放在一起。市场竞争不断加剧的今天，企业要想让自己的产品在竞争中脱颖而出，就必须赋予产品故事。

同样，产品线最好也有故事，就算没有完整故事，也必须对同一顾客群有吸引力。

良好的产品线及产品链战略使彼此相互推动，让企业的发展高效，实现少投放，大回报。

产品的再购买机会

产品的健康发展离不开合理的产品组合策略，产品组合是否合理直接决定产品线与产品链中每一项产品的销售额、利润空间与竞争情况。

对于能对同一顾客群产生吸引力的，相互之间有关联的产品，应该把它们合理组合起来，并把资源、精力集中投入生产这些消费者最需要的产品组合上，从而确保企业资源的高效利用，而避免生产不受消费者欢迎的、效益不佳的产品。

对于无法放在一起，即无法对同一顾客群产生吸引力的产品，应通过以下三种方法分开对待。

1. 根据形象、市场、价格定位的不同，考虑另设公司负责

另设公司管理不同性质的产品，是很多大牌会采用的手法。不管是Armani、Max Mara，还是Versace，都因为需要让品牌更加落地，设立公司与副牌来贴近大众。在副牌里，整个品牌形象，包括团队的训练，无论从员工制服着装还是说话方式，呈现出来的感觉都与主牌不同。相反，假如把它们混在一起，那么顾客便会失去品牌辨识度。

设计师品牌MIU MIU就是Prada另设公司推出的副牌。由于风格与Prada截然不同，因此大部分消费者都不清楚它其实就是来自于Prada。MIU MIU虽采纳保留了Prada一贯的意大利风格，但主打可爱风，品牌富有可爱、乐趣的元素。Prada主打成熟优雅风，以黑色为品牌主调；而MIU MIU洋溢着青春风采，用色也更为丰富，极少使用黑色。MIU MIU还善于运用图案，使整个品牌凸显出轻松愉快、年轻灵巧的氛围，为一众玩心颇重、活力十足、童心未泯的女性提供了趣味性强的时装选择与极具想象力、玩味十足的时尚配件，赢得这批消费者的喜爱与青睐。

2. 同一公司，发展不同品牌

说起发展多品牌战略的企业，不得不提宝洁。在日用品领域，宝洁总是针对同一类产品，发展出多个产品品牌，而品牌与品牌之间都有着显著的、差异化的品牌定位与联想。光是洗发水，被消费者熟知的就有三个品牌——飘柔、潘婷、海飞丝，这三个品牌有着不同的定位。飘柔主打发丝顺滑，海飞丝主推去屑效果，而潘婷则把重点放在其滋润修复的营养功效。这样一来，不同消费者对洗发水的不同需求便能在任意三个品牌中得到满足，同时为低品牌忠诚度顾客提供多样化的选择。对企业而言，采取该种策略有助于彰显产品个性，以锁定目标顾客，同时促使企业最大限度获取货架空间，提高企业产品的市场份额。

无独有偶，国产手机品牌华为与荣耀，便是华为集团对同一类产品推出的两个不同品牌。华为手机以高端商用为主，而荣耀的定位则是互联网手机，走的是亲民路线。以外观而言，华为中规中矩，荣耀青春靓丽；在功能上，华为手机使用金融级别平安芯片及采用防欺诈信息系统，而荣耀把关注点放在性价比上。因此，华为多受商务人士喜欢，而荣耀的受众更多是普通的年轻人。通过两个品牌运营手机这一产品，华为集团收获了商务人士与年轻人两个不同的消费群体。

3. 对不同产品，组织不同的团队负责

对于无法对同一顾客群产生吸引力的产品，假如由于各种原因，无法运用上述两种方法进行区别对待，那么最低限度应该组织不同团队负责。运营一个产品项目，通常都需要耗费大量的时间与人力，如果针对不同的产品，组织不同的团队负责，那么就有助于集中团队的专注力、精力，保证产品项目按时按计划进行，得以实现目标。

产品目前太多太散的，应按上述概念重组，然后专注在最有机会的部分，保留其余的待未来发展，以确保最低限度不分散资源；而假如目前产品太单一，也可按上述概念发展出产品链，发展“再购买”机会。

找出明天的产品

新时代的企业家心智模式一定要清楚，产品的真正问题是“企业的下一个产品将会是什么”。企业现在卖的是过去的成就，要想走向未来继续发展，就必须找出企业明天的、未来的产品在哪里。找出明天的产品，最直接的办法就是问自己：明天你准备卖什么？明年、后年或者三年后又如何？或者两三年后应该卖什么？只有找出明天的产品，企业才有可能跳脱“Me-too”行列，在竞争中获得主动权，免遭淘汰。

1.研发部决定明天的产品

放眼市场，入目皆是同质化产品，企业在价格战中苦苦挣扎、苟延残喘。聪明的企业转而投向“研发大军”，寻求创新突破之法；而剩下的企业重复做自己正在做的产品，故步自封，最终沦为“Me-too”，只能被淘汰。

研发部是决定企业未来的三大部门之一，要想找出明天的产品，企业必须成立研发部门并且重视研发的作用。

研发主要分为以下两类：

（1）改善现有产品和服务，此类研发应紧密地与当下运营活动联系在一起。这类研发包括对结构、材料、技术、管控、流程的改进与升级。通过调整、优化现有结构，对新材料、新工艺加以采用，对创新技术或现有技术重新组合与应用，对产品生产过程管控力度加强以保证产品质量，同时重新梳理产品流程，实现产品研发，从而提高企业的效益与效率。

（2）发展全新产品、服务、交付模式，包含但不限于第一类内容，此类研发最好是完全脱离当下的运营活动。第二类研发更加注重对全新产品的研发，以及对产品推出市场后，顾客进行购买时整个流程的设计，确保为顾客提供全新的价值，使顾客在购买产品前后都能获得极高的体验。

产品的研发是让企业处于领先地位，顺利走向未来的必要条件。

首先，研发帮助企业走向明天，为企业带来竞争优势，占领市场先机，获取利润。

其次，研发出来的新产品有利于丰富企业产品结构，发展新的增长点。

最后，对产品的不断研发可为企业积累核心技术和管理经验。久而久之，研发能力便成为企业的核心竞争力，让企业在面对未来的挑战与机会时，能快速反应。

拥有研发能力的企业，往往具备更强的主动性与适应力，在面对复杂的市场环境时，往往能表现出更强的抵抗力，在风雨中屹立不倒。

2.明天的产品在市场

作为企业，有关产品的生产经营活动需要贴近市场、适应市场，听从市场信息带来的指示。市场需求在不断变化，企业应保持敏锐度，快速调整自身，随着变化而变化，甚至洞察市场变化方向，变在变化之前，发展出符合自身的产品结构。

这就要求企业不断思考“市场、顾客未来想要什么产品”这个问题。

但凡成功的企业，绝大多数都是能够洞察与理解市场需求及其变化趋势，而率先找出企业明天的产品，占尽先机的。以苹果公司为例，它并不仅仅是创造了iPhone满足人们的通话需求，更重要的是，它还将各式应用，如相机、计算器、音乐播放器、地图导航以及一些目前无法想象的终端，都装进了手机。因此，iPhone一推出，便成功抢占消费者心智，赢得市场份额。

中国已经基本度过了大众化产品的推广期。随着消费者生活水平的持续提升与消费模式的不断升级，消费者对于产品的要求，不再仅仅局限于对其功能、外观、质量等基本生活层面的需求满足，而更多关注的是个性化、差异性的需求满足。这便要求企业把关注点放在一些更为新潮及能够提高生活品质、格调的产品上去。

社会发展使得人们生活方式趋向多元化，市场中接受的产品也随之呈现多元化特点。未来市场上出现的产品不再仅仅为了迎合普罗大众，而是会出现一些专门供某些阶层，或某特殊群体使用的产品。最近阅读过的一篇文章里说，到2025年，中国将会有3.5亿的中产阶级。这对于中小企业是否有启发？3.5亿的中产阶级，也就意味着具有高消费能力，追求品质生活的消费者群体即将达到3.5亿，而对于这个群体的需求，你的企业是否能够理解与掌握，从而提供所需的产品，满足他们的需求？

由此可见，时刻关注市场，把握市场变化趋势，准确预测消费者需求变化，才有利于企业找出明天的产品，而不是在市场竞争中随波逐流。

【瀚霆方法论】产品研发创新

研发决定企业的未来，要想找出未来的产品，必须重视研发。研发对于中小企业来说是奢侈品，因为需要承担非常大的风险。研发风险是指在研究开发过程中，研究开发方虽做出了最大限度的努力，但由于现有的认识水平、技术水平、科学知识及其他现有条件的限制，仍然发生了无法预见、无法克服的技术困难，导致研究开发全部或部分失败，因而引起的财务风险。但是，中小企业不能没有研发，没有研发就没有未来。所以，我对中小企业的研发工作强调“微创”。这也是瀚霆方法论的四大创新，即科学技术型创新、模式结构型创新、用户体验型创新、流程效率型创新等，解决中小微企业如何研发的问题。

我来分享一个中小企业如何进行研发创新，寻找明天的产品的亲身案例。

1.现有资源是中小企业产品研发创新的基础

我提供企业经营顾问服务的企业里，有一家净水器的原始设计制造商，他们主要生产安装在水龙头上的便携式净水器。

不知你的家中是否有便携式净水器，有的话我建议你打开滤芯看看。使用过一段时间的净水器，滤芯会积累大量的污垢。当你看到那个滤芯后，才发现原来我们生活中的用水是如此污浊。

由此引发我思考消费者的情绪感受和可能决策的方向：便携式净水器的消费者看到这个滤芯后一定会对水质非常紧张和担忧；如果价格高一些，消费者在经济能力能承受的范围之内，会考虑更换更加专业的净水器。

我认为，便携式净水器是一种对饮用水的教育型产品，它让消费者意识到了饮用水的质量问题，从而寻求更好的解决办法；因此，便携式净水器这样的产品，无论当前生意有多么火爆，未来也不会有太大的发展前景和空间。但是，目前专业品质的净水器产品已经相当成熟，市场份额早已经被国际国内的大品牌瓜分，竞争也是非常激烈。这家原始设计制造商必须寻找通向企业未来的突破口，找出未来的产品。

这家企业一方面沿着现有产品进行持续优化，如台式直饮净水产品、便携式龙头净水产品、便携式滤水壶、便携式美容护肤类净水产品等，一方面进行基础技术研究，如新型净水材料研发和滤芯配方研发等，还有一方面是对新产品不断地开发。但是，研发风险仍然存在。

我们开始思考，饮用水净水器行业竞争已经是水深火热的一片红海，他们拥有的净水方面的技术和设备资源是否可以得到充分利用呢？

2.客户痛点是我们中小企业产品研发创新的源泉

当满脑子都是这些资讯，再加上生活中的体验，灵感自然就来了。

我老家是一个县级市。有一次，我和夫人自驾回家，到家后只想痛痛快快洗个澡。一洗问题就出来了，我总感觉洗得很不舒服，原来是花洒用久了，有些出水孔被水垢堵塞，水流不均匀、不稳定或不在同一个方向。于是，我们在附近买了一个花洒回来，品质也不好，还是洗得不舒服。后来，我们两人在县城里满街找花洒，把那些觉得看上去还不错的花洒买了七八个，还包括一些知名的沐浴品牌。回来后一个一个装上试用，都觉得不满意。

平时，花洒作为浴室里的一个普通的小配件，从来没有关注过，亲身感受到日常使用的痛点后，我就兴奋了起来。

3.客户画像是中小企业产品研发创新的资源

我们通过瀚霆方法论的客户画像工具模型，非常专业地收集整理客户在浴室洗澡时的尴尬、痛苦、梦想和愿望，以及客户看到、听到、想到、感受到的信息，以及客户的时间、空间等内容后，根据客户画像原则与标准，邀请非常敏锐的消费者和我们一起来研发产品。这个阶段完全禁止企业的产品工程技术研发设计人员参与，而是与消费者在一起畅想。（涉及商业机密部分已经省略，如需瀚霆方法论的客户画像工具模型，请关注“企业家心智模式”微信公众号，回复“客户画像”。）

4.产品定义是中小企业产品研发创新的灵魂

由此，我们开始按照瀚霆方法论的产品定义，进行花洒这个产品的重新定义，比如改变水质、改变力度、改变功能、改变结构、改变外观……

重新开创一个全新的品类来进行产品研发，并且启用新的品牌“宜维康”和“御见”，来探索企业“明天的产品”。这样做，一方面丰富企业产品结构，另一方面为企业经营发展提供新的增长点，同时为客户提供全新的价值。

5.商业模式是中小企业产品研发创新的窗口

通过对整个社会大环境的发展和消费需求的变化趋势进行深入分析，尤其是对“80后”“90后”消费主力军的消费行为进行调研，我们根据数据预测，随着未来中产阶级的崛起和消费升级，未来的消费者更在意的，除了更智能化、更精细化、更个性化和更人性化之外，天然环保、简约健康也将成为趋势之一。

首先，针对“80后”“90后”人群的诉求，在整个家居空间中选择“浴室”作为切入点，并且选择了“花洒”这个高频使用的刚性产品作为首拨产品，结合消费者追求精致生活、注重品质和人性化的需求，将“御见”这个品牌定位为轻奢、品质、环保且人性化的花洒品牌，运用环保健康的材质，配以设计师人性化、个性和细节兼具的设计，充分满足消费者对沐浴的需求。

其次，将“宜维康”结合大家居理念作为集家装、家居、家纺为一体的大家居延展品牌，将其打造成“品质家居”的代名词，不仅满足消费者对未来家居原材料的天然健康的需求，更重要的是满足他们在消费升级的过程中，内心对未来家居的“使用价值”及整体品质生活的升级需求。

通过对这两个跨界及其延展品牌的规划，我们也在变化的市场中不断探索，逐步找到、确定、完善未来产品的“模样”，通过对消费者的需求变化保持敏锐洞察，思考和探索未来客户究竟想要的产品是怎样的。

这就需要商业模式创新，因为一旦产品推向市场，大量的抄袭和复制就开始了，如果没有独特的商业模式，很快不是被创业者模仿，就是被行业巨头抢占。（涉及瀚霆方法论之商业模式创新部分已经省略）

未来的商业市场，只有不断地在产品研发创新方面下功夫，企业才可能有未来。

如果你对瀚霆方法论的四大创新模式感兴趣，欢迎扫描以下微信二维码，输入“四大创新”，与瀚霆老师在线交流。

二、企业的发展与未来

纵观世界大环境，经济全球化步伐不断加快、科学技术不断升级、世界各地政治经济呈现出新的发展态势。身处知识经济的浪潮中，面对层出不穷的新兴产业、迭代更新的信息技术以及不断变化、追求个性化的顾客需求，企业竞争环境的不确定性日益加剧。如此情况之下，假如企业不思进取，原地踏步，闭门造车，而不往外部看环境变化，那么必将连生存都成问题，更谈不上发展与拥有未来。

企业只有发展才能步入未来。企业发展指的是企业的本质变化，没有本质变化，就谈不上发展。企业发展是一种质的变化，并且是前进性的、比之前更好的一种变化；相反，后退性的变化不是发展，而是衰败。要让企业走进未来，就得不断地让企业的每一次变化都比上一次更好，就得让企业不断地向前进步。而要获得进步性变化，就要求企业随时关注外部环境的变化，以及对企业内部环境的了解与洞察。这也正是我在系统动力学里讲的“动、变、前”法则。

找出未来的机会

根据系统动力法则，世界上所有的事物都处于不断的动与变化之中，这种动与变化不是有规律的，而是无序的，并且方向只有一个，那就是向前。也就是说，万事万物的动、变是停不下来，不能倒退的，就如同人不能回到过去美好的时光。人可以创造新的美好时光，可是不能够保持或者停留在过去美好的时光。

仅用“动、变、前”三个字，就可以解释很多企业的问题。绝大多数企业面临的最大问题，都源自于违背了“动、变、前”三个字，都源自于维持一个旧的无效模式。事实上，许多中小企业经营得辛苦、困难，往往就是来自于“不动”，巴不得“不动”的状态一直维持，那就再好不过了。可是，实际上每个人的思维、身体的状态都是不断变化的，企业内外部环境也是一样，怎么可以不动呢？

如今是科技和互联网时代，从前的一些思维模式已经不再适用。对于现代企业家而言，真正需要的是理性、感性、系统的三层思维模式。

有句话说，“转型找死，不转型等死”。而说出这句话的人，是因为不知道未来在哪里。中小企业把太多精力放在过去的问题与当下的纠结，而忽略了未来。事实上，中小企业老板要做的是把80%的时间放在未来，找出企业的未来在哪里、未来的产品在哪里、未来的市场在哪里、未来让我成功的方式在哪里。这才是一个中小企业老板应该有的全新心智模式。

用过去决定未来或紧紧地追随对手已经跟不上当下社会环境的变化，你需要做的是定下一个好的愿景和战略规划，并以这个愿景推动你，从现在走向未来，这才是最大的突破。当看着未来，弄清未来发展的趋势，知道“动、变、前”的方向在哪里时，你才可以把未来找出来。

很多中小企业老板习惯于低着头忙忙碌碌地解决过去的问题，对外部世界的走向浑然不知，如何能找到一个好的未来呢?

未来的问题应该提前想到、看到并且动手解决掉，就如同想要收获苹果，就必须在三年前种植苹果树。对于企业而言，企业未来的产品、技术、顾客、市场都应提前预测开发。

找出未来的机会，就必须在三方面做工作：往外面看，往内部看，再看自己。

往外看

企业是一个开放的经济系统，其生产经营活动与外部客观条件、环境密切相关。因此，发现外部环境的真实状况与将来可能的变化趋势，把握有助于企业发展的机会，避开阻碍甚至危害企业发展的不利因素，是让企业稳健发展，走出一条通向未来之路的关键。

往外看对企业具有极大的意义与作用。往外看有两大优点：一是看到危机，避开；二是看到商机，先下手为强。

往外看主要有几个方向：大环境、行业、顾客群体和竞争对手。

1.大环境

企业要搞清楚，互联网高速发展，高新科技不断更迭，对企业未来是具有杀伤力还是推动性的。互联网或科技本身是虚泛的，可互联网技术带来的变化已经给一些企业带来毁灭性的伤害。

举个例子，随着手机技术不断发展，智能手机的诞生与广泛运用，手机里面自带的功能与应用使消费者不再需要独立购买某些产品，因而让许多行业受到了沉重打击。比如，手机的拍照功能取代了相机，计算功能取代了计算器。试想，光是手机上的一个功能，已经把多少产品、服务、行业淘汰了？

而我所处的培训业，也不能幸免。过去培训教的都是一些理论、概念和道理。在90年代我入行的初期，有一套好一点的概念便能开班授课；随后发展为学习技巧和方法。而无论概念、理论或技巧、方法都是通过文字可以传播的，只需要一个讲义便能清楚地把每个技巧、步骤呈现出来。后来，随着互联网时代的到来，这些东西统统免费，只要懂得上网搜索便可以轻易获得，使做“理论、技巧”培训的企业经营困难，要么倒闭，要么转向培训能力和心态。

往外看大环境，还要关注政府政策、法律、管理模式，是否对企业所处行业、产品与服务、质量标准、经营模式等有变化。假如一个企业能够预测政府未来两年可能调整的方向，进行相应变化，便不会在变化真正发生后处于被动，束手无策。

最重要的是，要看到国家未来的发展规划中，对产品、服务、经营模式等，是支持、允许的，还是反对、打压的，以便选择往政府支持的方向发展。举个例子，创造和谐社会的背景下，人的心理健康、孩子的学习与成长需要，都是政府发展政策中特别关注的部分。假如企业所做的是与这些相匹配的，那么便能得到政府的支持。另外，如老年人护理服务，也将是一个非常大的产业，是符合未来发展趋势，以及受国家鼓励的。所以，当一个企业往外看，能看到国家社会发展趋势、社会模式的变化时，那么就能相应地把产品、服务调向被支持的方向，因而才有可能把市场做大。

往外看，还需要看国际及国内科技、新产品、新服务与经营模式。如我先前分享的文章里面说的，在未来的五年里，有50%的行业将会消失，而留下来的行业里70% ~ 80%的企业将会被淘汰，而恐怖的是，杀死那些企业的对手还没出现。言下之意，未来的5年里将会有新的产品，新的企业与新的模式出现，把还幸存的50%行业里面的大部分企业淘汰掉。

如前面所说，研发是让企业找出所在行业未来的产品的决定性因素，而研发需要关于科学、学术方面的新发展。因此，企业可通过往外看，找出外国市场中最能影响国内的产品，或者了解与企业相关的先进技术，通过引进技术，对自身产品、服务进行升级优化，从而超越竞争对手。

通过往外看，还需要看到国内与企业生产经营相关的科技、新理念，从而寻找合作或引进的机会。比如，通过找到专门研究与你企业产品方面相关学问的高校，不管是产品原材料，或产品应用，还是安全标准，都可寻求与他们合作的契机，使企业把握商机。

如果一个企业培养出往外看的习惯，那么就能发展出一个能力——总是先于所有对手，对信息的变化反应最敏锐。这样一来，企业便总是易于在各种环境中找到商机，而这些商机恰恰是对手从来没有想过的，而这也许就开创了未来的窗口。商机就是这样来的，你必须把眼睛、耳朵、鼻子打开，把手伸出去，而非停留在困住自己的世界，作茧自缚。

2.行业

行业环境是企业赖以生存和发展的空间，是一切影响企业运营活动的外部因素中最为直接、密切的部分。行业环境是企业制定战略规划的依据，是企业利润增长的温床，所以企业需要时刻密切留意行业环境，了解行业态势，从而顺应态势进行生产经营活动，确保企业处于有利地位。往外看行业未来趋势，主要包括：

★ 整个行业的发展变化及趋势

企业应深入研究所处行业的发展历程，了解行业在历史演变过程中所经历或正在面临的机遇与挑战，并对行业未来的发展变化及趋势做出预测与判断，从而在商机出现时能及时把握住，在威胁到来时可提前避开。

★ 行业里产品及服务的现状、变化及趋势

往外看行业内产品与服务的状况，主要看高新技术变革已经给产品的生产工艺、制造技术与研发等带来的变化，以及未来可能出现的变化。

★ 行业里产品及服务的多元化、差异化、定位多层化的程度

需要看行业内竞争对手的产品、服务是强差异化的、弱差异化的、同一的，还是无差异化的，从而利于企业将自身产品结构往有利的方向进行调整。

★ 行业市场份额的分配、企业类型分析

对市场份额进行分析，帮助企业了解整个行业市场占有率的具体情况，如市场是集中掌握在一部分企业手中，还是分散的，并且占有不同比例的企业都是一些怎样的企业。通过了解这些信息，有利于企业分清、辨认自身在市场中的地位与可能出现的机会。

★ 行业的营业额、产品分类、企业类型分类、地区分类、多层次定位分类

看行业环境，需要分析行业的盈利水平、产品结构、构成行业的企业群体类型以及他们的分布与经营业务等，从而判断行业的发展状况包括行业健康情况、发展潜力与可持续性等。

★ 你的企业在行业里的位置，属于行业中的哪个类型

企业需要看清自身所归属的行业，以及企业在行业内所经营的业务，是企业制定走向未来的战略规划的前提。

★ 你的竞争来自行业里的哪里

对行业环境的关注，不得脱离对竞争对手的关注，应该密切关注同一战略群体中的企业，找出主要竞争对手，对他们的行为进行重点分析，从而使自己的企业总是走在竞争对手前面。

往外看行业环境，有助于企业了解自己所在的行业变化、发展趋势，以及察觉这些变化将会对企业造成的影响，利于企业提早准备，相应朝着行业发展的方向发展，从而避开风险。

如我所处的培训行业，如果那些企业在十年前就知道未来行业的发展趋势是培训“能力+心态”，那么他们便不会再坚守“理论+技巧”的课程，转而顺应形势，避开风险，步入未来。

3.顾客群体

没有顾客，企业就不能生存。企业要取得成功，就必须深入了解顾客的需求，投其所好，提供具有专业水平质量的产品与高满意度的服务，同时还需提供满足顾客不断变化需求的产品，才有可能在留住老顾客的同时，吸引新顾客。

往外看，企业需要看到谁是你的顾客。假如企业能够清楚顾客定位，那么就能清晰知道谁是其产品与服务的受众，并能轻易识别自身顾客群体与其他顾客群体的不同，同时能察觉已有顾客将来可能发生什么变化，包括生活模式或需求等，从而提前研发生产相应的产品，以满足他们的需求。

往外看顾客，还需要看到未来的顾客群体。如文章前面分享的数据所示，到2025年，中国将会有3.5亿的中产阶级，你是否思考过你的顾客就属于中产阶级之一？假如企业能看到这一点，就能洞察这个群体的发展趋势，并对他们的消费能力与消费观进行深层次的剖析，同时让企业提前做好准备，用高品质的、称心满意的产品与服务赢得他们的拥戴。

同时，还需看到同类产品、服务的变化与新趋势可能对顾客群体的影响。此时，传统的心智模式可能只把关注点放在过去的对手，但作为新时代的企业家，应该从高一层的系统层面上看，看整个行业带来的影响。

举个例子，如开火锅店的，不应该只看其他火锅店，而应该放眼整个饮食行业，未来的顾客会变多还是变少，顾客的口味是否会有变化，假如有变化，他们会去往餐饮行业的哪些方向等。

在不断看的过程中，找出顾客未曾得到满足的需求、顾客感到的不方便、麻烦以及未来会出现的需求，然后开始做准备工作，研发、升级产品与服务。

4.主要对手

竞争者对企业的影响无疑是极大的。企业能够拥有顾客数量的多少，主要受竞争对手数量以及运营手法的影响。换言之，一个企业想要在市场上获得高的市场占有率，便意味着要从其他竞争对手中把市场抢过来。因此，企业必须密切关注竞争对手的动向，以采取一切措施对产品、服务进行调整升级，让企业总是先于、优于竞争对手，从而赢得顾客喜爱。

在行业竞争激烈的情况下，企业需要往外看，找出最大的三个主要对手，深入了解他们，研究他们发展的趋势，从中找到企业可以掌握的机会。研究内容具体如下：

（1）产品线、产品链：通过分析对手的产品线、产品链，有助于企业了解对手现有的产品结构，从而为自己的产品规划提供参考依据，以对自身产品做出差异化的市场定位。同时，通过有关功能、可用性、关键技术上的参考，有助于企业在自身产品的设计上提高产品辨识度。

（2）产品包装、宣传：包装是顾客视觉感受的第一步，是顾客辨认企业的第一要素，企业要想把产品卖出去，其包装与宣传起着关键作用。研究对手的包装与宣传，有助于企业在产品的包装上提高企业辨识度，避免雷同，造成顾客困惑。

（3）市场份额、地区优势：市场份额是指企业的销售量与市场的总体容量的比例，直接反映的是顾客对企业所提供的产品、服务的满意度。分析对手销售额在市场同类产品中所占的比重，可以看到其产品在市场上所处的地位与竞争力，并通过对对手产品的地区优势进行分析，去看看对手的竞争力是全国性的、区域性的还是地方性的，从而让企业看到市场有多大，能采取何种手段确保市场可让企业获得利润，为企业布局提供参考依据。

（4）顾客群体：通过了解竞争对手的顾客的习惯、爱好、类型等，有助于企业结合自己的资源把产品服务做得更好，从而比对手更好地满足这群顾客的需求，把他们变为自己的顾客；或者另辟蹊径，专攻此类顾客之外的其他顾客，赢得其他市场，实现盈利。

（5）营销模式：研究对手营销模式有助于企业借鉴其长处，为自己的营销计划提供更多思路，从对手的营销手法中找出可进攻的市场并回避不利市场，使自身的市场竞争策略更加全面、完善。

（6）发展方向、计划：了解竞争对手的发展方向、计划，不仅可以让企业洞察对手的战略动向以及未来可能的反应，还可让自身的战略规划更具针对性和竞争力。

“强弱机威”（SWOT）分析法可以帮助企业了解竞争对手的优势与弱点，评估让他们失败的点可能出现在什么地方，让企业从对手的弱点中，发展出自己能超越的优势。将企业与竞争对手在企业生产经营的各方面作对比，从而找出差异化，制定有利的竞争策略，引导企业走向未来。

5.相应行动

从上面四项“往外看”的资料里找出对自己不利的因素，假如认为竞争无效便立即定出计划避开；同时找出尚未有人注意的机会，并且进一步确认。

机会有很多，现阶段是“发现”得越多越好；下一个阶段是“选择”，就是从确认的机会中挑出几个特别适合的机会；最后阶段是“锁定”，经过严格论证后，结合下面章节讲到的“往内看”，理清企业自身拥有的条件及能力，从而锁定一个机会，找办法把它做好。

假如认真地按照上述方式去做一次，掌握了该项能力，便随时可以继续这样做。如此一来，没有人能够再把你打败。这才是中小企业可以做出来的未来。

往内看

市场竞争不断加剧已是不争的事实。在时代的浪潮中，企业如何抵挡狂卷而来的浪花，不至于被拍“死”在沙滩上？办法只有一个，那就是发展出自身的竞争优势。企业无法躲避竞争，却可以建立起竞争优势，关键就在于企业是否对竞争有足够的重视，是否敢于直面竞争。微软的比尔·盖茨就是一个极具危机感的人，他曾经说过：“我们离破产永远只有18个月。”正因为如此，即便在软件领域已占据绝对领先地位，微软公司仍不断地创新，持续发展竞争优势。

总体来讲，企业竞争优势主要分为核心竞争力、竞争优势和潜在优势。

1.发展核心竞争力

企业要想有未来，就必须挖掘出核心竞争力。

企业核心竞争力是企业在市场竞争中特有的竞争优势，是企业根据自身情况，通过特定的方法、手段、技术进行特定的生产经营行为，而逐步积累、发展而成的个性化的竞争优势。核心竞争力是竞争对手无法模仿、复制的竞争力，是中小企业的命脉与企业经营策略的心脏。

核心竞争力作为一种综合竞争力，覆盖了企业所需能力的各个方面，如创新能力、研发能力、管理组织能力、应变能力、信息洞察能力与风险抵抗能力等，让竞争对手在较长时间内难以复制模仿，在企业中能长时间发挥作用。这也是为什么有些企业昙花一现，有些如日中天时却突然陨落，有的经历风雨却欣欣向荣，当中的区别就在于是否拥有核心竞争力。

日本最大的半导体制造商东芝公司便是靠着强有力的核心竞争力，让企业在接近70年的发展中屹立不倒。东芝公司的核心竞争力凝聚了科技创新、研发、组织、销售与企业文化等多个方面的能力，使企业在时代变迁、市场动荡、科技变革的历史演变过程中依然领先于其他竞争对手。东芝公司持续对新产品进行开发，从“二战”后开发出的电子秤，到20世纪50年代推出的冰箱与空调，再到60、70、80年代分别推出的录音机、影印机和自动计时器，最后到90年代至今的笔记本电脑。东芝每一次在市场推出新产品，都是一次打开局面、引领风潮的跨越式行为，而这背后支撑的，便是企业的核心竞争力。因此，培养、发展核心竞争力是每个企业需要密切关注的重要课题。

核心竞争力如同企业现在与未来的心脏。想要企业得以持续健康发展，就必须发展核心竞争力。只有核心竞争力能够保护企业，让企业顺利渡过未来几年出现的风暴、海啸。如果企业想要在海啸中不仅幸存下来，还希望发展得更好，那么就更加需要把关注力放在培养、发展核心竞争力。

发展核心竞争力，需要一个周全的规划与筹备，企业首先应对自身拥有的资源进行评估，进而找出正确方向，在不影响企业生存与发展的前提下，逐步培养、建立。切记，发展核心竞争力是一个相对漫长的过程。据相关资料显示，一个企业核心竞争力的建立，至少花费10年以上的时间，因此，企业需要耐心培养、等候。

核心竞争力可以通过挖掘、创造而发展出来，而研发就是最好的途径。通过研发，对企业现有材料、技术或产品、服务等进行不断的更新与升级，在这个过程当中形成一种能力，让企业不停地自我更新，从而发展出核心竞争力，因而使得对手没有办法跟你一样。

如果通过挖掘仍无法拥有，那么就应该借用第三方力量，通过投资以获得，毕竟核心竞争力是企业最值得投资的事物。同时，企业还需重视与核心竞争力有关的人才，提高他们的能力，为核心竞争力的发展与维持提供动力。

2.保持竞争优势

竞争优势是指企业在满足顾客需求的过程中，提供的优于其他竞争对手或行业标准的产品、服务，或指企业在运营条件上表现出来的过人之处。

与核心竞争力不同，竞争优势往往只是企业单方面的竞争力，如研发竞争力、产品与服务竞争力、营销竞争力、管理竞争力与资金竞争力等。举个例子，同样是生产销售音响设备等产品，索尼就明显比其他同行畅销，原因就是产品做得比竞争对手要好，无论是在外观上独具一格的设计，还是产品系统的便捷操作。这使它有异于其他同类产品，也就形成了竞争优势。

竞争优势可以帮助企业在一定时期内创造出高于行业平均水平的超额收益，但其特点是容易受市场冲击，有可能被复制、超越或淘汰。企业受益时间较短，而且受地区、季节因素影响。

竞争优势相对容易发展出来。举个例子，在某家企业的大车间中，企业引用机器人代替部分员工从事重复性高、时间长的工作，使原本需要3000人的车间现在只要1000人即可，同时工作准确性大大提高，并且效率提升三倍。当这家企业先于其他对手，用机器人代替人工进行重复性工作时，就已经在这方面超越了对手，这本身就是一种竞争优势。

假如这家企业沿着企业需求，挖掘出那些被机器取代的人其他更大的价值，进而加强、发展与运用，那么企业在发现人的价值、调动人的价值与组合利用人的价值这一方面的能力上，又超越了竞争对手，这便又形成了企业的另一个竞争优势。

再有，假如该企业对车间技术，同样进行不断的试验与提升，那么也许日后在技术上产生核心竞争力也不足为奇。

如今获得信息极其容易，关键在于企业是否愿意觉察、觉知，是否愿意从思维模式、心智模式的改变开始，更加主动地去做事，是否愿意不断尝试、不断寻求发展、维持竞争优势的方法。如果愿意，方法很多，比如，针对你所在行业的产品、服务，在国外寻找更好、更先进的技术或任何对你企业有帮助的信息。这样，你就可以先于对手接触到技术、材料、机器或者模式方面的新信息，从而加以运用。再如，通过借鉴前辈们的经验与学问进行研发；或者通过与国内拥有某项产品专业技术的高校进行合作；甚至还可以在企业成立一个“未来部”，专门搜集与企业相关的资讯，供企业借鉴参考，总是先于竞争对手了解到新资讯，发展出新产品，从而保持竞争优势。

未来是走出来、做出来的，而不是等来的。当它已经到门口时，对你就失去了意义。

3.挖掘潜在优势

潜在优势是指将来可能成为竞争优势甚至核心竞争力的产品、服务、经营模式以及各种资源等。例如，尚处于研发阶段的产品、服务、软件、模式。潜在优势还可以是正在培植的技术、人才，或正在开拓阶段、谈判阶段的合作、发展计划，以及近期价值低，而长远看会大大升值的资源等，企业目前可能拥有但没有觉察的优势。因此，需要企业多加关注、培养与发掘。

以支付宝为例，当初阿里巴巴创造支付宝是为了解决买卖双方交易担保信任的问题，未曾想过它就是阿里的潜在优势，日后带给阿里C2C业务巨大的飞跃式发展。支付宝创立之后，发展势头强劲，仅仅用了6年时间，便收获了3亿用户，并催生了阿里巴巴小微金融服务集团。支付宝让金融服务成为集团不可忽视的重要组成部分，其业务涵盖支付、信贷、担保、保险、投资五大核心板块，为阿里集团带来强有力的竞争优势。

在竞争激烈的市场环境下，企业能否一直领先，最终取得成功，与它是否可以不断挖掘、发展潜在优势息息相关。当一个企业能够不断地把潜在优势转化为竞争优势时，那么它就是行业的领先企业，就能够不断地、越来越快地移向更高的阶梯，而行业内的企业也会随之跟上。但是，由于领先企业总是先人一步，所以总是能够走在竞争对手前面，走向更好的未来。

看自己

作为一个企业老板，企业的未来与自身密不可分。有的人几十年如一日，兢兢业业、勤勤勉勉，但企业并没有多大发展，而有的人眼光独到，能把握机遇，企业发展迅速。这其中的区别就在于企业老板自身。自己不改变，企业如何改变？在信息如此发达的时代，传统的观念需要更新、迭代，要想紧跟住时代的脚步、把握时代的机会，只有通过持续的学习，不断汲取“养分”，才能充分地认识到企业存在的问题和未来的发展前景，以便做出调整和改变。一个优秀的企业家不能只看过去和现在，目光应该放长远，着眼于未来。

企业老板和企业家是不一样的。传统的企业老板目的很明确——赚钱，企业做大做强干什么？赚更多的钱！企业家则致力于为社会提供价值，为社会带来改变，做出贡献。

传统的企业老板在不断地学习后，自身的心智模式也会改变，变得更加有社会责任感，更加着重于未来。他们会更多地思考如何让自己的企业变得更有价值，这个价值除了经济价值，更多的是社会价值。

这时，老板思维就转变成了新时代企业家的思维，其标志就在于企业有了清晰的使命和愿景。

企业使命是指企业在社会经济发展中所应担当的角色和责任，是指企业的根本性质和存在的理由，说明企业的经营领域、经营思想，为企业目标的确立与战略的制定提供依据。企业愿景又称企业远景，企业愿景是对企业前景和发展方向的一个高度概括的描述，由企业的核心理念和对未来的展望构成。

当一个企业有了明确的使命和愿景，企业的所有员工能认同它，并且齐心协力为之奋斗，这个企业就有了生命力，有了无限的可能。因为，这已经不仅仅是一份工作，而是为了理想在努力，为了社会而奋战。正如我在前文提到的那样，当企业所有人都能做到“心往一块想，劲往一处使”的时候，企业未来可期。

老板与企业家的本质区别就在于，是否有清晰的愿景和使命，愿景与使命的确立标志着企业老板向企业家的转变。

【瀚霆实践】

企业只有发展，才能步入未来。一个优秀的企业需把目光放得更为长远，着眼于未来，而不是局限于当下和过去。关于面向未来而主动改变，“变在变化之前”这一话题，我目前服务的顾问客户光夏建筑，就是一个很好的案例。

光夏建筑原本是一家相对传统的钢结构企业，原名“固凯钢构”，是一家集钢结构产品、建筑预制件、管廊配件、支吊架等生产制造的企业，业务涵盖材料、加工、设计、建筑安装等，在华南地区小有名气，客户也比较认可，并且走出了国门，在非洲多个国家拥有厂区和建筑项目。到目前为止，企业的各项经营指标表现都相当正常，自身技术水平、团队建设、综合业务能力、公司财务状况、营收利润等，都呈现出健康发展的态势。

即便经营状况如此良好，企业创始人陈毅洲先生还是向我表示想要为企业寻求改变、转型，请我做他的企业经营顾问。这也正是一个优秀的企业家对未来机会的把握，一个优秀的企业对自身未来发展的一个思考。当眼光看向未来，从繁复的现实情况中理清未来的发展趋势，变在变化之前，企业才有可能找出未来。也就是说，一个企业，想要有未来更大的发展空间，就必须对企业自身各项情况，对内外环境进行充分了解，从而对未来做出规划。而我们提出的发展方向——农村钢结构住宅，就是通过“往外看”“往内看”及“看自己”，综合分析而得出的方向之一。

1.往外看

企业是一个开放的经济系统，其生产经营活动与外部客观条件、环境密切相关。对于往外看，主要注意几个方向：大环境、行业、顾客群体和竞争对手。

★ 大环境

众所周知，我国的农村人口比重大、广大农村区域发展较慢，正如“十九大”报告指出的，我国社会主要矛盾已经转化为人民日益增长的美好生活需要和不平衡不充分的发展之间的矛盾。这些年来，国家一直强调新农村建设，致力于改善农村基础建设，其中就涵盖改善农村居住条件，多年来也出台了一系列的优惠补助政策，包括建房补贴等。如今，许多发展较好的地区，如华南、华东地区的农村在居住条件上有了显著的改善。从这一点上看，把光夏未来的项目开发方向瞄向农村市场，是十分契合未来发展趋势的。

随着国家整体经济的发展，人民生活水平有了相应的提高，人们对居住环境也提出了新的更高的要求。人们对于房子的追求已不再局限于它的实用性，而更加注重它的外部造型和内部格局布置，追求时尚新潮和更具设计感的事物；尤其是在舒适层面，消费者越来越重视。由于钢构材料的灵活性，光夏开发农村钢结构住宅，更能满足消费者对于舒适度、个性化与时尚新潮等多方面的需求。

此外，近年来地震等自然灾害频繁发生，人们对住宅安全性方面的意识不断提升，国家对住宅的安全更加重视。2008年四川汶川大地震，人们目睹了在广大受灾的农村区域中，普通砖混或钢筋混凝土等传统结构房屋的脆弱；而钢结构具有良好的延展性，抗震性能极佳，灾后短时间内试点性地建了一批抗震能力强的钢结构建筑，包括中小学校、民用住宅、应急安全区等。这也使社会上对于钢结构住宅的安全性有了更加深刻的认知。对光夏来说，在农村建造钢结构住宅，同时也是顺应了人们对居住安全性的需求。

★行业

纵观整个建筑行业，绿色和环保是未来的主要发展方向之一，而钢结构完全具备这些特性。无论在资源的消耗还是对环境的保护上，钢结构都优于传统砖瓦、混凝土。更重要的是，当住宅使用到期或者有改建需求，所有的钢结构还可重新回收利用，避免了资源的浪费。同时，钢结构住宅所需的时间和人力资源的成本要远远小于传统结构住宅。尤其是在如今人力资源成本日益增长的情况下，这确实是一个明显的优势。

更为重要的是，随着我国建筑产业化进程的推进，装配式建筑越来越受到欢迎。装配式建筑是指建筑的部分或全部构件在工厂预制完成，然后运输到施工现场，将构件通过可靠的连接方式组装而建成的建筑。钢结构住宅就是目前比较明确的发展方向之一。这种住宅工厂化制作，速度快、精度高，无论对于农村还是城镇，建筑的效率将得到大大提高。随着农村自建住宅市场的需求日益明显，传统的泥瓦匠施工建房已经不能满足需要了，这对于光夏的钢结构住宅进军农村自建房领域，也是一大利好。

★ 顾客

当然，任何产品都是由消费者来消费的，房子也不例外，因此必须对顾客群体有充分的认知。通过网络论坛、贴吧等平台发现，对钢结构住宅有兴趣的人整体偏年轻化。通过内容分析，发现这一群体的特征较为明显：整体文化素养较高，更注重生活品质和舒适度，具备一定艺术欣赏能力；时尚新潮，更愿意尝试和改变；见多识广，新事物接触多、接受快等。有了这样的调研基础，我们马上意识到这个市场巨大的发展空间。当下中国有太多这样的农村年轻人离开家乡外出拼搏，这一部分人群的需求量巨大。这对于光夏未来的产品定位、宣传营销等也是极其有益的。

★ 竞争对手

在往外看研究竞争对手时，通过对行业市场的调研，发现钢结构住宅领域竞争十分激烈，大企业技术顶尖、资金雄厚，一般的企业也各有特色，上下游企业进入门槛不高。因此，对于像光夏这样的普通企业来说，必须选择一个良好的突破点。在对竞争对手的产品分析中，发现整个钢结构住宅的市场整体偏向于各类风格（美式、北欧风、地中海等）的别墅和景区房，而在市场广袤的农村小洋房领域却甚少有人问津，案例也少得可怜。因此，这也是光夏选择做农村钢结构住宅的原因之一，相对于传统的钢结构别墅和郊区景区房，这可能就是光夏的机会。

在对大环境、行业、顾客群体以及竞争对手的分析中，光夏选择农村小洋房领域，是一个可以作为未来方向重点考虑的选择。

2. 往内看

在往内看这一方面，李中莹老师着重强调的就是看竞争优势。每个企业能够在激烈的市场竞争中生存下来，必然是有着自身特有的核心竞争力的。只有明确它、了解它，才能充分地利用它。

★竞争优势

首先，光夏本身就是一个钢结构材料供应商，精通钢结构，建房所需的所有钢结构材料都可以自给自足，还具备独立完成设计、生产、制造及施工安装等流程的实力。这就是自身的一个竞争优势。

其次，通过了解，发现光夏的区位优势相当明显。企业所在的区域内钢铁、家具、陶瓷等产业发达，整体建筑配套齐全，这对日后打造一体化服务提供了坚实的基础；而且，光夏地处珠三角地区，这里经济发达，国内国际资讯交流快，交通便利；最主要的是，区域聚集了各类大量的人才，便于光夏打造新团队，招募钢结构人才。

★挖掘潜在优势

此外，我认为光夏还具有多种潜在优势，如技术研发、设计和建筑团队等。如今，团队也在开发新型建筑材料，逐步实现产品多样化，以适应未来的市场需求。同时，企业还进行了多种尝试，依靠自身的土地资源打造房车办公基地，引进住宅系统，通过全屋水和空气的净化打造未来新型的舒适住宅，进行特色农庄经营，实现多产业格局共同发展……这些潜在优势或可行的建议一旦得到有效发展，对企业的未来必将起到强大的推动作用。

不过，对光夏来说，特别需要注意的是，进行企业转型的同时要保持自身的基础优势，进行协作创新，把业务做好、做精，把优势扩大；只有这样，在未来的大冲击下中才能屹立不倒。

3.看自己

关于企业的未来和发展，最后一点就是看自己。作为企业老板，企业的发展肯定与自己息息相关，这其实就是企业家的心智模式。光夏创始人陈毅洲先生十分注重个人成长。他是“瀚霆研习会”的会员，每次活动都积极响应，并通过不断的学习与参与，心智、格局等方面都有了极大的提升。

在不断的学习中，充分地认识到企业不能只看过去和现在，老板目光要长远，要着眼于未来，要变在变化之前。因此，在多次交流和讨论后，光夏提炼出了企业的愿景和使命——“建业筑梦，光我华夏”。这样一来，既明确了企业发展方向，也提升了团队凝聚力。当企业所有人都能做到“心往一块想，劲往一处使”的时候，企业未来可期。

通过“往外看”“往内看”“看自己”三大部分的分析，就能了解自己、了解企业、了解环境，对企业的当下做梳理，对企业的环境做分析，对企业的未来做展望。

作为中小企业老板的你，想好如何找出自己企业的未来了吗？

企业的未来与前瞻性战略思维

要找到企业的未来，就必须要有前瞻性战略思维。

战略是一个古已有之的概念，而战略思维则是一个21世纪才出现的新范畴。出现战略思维概念，是因为人们想从思维机理的层面，去探索、判断战略优劣的标准以及形成优良战略的程序和规则。

人类思维包括形象思维和概念性思维两大类，其中的概念性思维又包括抽象思维、科学具象思维、战略思维这三种。可见战略思维是人类思维的一种，而理解战略思维首先需要理解战略思维与其他思维形式的主要区别。

在事物变化缓慢和信息不充分的时代，人们运用抽象思维方法假设一些因素不变而得出各种片段知识或规律，那些思维被假设为不变的因素，在现实中也真的几乎没有什么大的变化，抽象出来的片段知识或规律几乎不用任何修正就能直接用于现实问题，并且偏差很小。

在事物变化迅速和信息充分的时代，过去的那种假设一些因素不变而得出各种片段知识的思维方法开始偏离现实。当你刚刚根据消息假想了某些条件，并在此基础上演绎、推测和做出决策，也许你的决策尚未变成行动，当初的假想条件就已经发生了变化。这种静态的、片段的方法被讥讽为“纸上谈兵”。

在事物变化迅速和信息充分的时代，在企业经营管理领域，能够动态地和综合地跟踪多种因素同时变化、迅速变化的战略思维和科学具象思维就应运而生。其中，战略思维与科学具象思维的主要区别在于，前者对人类行为结果有明确预期，它要运用所发现的规律直接引导人们有明确预期的实际行为；后者则仅仅以发现规律为目标。

所谓战略思维，就是面对企业经营管理的实际问题，运用抽象思维所形成的若干个相关因素，连续地、动态地、全面地度量这些相关因素的数量变化程度，并找出这些相关因素在数量变化程度上相互影响、共同变化的规律性，以发现的这些规律性为基础，以已形成的目标格局为导向，促使现实问题从当前状态向目标状态演化。前瞻性战略思维，简单说就是站在未来经营当下。

找到企业的未来

中国企业正处于转型升级的发展进程中。据相关数据显示，目前中国市场上服务性企业约占34%，而到2020年，将达到67%。也就是说，中国的市场正在经历一场巨大的变革，将从传统的制造工厂转变为集服务与制造于一体的新经济体。在如此背景之下，中国企业应该慎重思考：这种转变对于企业而言意味的是机会还是挑战；同时，面对互联网等通信技术的不断创新，企业是否能把握机会，进步升级，找出未来的企业发展之路。

如何找到企业的未来呢？

传统的心智模式是，用过去决定未来，即根据过去的经验，对过去或现在影响企业经营的各项内外因素进行分析，从而预测企业未来走哪一条路会比较好。这种做法通常采用的工具有“Projection预测”与“SWOT强弱机威分析法”，主要通过对企业内部环境、市场环境、科技创新、政策法律与竞争对手等现状的分析，从而制定出企业未来发展之路。

然而，这种做法的缺陷是，容易让企业在做判断时陷入经验主义的漩涡，认为过去失败的将来也会失败，而过去成功的将来也会成功。事实上，世界上万事万物都处于变化之中，过去或现在的模式、方法之所以运行得好，都是基于之前与现在的环境不变的条件之下；而环境不断在变，倘若依据过去经验，以不变的对策来应对，试图规划出企业的未来，就如同刻舟求剑，是无法找到有利于企业发展的真正未来的。

以一度炒得火热的我国房地产业为例，稍加注意的人们都能发现，但凡房地产商打出的售楼广告中，必有一条是在陈述房价必将持续上涨，过去的十年中所有的购房者都在赚钱。与此同时，房地产开发商对此也深信不疑。的确，在过去的十年中房价只涨不跌。然而，这就意味着将来十年或更久之后的房地产就一定还是保持过去或现在的增长势头吗？实际上，这样的推断是不合理的，甚至可以说是荒谬的。因为无论是楼房价格、人口数量还是国民收入，都是毫无可比性的。目前许多正在偿还贷款的家庭，不意味着将来还供得起房。面对金融危机尚未获得改善的局面，市场稍不济便极有可能造成人员下岗，丧失继续供房的能力，而这种情况一旦发生，其房屋便会被银行收回。事实上，许多房地产公司依然抱着“十年后房地产持续赚钱”的念头，做的是不断地圈地、盖楼、卖房的业务。相反，作为全球华人首富的李嘉诚，早已敏锐意识到现在的成功不一定代表着未来的成功，在2008年时便大量出手了房产。而那些根据现在的成功经验，预测未来也会成功的人，在风险出现时所受到的伤害将是毁灭性的。

新时代企业家心智模式应该是，用未来决定现在。其主要技巧包括找出商机、评估，制定战略模式、战术、运营模式及有关的功能和组织架构，制定目标、分工、标准、回馈制度。

很多时候，企业被淘汰，并不是因为市场的变化或科技的更新等外部因素，而是因为企业家、企业总是活在过去，沿用过去的那一套。这就如同人生活在2017年，可思考、思维模式还停留在2000年。但凡市场中获得先机，掌握主动权的人，无一不是能够与趋势同步，用未来决定现在的结果。未来不一定与过去、今天完全一样，因此作为企业，就一定要用未来作为思考的起点，用未来作为今天的选择依据。只有这样，才能对趋势做出明确判断，能够在市场中夺得主动权。

以谷歌、微软为例，很多人都以为他们是凭空而降，给世界带来了颠覆性的科技与理念创新，而事实上，这两家公司已经耕耘发展二十载，只不过在起步初期没有引起人们的关注罢了。当他们以“未来决定现在”的方式经营公司，并因此而做出成绩，让所有人都看到创新科技与理念的优势时，许多企业纷纷想跟进，已于事无补。由此可见，置身改革创新时代，只有走在变化之前，才有可能制胜，企业应把“用未来决定现在”当成决策方法。

【瀚霆实践】

只有站在未来经营当下，才有未来。即需要站在未来3年、5年、10年甚至更长的时间，设想公司或事业未来的样子，再明确公司或事业现在的样子，分析二者之间的差距，来寻找、发现、评估商机，并制定出相应的经营战略，开始行动，以决定当下经营活动需要往哪个方向开始调整、布局。

我现在有一个最受客户好评的产品就是这样规划出来的。这个产品也在支持着我的客户以这样的方式来经营和发展自己的企业。

很多年以前，我曾召集一批跟我一样做咨询顾问服务的朋友一起沟通研讨。当时，我问了他们几个问题：“大家觉得谁会颠覆我们？10年、20年后我们是谁，在做什么？又会有怎样的发展？”全场一片沉默。

当我被反问时，我的回答是：“我个人觉得，第一个搞掉我们这个行业的可能会是投资人；第二个搞掉我们的可能会是大数据公司；第三个搞掉我们的可能会是……”

通过自己的智慧为客户创造最大的价值，甚至刷新商界纪录，以更好地回馈消费者和整个社会，是我做顾问希望达到的最理想效果。但是，我的未来在哪里呢？

从2015年开始，我就一直想做一个顾问服务的情怀产品：组建一个中小企业老板的社群组织，运用我多年积累的经营顾问经验、结合自己30多年经营企业的实践经历，再加上各自在不同领域的资源，大家一起碰撞，创造出更多商机，来支持每家企业走向更好的未来。

社会上与这类老板型社群组织相似的有"私董会"，而且非常热门。不过，我发现"私董会"大多是基于过去的经验来探讨解决当下问题的方法。我认为，世界的万事万物每时每刻都在变化，"只有站在未来，才能更好地经营当下，才有未来"。

1.用未来经营当下

那如何知道未来呢？未来的方向又在哪里呢？凯文·凯利曾说："所有对未来的长期预测都是错的。"不过，未来虽然不好预测，但可以研习、探索，然后实践，至少我们需要先"跳出"过去和现在。

2016年，我创立了"瀚霆研习会"这个中小企业家社群组织，其使命就是"发现未来行业领袖"。在这里，我把自己在经营顾问专业领域积累的知识和经验，通过线上主题授课的形式，选择性地结合当下各类最新热点话题，研习有关战略规划、商业模式、产品定义、组织变革、经营策略等模块的主题，并给出点评、分享我的观点，支持中小企业老板用最短的时间搭建、完善自己的商业理论框架；通过线下集体研讨的方式，围绕每家企业的发展难题进行集体诊断和专业的顾问诊断，并且，我会以顾问的身份来为他们提供支持和辅导；更重要的是，通过研习会这个平台，将各种"弱关系资源"充分地共享运用，创造出更多发展的可能性和商机。

中小企业家们最难改变的就是心智模式，很多东西我们可能"都懂"，也可能"不懂"，但我们尊重"不懂"。正因为"不懂"，才让我们好奇，才让我们探索，才让我们研习。通过在瀚霆研习会研习"向外看"，如企业经营管理、市场环境商机等，我们企业家的知识、眼界已经扩展到非常大的探索领域中。但是，我们对自身的了解是非常肤浅的，所以我们还研习“向内看”。我以自己对心理学和系统动力学的了解，支持企业家们在身心灵修炼方面的个人成长。有需要时，我也会用上企业系统排列的方式，支持他们做出各自的经营决策与改善方案等。

这些“面向未来”的会员企业家们通过不断地学习、研究、探索，然后不断实践、共享共创，从“生意人”成长为真正的企业家，拥有更好的未来。

2.瀚霆研习会案例

我在实践中创造了很多“站在未来经营当下”的案例。

比如，“瀚霆研习会”的会员石传吉，目前为高端知名品牌提供红糖作为原料。他一直苦思如何把他生产制造的云南纯天然、高原生态红糖推向零售市场，分享给更多的人，提升企业盈利空间。

随着人们生活水平的不断提高、消费体验的持续升级，人们对食品安全、健康有机等方面也有了更全面、更普遍的意识与更高的要求。于是，我们在探讨中碰撞出了“食品安全，从糖开始”等关于高原生态红糖未来的发展，以及石传吉企业愿景使命的梳理、产品的重新定义、品牌重塑等，做中国的“纯天然、高原生态”的好糖、放心糖。这就是跳出当下，基于未来的战略探讨。

一家优秀的企业应该认识到自己想要做什么。当你真正认识到时，就不会盲目跟从。

再举个例子，我的顾问客户涟影。“涟影职业女装”的创始人林玮隽，刚开始经营一家淘宝女装店，年销售额不过四五百万。但在我服务的短短三年时间，业绩已近一亿。当时整个行业陷入“价格战”，只能牺牲产品质量来换取微薄的利润，所有的企业无钱可赚。了解到这一情况之后，我们站在未来，重新审视职业女装带给消费者的价值与意义。我们没有参与整个行业竞争的“价格战”和简单的品质改善，以及通过提升服务等来经营企业，而是通过品牌五觉法（视觉、嗅觉、味觉、触觉、听觉），深度洞察，了解用户感受，进行客户画像梳理，站在行业的高度和未来市场的发展方向上，重新定义职业装，另辟蹊径，推出了新系列产品“英伦风”。这个系列产品质量高，价格也高（基本上是当时国内职业女装品牌的最高价格段位），上线后一炮而红，极受消费者青睐，销量倍增。之后，我们没有停下脚步，推出了第二个系列——“约裳”知性小香风系列，也对以往的通勤系列进行了生活化重塑，市场反响非常热烈。经过两三年的努力，涟影如今已经发展成为职业女装行业的领袖品牌，旗下的空姐范品牌已经成为行业竞相模仿和追求的标杆。

现在，我们正在“把职业生活化”。经过多次对未来的沟通探讨，我们决定往“职业生活美学”这个方向实践探索，企业的运营规划和战略布局，也逐渐从经营产品转向经营用户。

“瀚霆研习会”这个圈子的会员，除了一起讨论如何更高效地解决企业当下问题和决策，为彼此提供支持以外，还出现了资源共享共创的尝试。每个人在这个过程当中，都以“站在未来经营当下”的思维，对自己和企业未来的战略规划一边探索，一边实践，一边调整，一边前进。

每次会议活动时，我都很开心地看到、感受到这些企业对未来充满了激情，充满了希望，充满了梦想，充满了力量。我很欣慰，每次实践后的分享，都能听到他们的成果、他们的收获、他们的想法、他们的计划。

如果你想了解更多关于“瀚霆研习会”的信息，请扫描下面的二维码。

前瞻性战略思维

市场、社会、顾客的购买习惯，以至行业都是很大的系统。一家中小企业无法操控它们的变化，就像我们在水中游泳无法改变水流一样。因此，中小企业需要先于对手洞察已经形成的变化，搜索隐藏的改变因素，而且灵活地配合变化。

社会环境、市场需求、消费者习惯是在不停变化的，洞察变化就要求企业对这些因素的变化有全新的了解，在不断变幻的市场中捕获所需信息，在蛛丝马迹中及时发现国家法规政策变动、竞争对手的市场动向、渠道商的不正常动作与消费者需求变化等，从而做出合理判断，即时反应。

洞察变化，同时还要求企业具备搜索隐藏的改变因素的能力，发现目前还没有，但将来会出现的机会或者危机。在顾客至上的年代，谁能掌握顾客需求变化的趋势，挖掘顾客隐性需求进行满足，谁就能在市场中占得先机，为企业谋得利润。因此，企业必须在顾客自己意识到自身需求变化之前，就把其变化捕捉到，这样才能把机会掌握住。否则，等到顾客自己表现出需求时，其他企业也许早就做好应对的策略与准备了。此外，为搜索、获得隐藏的改变因素，企业要把目光放长远，不仅是对现有顾客和市场进行了解，还需关注那些尚未与企业有业务来往，甚至和企业毫不相干的顾客群体，以寻求突破机会。

面对瞬息万变的外部环境，企业只有挖掘和洞察市场变化的方向与影响其变化的因素，时时了解消费者习性与偏好的变幻趋势和规律等，才具备前瞻性战略思维的基础。

如何将前瞻性战略思维转化为商业规划项目呢？可以通过以下八个步骤：评估商机、测试商机、清晰愿景使命、整合资源、选定战略优势、明确未来核心竞争力、精确定位、确定营销模式。

1.评估商机

发现商机对一个企业来说，无论在什么阶段，都是非常重要的。商机存在于市场环境中，需要企业进行大量的观察、市场调查和分析研究，才能够做出正确判断。如果一个企业只顾埋头做事而不往外看，那么它便会失去发现商机的渠道；同样，假如一个企业缺乏对市场的观察力，它也难以发掘商机，更不能对商机做出合适的判断了。

比如，组织企业中具备未来意识、有思维高度（大局观、策略性思维）、灵活、接受新事物能力强的员工，有组织、有计划、有目的收集信息与调研分析，找出商机，进而在内部运用“头脑风暴法”，展开开放式讨论，对商机进行研讨。研讨可采用“左右互搏”法，即让小组内每人独自列出这个商机的“成立”及“不成立”因素，然后集合、全体论证，以判断该商机在市场上是否真的存在。假如经过全体确认该商机确实存在，那么小组继续针对商机的存在提供客观证明、间接证明，进一步验证。

2. 测试商机

商机就是发现问题，解决问题。简单地说，当你发现一个问题时，你就发现一个新的业务，这就是商机。任何不如意，都可能是一个发现商机的资源。

测试商机可以从顾客，行业和科技三个方面着手。

★顾客

传统的心智模式是先策划研发一个产品，不论实物、服务还是店铺等，然后经过各项程序把这个产品推向市场，再通过线上广告、线下地面推广、创意活动等一系列的推广方式进行营销，让产品火起来。这种靠个人或产品研发部门凭借一两次头脑风暴预测出来的产品本身就存在极其不靠谱的风险，想用几个人或者几十个人一时想出来的产品让成千上万的人为之买单，非常不切实际。新时代企业家的心智模式，是在对顾客需求进行足够的调研之后，才进行下一步行动。

★行业

无论何种行业，都必须对行业进行充分的了解，才有可能把握商机。首先要认识到，我所在的行业有没有什么问题解决不了，或者过程很麻烦，但自身可以通过某些方式做得更好，这就是商机。通俗地说，你必须清楚地知道你想做的产品别人是否已经在做。如果没有其他竞争对手，这可能是一个机会；如果已经有人在做且做得不错，这时候就需要评估你自身是否能做得更好，否则，还没出手就先败了。只有经过这样的缜密调查，才能更好地把握商机。

★科技

科技是第一生产力。如今，各行各业都非常看重技术，技术的变革日新月异，一个新技术的出现可以带来无限的可能。正如当初的蒸汽火车、电、网络的出现，直接推动了世界的发展、人类的进步。

3.清晰愿景使命

何谓企业愿景？是指企业的长期愿望及未来状况，组织发展的蓝图，体现组织永恒的追求。企业愿景是企业的发展方向及战略定位的体现。一句话概括，企业愿景就是“大厦建成”的样子。愿景是战略与文化的交集，既是战略的指引，也是文化的导航。

现代管理学之父德鲁克认为企业要思考三个问题：

（1）你的企业是什么？

（2）你的企业将是什么？

（3）你的企业应该是什么？

这三个问题集中起来体现了一个企业的愿景，即企业愿景需要回答以下三个问题：

（1）企业要到哪里去？

（2）企业未来是怎么样的？

（3）企业目标是什么？

当一家企业在成立伊始就能够对这些问题进行很好的回答，那么说明这家企业有着非常清晰的愿景，这对企业至关重要。使命是伴随着愿景而生的，就是企业在奔向愿景的过程中创造的价值与特殊的贡献。

4.整合资源

商机是对有准备、有计划的企业而言的。每个企业的实力、能力与资源不尽相同，只有当企业能力、资源与商机相匹配时，才能使商机转化成实际的效益。选出的商机，应尝试把它跟当下的条件匹配，如判断现有的核心竞争力及竞争优势是否能够支持这个商机，若不能，则找出这个商机需要的是什么。此外，审视企业的其他资源，如企业的潜在优势、人才优势等是否能支持这个商机。如果企业内部能力欠缺，无论人力、组织架构，还是技术、流程等都不支持，那么企业应该重新考虑该商机对于企业的意义，因为此时如果要把握、发展这个商机，等于让企业重新创业。如果大部分配合及支持，但有些重要的资源是短缺的，那么企业应考虑进行资源整合，跟拥有所需资源的企业合作，补上本身的短板。

5.选定战略优势

如果商机经过以上的评估、测试、整合仍能存在，那么企业需要考虑把商机转化成为业务的过程中，你有哪些战略优势。一般而言，战略优势大体可分为四种：

★ 价格优势

价格竞争战略是指企业通过各种途径，比如获取更低价的材料来源，降低生产费用，开拓更有效的销售渠道等，让产品制造成本下降，使企业产品价格比竞争对手的同一类产品的价格要低，甚至是在行业中最低，从而掌握产品定价权，获得竞争优势的一种策略。

★ 技术优势

在新的竞争形势下，哪个企业具备技术优势，哪个企业便能在市场中占领一片天地。技术竞争战略是指企业通过技术的投入，不断研发推出有竞争力的新产品，从而总是走在竞争对手前面，做到产品更新迭代，获得优势的一种战略。这种战略有助于企业获得核心能力，能够不断地适应新的环境，从而赢得市场竞争。

★ 商业模式优势

现代管理学大师彼得 · 德鲁克曾经说过：“企业的竞争，已经不是产品、价格与服务的竞争，而是商业模式之间的竞争。”作为企业的灵魂，一个好的商业模式能够引领企业走向成功的发展方向与轨迹；相反，一个不恰当的商业模式会让企业惨遭淘汰。利用商业模式战略，可以确保企业对内外资源进行最合理、有效的整合与利用，最大限度地为顾客创造价值，满足其需求，同时让企业实现自身的经营目标。

★ 专注优势

专注优势是避开中小企业的弱点，发挥它的优点，不做全面，不搞规模，而专注在“小而精”的战略上。放眼众多德国、日本的百年企业，无一不是做到了专注，在特定领域进行深耕，发挥其专长，而不与大企业比大或进行正面交锋。只有专注在优势上，中小企业才能做到“小而强”“小而美”，在市场上分得一杯羹。

6.明确未来核心竞争力

一个商机经历上述的过程，已经成为一个“可以做出来”的业务方向了。而且，老大也塑造了一个可描述的、有画面感的、可量化的企业愿景，而且能够感召人，鼓舞员工士气。

同时，为确保走向愿景的路程顺利，企业接下来要明确未来核心竞争力。通过阐述企业的未来核心竞争力，让员工与顾客清楚你的企业有什么、为什么比其他企业更有优势，并且为什么这些优势为你企业所独有。这就为你在市场竞争中赢取了主动权，为占有市场取得了先机。

不同的企业拥有不同的战略资源、实力与能力，每家企业都是由不同的资源和能力组合而成的。正是这些不同的组合，形成了一个企业有别于其他企业而拥有的竞争优势和核心竞争力。因此，企业必须建立起未来的核心竞争力，确保企业在竞争中始终处于优势地位。

新时代的企业家心智模式应该是，通过塑造愿景，让企业明确未来发展的方向，再通过不断的积累，逐步建立起企业的未来核心竞争力，确保在可以预见的未来仍然保持竞争优势，让企业持续走在行业前列，为更美好的未来打下坚实的基础。

7.精确定位

定位是指企业通过相关产品以及品牌，基于客户的相关需求，塑造企业特有的文化、形象、个性等，并根植于消费者心中，从而在消费者心中占据一定地位的一种定位形式。如今，产品同质化严重，要让产品与企业在竞争中脱颖而出，让顾客将其与其他企业区别开来，就要求企业必须做好精确定位。当你的顾客被问到“这是一家什么企业”时，你希望他们怎么回答？当顾客可以轻松准确地回答出“这家企业是做什么、卖什么”的时候，就说明企业的定位清晰。

新时代企业家应具备这样的心智模式：企业定位符合你的经营理念及核心价值观。如果一个企业具有正面积极的企业宗旨、精神面貌和经营哲学，便会在产品、服务上塑造起与企业理念一致的定位，从而在大众心目中形成好感度高、正面的企业定位与企业品牌形象。

8.确定营销模式

评价一个企业经营好坏的关键标准，就是最终营销业绩（包括销售额、市场占有率、利润、知名度等）的高低。企业的营销实力决定了企业营销业绩的高低，而企业的营销实力中，营销模式是关键。营销模式是一种体系，而不是手段或方式。

目前公认的营销模式从构筑方式上划分有两大主流：

一是市场细分法，通过企业管理体系细分延伸归纳出的市场营销模式，是以企业为中心构筑的营销体系；二是客户整合法，通过建立客户核心价值，整合企业各环节资源的整合营销模式，是以客户为中心构筑的营销体系。在这两大模式的基础上，围绕具体营销过程衍生出了众多手法和策略。

所以，商业项目的最后一步就是确定营销模式。

【瀚霆实践】

早在2004年，刚“出道”不久的我就为国内某著名景区的宾馆做了一次非常特别的商业规划项目，当时定的主题“侠”文化，至今还让我记忆犹新。

这个项目可以说是市场“倒逼”诞生的。由于该景区的知名度高，前来游玩的游客数量众多，景区相当火爆。随之而来的便是会议市场的显现，并有迅速扩大的趋势。当时无论景区的整个宾馆行业还是该项目本身，对于这种突然升温的市场热情应接能力不足，能够提供的服务容量和档次也不够。也就是说，该景区整体的酒店宾馆业迎来了变革和发展的机遇。基于此种情形，投资方想打造一个既有当地特色又富有创新能力的酒店住宿项目。由此，我开始了项目的规划。

1.商机的评估、测试

开始接触项目，就进行了商机评估、测试，看看未来的商机在何方。众所周知，该景区称得上一个不折不扣的大品牌，享誉全国，甚至扬名海外。对于该景区而言，有一点非常清晰，那就是游客足够多，而有人就有需求，有需求就有商机。这一点毋庸置疑！但同时值得注意的是，我在调查中发现，当时前来游玩的游客，包括旅行社团客和散客大部分为一日游，当日即走，真正愿意入住景区酒店的游客并不多。其中的原因就在于当时的交通条件和旅游线路的安排让众多的旅客形成了一种认识——来该景区当日游玩即可，而且以当时景区的基础设施和娱乐项目，也没有能吸引游客留在景区住宿的理由。

2.资源的整合

企业资源有限，进行资源整合有利于集中力量做正确的事。在这样的情况下，我对企业自身的资源进行了综合统计和分析。通过对投资方资源的调研，我了解到除了著名景区这一品牌的利好之外，投资方还和政府、旅行社等建立了良好的关系，同等条件下享有优先权。这对于发展特色酒店项目无疑是一个很大的帮助。而且，我当时就认为，像传统的酒店项目那样仅仅靠投资方和景区的品牌是不够的，还要依托区域的其他行业和组织，一起共同打造一个创新型、独具特色的项目。在进行市场调研时，我看到其他城市一些非常有想法的案例由于项目定位错误而失败。因此，我意识到该宾馆项目的定位既要与大景区协调，又要适度错位，不能仅仅作为景区的一个小配套产品，它应该是基于景区衍生出的创新型产品。

3.选择战略优势

思路决定出路。在战略模式的选择上，我当时是这样考虑的。该景区宾馆项目天生具有地理优势，天生具有强势地位，所以，在给宾馆定位时，我选择的是逆向思维，为巩固其地位注入灵魂，使其生动鲜活，具有强大的生命力。生命力来自哪里？来自内涵、意义、价值等，这些词语大家通常会理解为“文化”。没错，就是它了！因此，当文化主题定位一出来，我就在想该景区和什么有关联，可以为它注入什么文化内核。可能灵光一闪，也可能金庸先生的小说看多了，“武侠”一下子就从我的脑海中蹦了出来。之后，武侠、江湖这一系列的联想就停不下来了。再回头细细一想，该景区和当代中国人心中的那种武侠情结确实存在某种关联：在金庸先生小说的熏陶下，武侠世界成为那个时代成人的童话、梦想的天堂。机会来了！马不停蹄，我立刻开始调研该区域的旅游形态，发现该景区所在的大区域旅游形态都是相对落后的，整体缺乏系统的资源整合。与该景区一样，大部分的旅游景区都仅仅是观光旅游或简单的度假式旅游，完全谈不上体验式旅游，也没有类似基于景区而创新出的概念产品。因此，将专注做到极致，充分利用自己的独特优势，打造该景区的“侠”文化主题酒店就应运而生。我们不做大而全的豪华综合型酒店，就做特殊别致的“小而美”酒店。当然，这个“小”不是指规模，而是指酒店特色。

4.核心竞争力

确保自己的竞争优势，才能获得成功。由于当时的整个大区域还没有类似的主题体验式酒店，可以说是开先河之举，这种首创的体验式酒店就成为相当显著的竞争优势，成了宾馆项目的核心竞争力。与此同时，当时世界范围内的主题酒店逐渐开始流行起来，如以金字塔为主题的金字塔酒店、以好莱坞为主题的米高梅酒店，包括广州番禺的长隆酒店等都有着骄人的成绩。所以，从这一点来看，这个景区的宾馆项目竞争优势明显，前景一片光明。

5.愿景

企业愿景指引着未来的发展方向。其实，对于中国人而言，所谓的“侠”文化，其真正的核心内涵是“仁”“信”“义”“智”“勇”。以“侠”文化打造主题酒店，其核心也是通过展示“侠”文化的外在形式来吸引消费者。在打造“侠”文化主题酒店这一战略优势的定位确立后，我又以“探寻景区天险，体验侠骨柔情”作为项目的吸引点，把景区资源和酒店特色结合起来；同时，在此基础上，还为项目塑造了“为将来打下基础、为景区树立形象、为梦想开辟天堂”的愿景，感染更多人，以期未来有更大的发展空间。

6.定位

★ 顾客定位

在产品已经规划好的情况下，接下来就需要对产品进行准确的目标人群定位。对景区宾馆项目来说，产品就是“侠文化”主题酒店客房，当时的主要目标消费者主要是外地游客。因此，可以尝试利用主题酒店以及投资人与旅行团的良好关系，改变旅行社的组团形式，进一步扩大消费群体。同时，目光放长远，在市场的开发方面下功夫，未来增加散客和本地消费者数量。对于该景区项目来说，散客才是更有价值的市场。本地消费者主要针对餐饮和娱乐，同时起到平衡淡旺季差异的作用。另外，作为旅游业者，我们还有一大任务就是引导消费，引导消费者如何消费，引导消费者更多地消费。这就促使我们要加大深度开发和延伸服务的力度，只有这样才能真正把旅游市场做大做强。

★ 顾客开发

此外，项目制定了开发策略：从让游客因为景区来项目宾馆，到让游客不仅仅因为景区来项目宾馆，甚至不因为景区来宾馆，步步为营，打造“深度旅游”，把“侠文化”主题体验式酒店推向所有人。

★ 品牌定位

还有特别值得注意的一点是，关于企业的品牌形象问题。品牌定位是指企业根据对自身的期望与目标，向市场推出的企业品牌形象。简而言之，就是当你的顾客被问到“这家企业你觉得怎么样”的时候，你希望他们怎样回答。这就是企业的品牌、形象定位目标。如果企业形象做不好，便无法建立良好品牌。因此，无论政府机构、旅游团的合作，还是线上、线下的广告宣传，以及酒店布置介绍等，都着重强调“侠文化”和投资方品牌，并且可以打造一些与“侠”有关的赛事、评选活动等，提升知名度与关注度，在打造品牌形象的同时吸引更多的消费者。

★ 服务定位

当然，一家优秀的宾馆提供周到的服务是最基本的要求，而作为“侠文化”的主题体验式酒店，一定要让客人感受到“江湖”和“武侠”的气息。比如，接待服务人员的着装和问候语、整体外观设计、房间的布置和名称等，整体一系列的服务细节都要有武侠的味道。最后，也是最关键的一点，就是价格。在这一方面要着重主题和体验，作为最主要的产品，客房的类别分层尤为重要，“侠”文化氛围不一，体验不同，价格自然有区别。

7.确定营销模式

在完成产品定位之后，最重要的就是如何让消费者感受到你的产品优质、精良，也就是产品的营销模式。根据传统的需求理论，旅游或主题体验式酒店这样的产品和服务，并不是生活的必需，而是一种心理的需要。这就对宾馆的体验感提出了很高的要求。而且，我们一早定下了项目作为体验式酒店的基调，对于酒店的要求必须是，在视觉的观感、日常的生活起居，以及饮食休闲方面都要带给消费者极致的主题体验。消费者在进行体验式消费的时候，往往是一种感觉，并不是追求最好的实用感（当然居住舒适必须是基础），这就为项目的盈利模式提供了参考。心理层面的消费远比生活层面的消费要冲动得多。因此，在营销这一块，宾馆能够把体验感做好、做精，就已经成功了一半！

如今，企业和组织不计其数，但每个行业、每家企业、每个组织都是独一无二的，没有任何两家企业可以使用完全一样的战略而大获成功。因此，要充分考虑各行各业的特殊性，具体问题仍然要具体分析。不过，无论企业运作细节，还是大方向战略思维，终归是有律可循、有迹可查的；只要在遵循市场规律的基础上，通过一步一步地收集信息、评估、测试商机、进行资源整合，再到选定战略优势……逐步进行调研分析，最后企业的未来发展方向就逐渐清晰起来，商业规划也就自然而然完成了。

小 结

1. 关于企业的发展和未来，无外乎两点：一是产品或服务的未来，即企业为社会所提供的价值；二是企业自身的未来，即企业该往何处去。这是关乎企业生死存亡的关键。

2. 研发不一定是指开发新产品，只要是针对现有的产品，不管是产品销售、生产模式，还是顾客服务等环节进行改变，都属于研发的方向和目标。

3. 帮助挖掘顾客需求的有四类人：接触顾客的一线员工、终端使用者、神秘顾客、未来顾客。

4. 产品链基本分为替代性和添加性两种性质。

5. 对无法放在一起，即无法对同一顾客群产生吸引力的产品，可通过以下三种方法分开对待：（1）根据形象、市场、价格定位不同，考虑另设公司负责；（2）同一公司，发展不同品牌；（3）对不同产品，组织不同的团队负责。

6. 产品的真正问题是“企业的下一个产品将会是什么”。

7. 研发主要分为两类：（1）改善现有产品和服务；（2）发展全新产品、服务、交付模式。

8. 未来市场上出现的产品不再仅仅是为了迎合普罗大众，而是会出现一些专门供某些阶层或特殊群体使用的产品。

9. 中小微企业研发的四大创新，即科学技术型创新、模式结构型创新、用户体验型创新、流程效率型创新。

10. 绝大多数企业面临的最大问题，都源自于违背了“动、变、前”三个字，都源于维持一个旧的无效的模式。

11. 找出未来的机会，就必须在三方面做工作：往外面看，往内部看，再看自己。

12. 往外看主要有几个方向：大环境、行业、顾客群体和竞争对手。

13. 企业竞争优势主要分为核心竞争力、竞争优势和潜在优势。

14. 老板与企业家的本质区别就在于，是否有清晰的愿景和使命，愿景与使命的确立标志着企业老板向企业家的转变。

15. 要找到企业的未来，就必须有前瞻性战略思维。前瞻性战略思维，简单说就是站在未来经营当下。新时代企业家心智模式应该是，用未来决定现在。

16. 所谓战略思维，就是面对企业经营管理的实际问题，运用抽象思维所形成的若干相关因素，连续地、动态地、全面地度量这些相关因素的数量变化程度，并找出这些相关因素在数量变化程度上相互影响、共同变化的规律性。

17. 只有站在未来经营当下，才有未来。一家优秀的企业应该认识到自己想要做什么。当你真正认识到时，就不会盲目跟从。新时代企业家的心智模式必须认识到，要想找到企业的未来，就必须有“站在未来经营当下”的思维和高度。

18. 将前瞻性战略思维转化为商业规划项目的八个步骤：评估商机、测试商机、清晰愿景使命、整合资源、选定战略优势、明确未来核心竞争力、精确定位、确定营销模式。

19. 企业要思考三个问题：（1）你的企业是什么？（2）你的企业将是什么？（3）你的企业应该是什么？

20. 企业愿景需要回答三个问题：（1）企业要到哪里去？（2）企业未来是怎么样的？（3）企业目标是什么？

第六章　个人心智

关于影响企业成败的原因，不同的人观点不尽相同。陈述企业成与败的原因的观点、论据比比皆是，如“心态决定企业成败”“关系决定企业成败”“战略决定企业成败”等，不胜枚举。

而我认为，企业里所有的问题都是人的问题，企业里所有人的问题都是老大的问题，老大决定企业的成败。打个比方，许多中小企业普遍存在的人才难找与人才难留问题，除去外部环境因素，其实根本是因为老板没有能力吸引与培养人才；再如老板作为企业的领头羊，假如他个人失去努力的方向与目标，那么整个企业也会失去运营方向与目标。而企业所有老大的问题都源于他的心智模式问题。

所谓心智模式，即一个老板的身心状态，也就是老大的定位、思想与行为，包括他如何看待他本人，如何看待其他的人、事、物，如何看待问题。老大的心智模式最终决定他的思维模式、情绪模式、言行模式以及处事模式。

中国大部分中小企业老板智商、能力上的差异往往都不是太大，但心智模式却是落差巨大，而正是因为心智模式的差异，造就了一些企业极其成功，一些企业难以突破，一些企业惨遭淘汰。

总体而言，老大的心智模式主要体现为五大方面：

（1）老大本人的身份和状态。

（2）老大面对问题的心智。

（3）老大的经营心智。

（4）老大的系统心智。

（5）老大的未来心智。

一、老大本人的身份和状态

对本人身份认识的正确与否，直接影响着老大管理企业的方式是否有效。

不做员工的“父母”

很多企业老大心善仁慈，很为员工着想，很想照顾好员工，这是好事。但是，老大必须以“企业老板”的身份照顾员工，而不能以“员工父母”的身份照顾他们。如今社会上到处充斥着“披着成人外衣的小孩”，企业也不例外。绝大部分员工的内心是企图在企业老大身上找“爸妈”（即心理学上所说的“投射”）。一旦老大接受了这个身份，他对员工的引导将会很吃力，而且没有效果。

当老大把自己当成员工的父母，把自己的员工当作小孩，他们便会很快地调整自己，让自己做出小孩的行为，让你照顾、让你管。如此一来，无形中助长了员工的“托付心态”。

“托付心态”就是把自己生活中的成功快乐的控制权托付给别人。许多中小企业老板做企业非常勤奋，总是本着身体力行，凡事亲力亲为的态度，甚至把所有执行层面的工作全揽上身，做得比员工还辛苦，而在照顾员工上更是如“带孩子”般，事无巨细。

长此以往，员工养成了只要有问题就来找老大的习惯，从没想过自己开动脑筋寻求解决方法。于是，老大每天都有忙不完的事、解决不完的问题，无暇思考企业的未来。

员工受到老大父母般的照顾，满足于安心、保障，就不求上进，努力“练精学懒”。当老大需要他们做出对企业尽责的努力之时，或企业需要精简裁员、减薪、减福利时，他们便抱怨公司不照顾他们了。这就是老大当了员工的父母，而导致员工产生的心态——我是小孩，你需要照顾我。

建议日后企业老大要嘱咐自己的团队，当遇到问题时，“不要带着问题来找我，要带着三个解决方案来找我”。

还有一种老大做了员工父母的表现是“管员工”，认为“不管他就乱了”。什么人需要管？小孩！当老大把员工当小孩，自己当了员工的父母，让员工相信必须要你管他们，他们很快就会调整自己，调整成一个让你非管不可的人，如同小孩。当你管他时，他一定会做出不让你管的行为。

换成员工也一样。如果你去管，员工很可能会“乱搞”，因为他脑海中想的是，反正你都会来管。试想，小朋友是不是也如此？小朋友很多时候都是抱着“趁着还没有人来管，赶紧多玩一会儿”的心态，而非自觉做需要做的事情。放在公司也是这样。当老大外出，员工便开始偷懒，做无关工作的事；当老大要回来了，就切换成做公司的事，假装在忙。这不就是猫和老鼠的斗争游戏，是一种操控和反操控的博弈行为吗？一个人要管，另一个人偏偏不受管。

实际上，企业老大要明白的是，绝不能做员工的父母，而是需要让员工意识到，每个人都需要照顾自己的人生，对自己的人生负起责任；人生中的成功快乐，也只有自己可以找到。如要依靠别人才有成功快乐，就算有这个可能，也是危险的，因为别人既没有这份能力，也不一定会永远陪在你身边。

只有你真正把他们当作成年人，让他们知道自己有足够的能力照顾自己，并且在接受这份工作时也就意味着有足够的能力和责任感，对这份工作负起责任，那么他就会采取行动，证明他就是这样的人。也就是说，你把他当成什么，他便会按照你给他的定位来调整他的内心，做出符合身份定位的行为。

假如让员工明白这个道理，他们便会以自己为生命的中心，负起责任，培养知识技能，并且提升自己的思想层次，同时抱着“三赢”——“我好、你好、世界好”——的信念，为自己在工作上取得成功快乐的同时，也使其他人、企业，甚至整个世界有所提升。

把“身份定位”了然于胸

事实上，所有企业里的问题，都是“身份定位”的问题。

身份定位问题主要体现在三个方面：

（1）身份定位模糊，即无法辨别遵从办事（如上述的老大做了员工的父母）。

（2）同时有两个身份定位。

（3）在A身份定位，做B身份定位的事。

身份定位问题在家族企业、家庭企业以及朋友合伙企业尤其普遍。

对于夫妻档，应把彼此的夫妻身份留在公司以外，从踏入企业的那一刻起，两人就进入各自在企业的身份中去（如上级与下属的关系），从称呼开始，从在家称彼此为“老公”“老婆”，调整至“王总”“林工”等。这里需要注意的是，假如在一个公司里，妻子是丈夫的上级时，与家庭中的序位颠倒，彼此容易有矛盾，造成关系破损。若有上述情况，建议两者最好分开工作。

对于朋友间的合作，同样将朋友关系留在下班离开公司之后；在公司共事时，严格遵从自己在企业中的身份，并以各自在企业中的身份称呼对方。根据每人每次负责项目的职务，决定每人每次序位的高低。建议在企业中安排不同颜色的会议室，根据项目的职务与负责人是谁，而到不同的会议室开会，以精准的身份定位达到最好效果。

企业老大只有处理好自己在企业中的身份定位问题，才能在处理企业问题或做企业决策时保持思路清晰，不受其他身份干扰，让其所做的事情真正有效果、有意义。

老大本人的状态

老大本人的状态同样影响着他看待人、事、物的角度、维度与方法。具体来说，老大的状态可从资格感、力量感，对成功与快乐的认知，如何看待“必须辛苦、忙”和可以“轻松成功”与情绪压力管理能力等几大方面看出，并进行培养。

资格感

很多企业家之所以不成功，是因为其认为“我没有成功的资格”“我哪里会有这么好的运气”，或者“我的命就是这样，是应该受苦的”。在这种限制性信念下，他们接受了他们认定的“命运”，甚至会含笑受死。这就是一般人说的“认命”的态度。这是在中国人中十分常见的现象，主要原因就是自我价值不足。

中国的传统教育方式容易培养出“没有资格”的限制性信念，造成许多人内心自我否定，资格感缺失。作为企业老大，当资格感缺失，则倾向于在内心深处将自己身份定位为“没有资格成功、轻松、快乐”。这样一来，他们会愿意勤奋辛苦，却不能成功。因此，中小企业老板应提升资格感，有意识地让自己培养出健康的心理。

提升资格感，也就是指提升认为“我”有资格做到接受生命的意义，并且与此有关的一切事物的意识。资格感源自与父母的连接，因此解决资格感缺失的方法，首先可采用接受父母法。（接受父母法在此不做详细介绍，若想了解，可进入“企业家心智模式”微信公众号，输入“接受父母法”获取李中莹老师语音引导及相关资料。）

其次，可找到一位拍档，在日常生活中根据以下两个步骤进行资格感重塑练习：

（1）手按胸口，双目看着对方的眼睛，不可移动（若移动就重新开始）。

（2）下面四句话，逐句说三遍，不得太快，过程中不可眨眼睛（若眨眼就重新开始）。

我有能力轻松地成功！

我有资格轻松地成功！

我爸爸允许我轻松地成功！

我妈妈允许我轻松地成功！

资格感可以通过练习提升与重塑，中小企业老大可以从以上步骤开始，经过重复练习以加强信念，逐渐做到自信、自爱、自尊；并信赖自己有足够的能力、资格取得所追求的价值，并在这些价值不断的累积中，最终实现人生的成功快乐。

力量感

一些企业老板在成长的过程中，未能培养出足够的自我价值（自信、自爱、自尊），所以他们总是觉得自己没有足够力量去处理企业以及人生里的种种事情。在缺乏力量感的状况之下，老大在遇到企业经营与发展中的问题时，往往会有无力感，不知如何面对，甚至逃避，影响企业的健康运行与发展。

因此，要想让企业顺畅运转，必须先从增添老大力量感开始。事实上，一个企业老大本来便有这些力量，“增添”只不过是帮助他们重新发现和运用这些本来就有的能力。

“借力法”是最直接的增添力量的技巧，其实是直接运用NLP里面最基本和重要的概念“模仿”（modelling）：模仿一些拥有力量的人。一个自信不足的人，就是觉得自己的力量不足，可以运用“借力”的方式去“借”另一个人的力。借力的对象，可以是相熟的人，也可以是不认识的人，更可以是历史人物，只要能够想象出那个人的模样，便可向他借力。（关于借力的方法在此不做详细阐述，有兴趣者可以进入“企业家心智模式”微信公众号，输入“借力法”获取李中莹老师语音引导或相关资料。）

如果中小企业老大在日常生活中，或在企业工作中，多加强自身的力量感，那么在日后企业运营过程中遇到任何问题时，都能够不再怯懦，有力量应对。

成功与快乐

成功快乐，人皆向往，然而，由于心智模式问题，我们在追求成功快乐的同时，却往往无法得到成功快乐。许多人视拥有成功快乐的人生为目标，可实际上这并不是一个有意义的目标。成功快乐只是内心的一种感觉，成功也许由外界来界定，而快不快乐是由自己决定。“可以有不快乐的成功，不会有不成功的快乐。”

举个例子，假如你的目标是企业今年要赚到一千万，那么这一千万便是所认为的“成功的目标”。假如最终你只赚到了五百万，那么你便不能获得成功，不能拥有快乐了吗？事实上，当你沉下心来思考，环视整个市场环境与衡量自身条件，也许发现做到五百万已是足够好的成绩了，这时你便会产生快乐的感觉。而这种不被认为是成功的情况，实际是成功的。

无论在日常生活中，还是企业经营中，人们很容易从心智模式上认为自己清楚要走向哪里，可事实上到头来不知道自己在忙些什么。

“达到目标”的重要性被大肆渲染，甚至市面上的培训课程几乎都在灌输达到目标很重要。于是，企业老板们纷纷定起目标来，并把所有的精力都放在“达到”上，当不能达到时就告诉自己要坚持。然而，当你把精力放在“达到”，“目标”的存在意义就只是为了达到而已，而一切为“达到”而产生的行为，不过是为了证明自己是多么勤奋、努力、辛苦地“坚持”罢了，并非真正想要达到目标取得成功。

很多人的内心是“我没资格成功”，而非真正追求成功，因而其所做的一切，只是为了证明“我非常辛苦，同时不能成功”，于是导致“我愿意非常辛苦，同时不能成功”这个状态出现。

比如，以杭州为基点，往东是上海，往西南是昆明。有个人要去上海，在黄昏时驾车上路，向着太阳的方向而去。同行的人发现不对劲，提醒他去上海应驱车往太阳相反的方向才对，可这个人始终坚持他是对的，认为坚持就一定会成功。当被质疑时，他可能会说出“我是对的，两个方向都在同一条高速路上”来坚持往前走。更荒谬的是，他甚至会讲出“我是对的，地球是圆的”这类妄语。可见，当方向不对，却选择坚持，只会让自己离目标越来越远，同时因为选择坚持，所做的一切都让自己越来越偏离目标。

还有一种情况，就是坚持拼命地忙。你是否想过，这就如同跑步，假如你是拼命地在跑步机上跑，那么你即便跑到累趴下，也只是停留在原地而已，并没有到达哪里。所以，如果只是盲目地跑，把目标放在“达到”，忽略了“目标”本身，更忽略了“目标”对你来说的意义，那才是大问题。

任何一个人的思想、情绪和行为，都受他内心的信念系统支配。而一些限制性的信念，使这个人在面对某些人、事、物的时候，不能做到三赢，也感受不到应有的成功快乐。

对于许多企业家而言，过去积存的选择也就是他头脑里现有的神经元网络，如选择“辛苦地赚钱”，而这些选择已证明无效。但是，由于这些选择已经存在于他的神经元网络之中，以至于当他每次遇到同一件事时，都只会重复不理想的效果。

要想让他有所改变、做得更好，必须先让他建立一些更有效的信念，比如坚定相信“可以轻松与成功”，在其脑中建立新的神经元网络，改进对同类事情的想法与做法。

“必须辛苦必须忙”才能“成功”吗

中小企业老板做得辛苦、不成功，往往源于其心智模式问题。要做到轻松满足、成功快乐，需从心智模式的改变开始。

记得五六年前我在课堂上讲那句“要辛苦才能赚的钱就是不该赚的钱”时，底下的学员是一群做中小企业做得很辛苦的老板们。对于这句话的反应，有的认为我无法体会他们的辛苦之处，有站着说话不腰疼之嫌，有的认为我不尊重他们的勤奋与努力。

我当时让他们做的是，暂时把因这句话而产生的个人情绪、感觉拿掉，而尝试去想一下：假设我说的话是对的，结果会怎样？这群企业家沉默片刻，终于有其中一位回答说：“想了想，之前从来不允许自己去想轻松的方法，因为我认为这是不可能的。假如去想，会有犯罪感。”

要辛苦才能赚的钱就是不该赚的钱。这句话背后有两个信念：一定有更轻松的其他可能性；过去没有沿此方向思考和策划。然而，许多企业家习惯于按照过去的信念去看待不同的事情，倾向于认为“赚钱就是辛苦的”“辛苦才能赚到钱”，因此一边喊着“辛苦”，一边沿用同一套经验、模式来经营企业。

事实上，如果你想要做出一件事，首先你需要相信它有可能。也就是说，假如你希望做企业能够轻松与成功，那么你必须首先相信轻松与成功的可能性。只有相信了，你才有可能接下来找到一个新的方法去做，再根据有效性进行选择，有效则继续做，无效则另寻他法。这也是成功三部曲。

各位企业家，不妨问下自己，是否允许自己去想轻松的方法。有很多人总是抱着一堆理由，把自己排除在可以做得轻松的方法之外，比如“这么容易别人早就想到了，怎么可能轮到我”“做老板应该比员工更勤奋”“我自己做不到的不能要求别人做到”等一大堆措辞，让自己成为企业中最忙、最辛苦的一位。

以在课堂上一位学员的故事为例。学员A对我表示，他目前在经营一家培训公司，公司的现状是必须收购一家互联网公司，收购同时意味着未来三年需要投入大量资金；如果不收购，现在经营的传统企业便会面临倒闭危机，而收购资金又无法得到支撑。因此，企业现在经营得非常辛苦，但又不知道该如何跳脱出来。

我的看法是，经营企业不止一招，一心念着一招两招，只会陷入问题本身，维持“辛苦赚钱”的思维模式。事实上，经营企业需要坚信“可以轻松与成功”，坚信还有“第三招”“第四招”“第五招”，一定会有三种或以上的选择。

在学员A的陈述里，不难发现他呈现出的都是规条式信念，也正因为如此，使得他的选择性受到限制。

如第一句话中的“必须收购，不收购会死”，“必须”便是受规条式信念驱使的人常用的字眼。在这个信念下，促使学员A在寻求解决问题的方式与选择上受到思维限制，认为“只有收购，企业才能活”，此外别无他法。事实上，解决问题的方法往往并不只有一种，人生也没有什么是“必须”的。认为“必须收购才能活”的想法，不过是让自己履行“辛苦才能赚钱”的信念得到实现罢了。

紧接着的第二句，“要收购，可资金无法支撑”，无非进一步呈现他限制性信念带来的后果罢了。一心认定了收购才能活，于是把收购作为目标，全然不顾具体条件（资金无法支撑），僵持在辛苦、纠结、困难的局面中。实际上，没有资金收购，企业还可通过并购、合并、寻求投资合作方等方法来摆脱困境啊。可能性并不只有一个，关键在于你是否允许自己能够“轻松成功”罢了。如果一方面说没办法，另一方面又希望企业成功，这实际上是非常矛盾的。

建议各位中小企业老板，再遇到问题时，不妨用这样的方式问问自己：凭什么你知道？凭借哪些你知道？为什么……应该这样？你是依据什么做出这样的判断的？是否还有其他选择？通过类似不断的对话，让自己思考，允许自己思考更多的可能性。

情绪压力管理

老大的情绪压力管理影响着企业管理的状态，无法管理好自身情绪与压力的老大，是不容易管理好企业的。具备良好的情绪压力管理能力，能够使老大的情绪与身心处于一个相对稳定的状态，因而在企业运营遇到问题时，能够迅速调整自身状态，从而冷静沉着找出应对方法。

通常老大处理自己的情绪是通过以下三种途径：

（1）忍：隐藏在心里。

（2）发：发泄出来。

（3）逃：使自己忙碌，不去想起有关的事情。

三种途径都没有效果。隐藏在心里造成本人的心情不稳定，形成很多心理症结，现在的科学研究已经证实这会引起严重的健康问题。发泄出来的方式包括发脾气（这影响了人际关系和别人对你的看法）、暴饮暴食或疯狂购物等行为，每次发泄过后还是觉得不成，经常要重复发泄，造成很大的后遗症。使自己忙碌不去想有关的事情，当时有点效果，每当夜深人静，独自一人时，那些引起困扰的事情和情绪便会“才下眉头，却上心头”，往往造成失眠问题。

“NLP简快身心积极疗法”中有很多处理个人情绪的技巧，可分为两个部分：治标和治本。这些技巧都很有效，使人重新成为自己情绪的主人，掌控自己的人生，在情绪面前有所提升和突破，而不是无奈和无力。其实，所有心事困扰都会造成情绪问题。处理了问题，情绪便消失；处理了情绪，能力便走出来。能够面对和处理问题，问题也更快、更易消失！

治标的技巧，可分为四类：

（1）消除：把事情引起的情绪消除掉，再回忆那件事情，内心感到平静。这类技巧包括快速眼球转动脱敏法、消除因亲人去世的悲伤法、改变经验元素法等。比较复杂的技巧有消除恐惧法、重塑记忆法、化解情感痴缠法等。

（2）淡化：把内心的大部分情绪感受化解，只剩余轻微的感觉。这类技巧包括现场抽离法、逐步抽离法、生理平衡法、混合法、海灵格法等。减压法能减轻因压力而产生的紧张状态。如果情绪来自本人的能力欠缺，则可以运用可增添能力的各种技巧。

（3）运用：几乎所有的负面情绪都有其正面的意义和价值，不是给我们力量便是指引我们行动方向。所以，凭着内心的情绪，我们可以做很多使自己提升、三赢的事。

（4）配合：接受内心的情绪，做最能配合它的事。就如疲倦时不应开车，心情不好时避免做出重要的决定，愤怒和有压力时去运动而不要谈判，担忧和伤感时把需处理的事减到最少。

治本的技巧也可分为三类：

（1）改变本人的信念、价值观和规条：因为情绪的真正来源是一个人的信念、价值观和规条，当它们改变了，同样的事情出现时，这个人的情绪状态便有不同。这类技巧包括换框法、信念种入法、价值定位法等。如果所涉及的信念属于“身份”层次，则自我整合法、接受自己法等会很有效。

（2）处理涉及本人身份层次的问题：这可以是一些关于身份的局限性信念，或者与家族系统有关的身份问题。可以运用家庭系统排列方面的概念和技巧做出处理。

（3）提升本人的思维处理能力：这类技巧，在于增加一个人的智慧，不能寄希望于学习一两个专题技巧便能达到完满的境界，而需要不断地修炼。NLP的十二条前提假设便是属于这个范畴，若能在每件事中都充分地实现这些前提假设，人生里绝大部分的困扰都不会出现。

在我研发的“企业家心智模式”这门课程里，包括以上很多技巧，可以处理情绪方面的问题。（你可以通过进入“企业家心智模式”微信公众号，输入“情绪压力管理”获取李中莹老师的语音引导或相关资料。）

二、老大面对问题考验的心智

企业中的问题本身并不是问题，你看问题的态度才是问题；企业中的问题本身并不复杂，复杂是因为你站错了位置。事实上，在企业经营当中，老大面对问题的心智模式主要体现在以下几个方面。

坚持做“死”还是做“成”

坚持做“死”常常表现为“证明为什么做不到”，而坚持做“成”则倾向于表现为“如何做到”。

许多中小企业老板在经营企业时容易进入一个怪圈，那就是，不证明“为什么企业能经营得好”“为什么企业能做得到某事”，而证明“为什么企业会经营不好”“为什么会做不到”。

比如，某个学员曾经对我说：“作为中小企业，我们没有华为的技术，没有李嘉诚的财富，没有国美的销售网络，没有……”我当时就对她说：“所以你是在证明中小企业该死吗？”

事实上，我相信每位经营中小企业的人，都是为了“让企业活”，都是为了“让企业做到活”。既然做企业是为了“活”，而不是“死”，那么为什么你就不能找一个理由，证明“中小企业能活”呢？

那些口中说“没有……没有……没有……”来证明做不到的人，实则内心渴望着成功。究其原因，不过是陷入了习惯性的“没有办法”心态之中。

“没有办法”的心态是导致无法突破的执着情绪。“办法”不是指一个方法，而是指一个人至今已知、已做之外的所有方法。在企业中，不难发现许多老板习惯于一种固执的思维模式、行为或处事模式，却同时又对效果不满。他们倾向于把责任推卸给他人或世上任何事物，如“没有技术”“没有资金”“人才不足”等，来展示为什么某件事情做不到。归根结底，这都是因为维持一个无效的思维、行为模式太久，又不做出改变。

或者，有人习惯于用“难”等字眼来阐述一件事情做不到的原因。其实把焦点放在“难”上是没有意义的，世上的事没有难与不难，只有懂与不懂。你懂就不难，不懂就难。所以，应停止思考“难”，而应思考“如何做到”，因为关注“难”对你并没有好处，只不过是解释你为什么做不到罢了。与其如此，不如思考“如何做到”，走出第一步，从改变心智模式开始。

坚持无效模式还是寻求改变

人是不愿意改变的，因为改变带来陌生感，因而宁愿在痛苦和无力感里挣扎。许多中小企业老板也一样，把太多的精力专注在过去——“解决问题”，及现在——“维持旧模式”，而往往完全忽略了“未来”。

所以，中小企业做得那么辛苦，归根结底，只因所有的工作中都围绕着昨天的问题、当下的纠结，头脑里面完全没有思考过未来。每天每时每刻都是为了做而做，就算做了，也只是为了解决昨天的问题，稍微缓解当下的纠结，把未来完全抛在脑后。

事实上，企业里的任何一件事都是为了未来，无论招募人才还是辞退员工、成立公司，抑或研发、生产、销售产品，都是为了企业能有更好的未来。如果你没想过未来，那么便不会知道该往哪里走，只能维持原来做事的模式，即使它已无效，也没想过要做出改变。

有些企业家把“坚持”当作美德，认为坚持到底就是胜利，却忘了坚持无效的模式只会帮助你维持不成功的状态罢了，并不会使你获得成功。

坚持与灵活，哪个对，哪个错?

实际上，它俩本身没有对错，因为都只是经营企业的工具、途径而已。对它们的正确态度应该是用效果衡量，有效就坚持，没效就灵活变化。

"坚持无效模式"的现象及衍生行为在中小企业很普遍，企业老大们不妨看一下在过去一年里有没有检视和改变流程、操作指引、工作指引、跨部门协作模式、组织架构以至任何运营模式。

一个企业是否已经维持一个模式太久，从上述现象就可非常直观地看出。许多企业的运营模式一用便是好几年，由于太习惯了一种模式，或"当局者迷"，于是当它开始失效时，依然未曾想要做出任何改变。

当意识到旧的运营模式越来越无效，可又没找到更好的模式，没有找到如何更好的方式，于是选择维持不变。这也是为什么很多企业长期没有更新升级流程、指引、架构等的原因。

建议有上述现象的企业，不妨在经营过程当中不断提升自我觉察能力，试着从每天每时每刻每件事中抽离出来，思考一下：企业事情进度是否满意、效果是否理想、大局是否平衡、发展是否顺利？通过自我审查，找出目前所用方法的使用时间有多长、效果如何；反思一直使用该方法，最终会出现何种情况，并思考是否还有其他方法的可能性。……

通过这种技巧，不断思考，寻求突破，并在此过程中坚持灵活的态度，未达理想效果便不妥协，进而不断地去寻找下一个新的改变。

如何看待"团队出错"

老大看待问题的心智还体现在看待团队出错的问题上。传统的心智模式倾向于把出错当作一件不好的事情，因而常常以惩罚作为处理的方式。实际上，老大该有的心智应该是把错误定性为团队的学习机会，意识到"做错"是行为未达到效果目标，是"学习提升"的需要呈现，而不是"惩罚"的需要呈现。

任何惩罚，都是企业的失败，而学习提升则是企业成功的步伐。任何企业，都不会从惩罚中获益，而只会在员工学习提升中获益。证明他错了对企业没什么好处，证明他能够更好则对企业有好处。员工做错了对他本人没有好处，员工以后能做得更好则对他本人有好处。所以，企业及员工把焦点放在惩罚做错的员工上是没有建设性的。

把焦点放在以后能够做得更好则有意义，这个“做得更好”更能带来整个团队的进步，并促使“学习型文化”产生。

错误带来的是机会，一个让企业变得更好的机会。错误可以让企业意识到自身存在的漏洞，因而推动流程的修改以避免错误再出现。而且，错误可让企业觉察团队能力不足的问题，从而重视对个人或团队能力提升的培训，提高团队业务水平。

从“看”对错到“重”效果和意义

在企业经营过程中，许多老板习惯把焦点放在“对错”，而忽略了做这件事情是为了达到什么样的效果，以及有何种意义。

举个例子，老板为提高公司业绩，设立了奖罚激励制度，对达到绩效的员工论功行赏，而对未能达标的员工进行惩罚。此时，一位优秀员工因某些原因未能达标，公司根据制度对其进行惩罚。这是对的行为，对吗？这位优秀员工一怒之下，选择离开了公司，此时对公司而言，是否达到想要的效果？公司是做了对的事，但流失了一位优秀员工，并且没有达到提高业绩的效果。

在“企业家心智模式”课堂上，有一位学员问我，看到团队有不好的现象，想要做一些事情让团队改变，不知道这种做法对不对。同时，他也听我说过，一个人不可能改变另一个人，因而变得十分纠结。

事实上，在企业所有的经营行为中，并没有对错之分，只看有没有效果，是不是达到“三赢”。只要有效果，达成“三赢”，即“我好、你好、世界好”，便没有错。假如这位学员成功让团队得到了改变，消除了不好的现象，那么这个做法便是有效的；相反，如果现象依然存在，那么这个做法便无效。

我说的“不能改变一个人”中的“不能”是指无效。作为老板，你不能改变另一个人，但可以改变自己。再者，即便不能改变一个人，你可以通过做一些事情，让员工自己改变。再不然，你可以为自己做好安排，不管员工改变不改变，你也不会因此而受影响。仔细想清楚，为什么一定要让员工改变，此行为背后期望达到何种效果，有什么意义。这样一来，你就不会沉溺在某个做法是否正确的无谓思想挣扎之中了。

中小企业老板总是习惯长期维持一个旧的无效的模式。虽然意识到旧的模式越来越无效，可又没找到更好的模式时，仍然一直保持不变，甚至什么都按着以前的做法去做。比如，激励机制无效却维持激励机制，改变员工行为无效却持续保持改变员工的举措。做的所有一切都是因为认为“这样做是对的”，却忘了初衷是为了达到何种效果与意义。

从单线思维到多线思维

我们从小到大被灌输了太多的限制性信念，太多的规条、框架，常常用单线思维思考，令我们陷入了“只有一个选择”的窘迫，以至于无法达成好的效果。

其实，我们具备多线思维的能力并且可以发展得更好。NLP有一句名言，“凡事总有至少三个解决方法”，非常形象地说明了多线思维的思考方式。企业家们具备多线思维，是解决困难、未来策划以至统筹大局的先决条件。

变“单线思维”为“多线思维”的第一步就是打破单线思维的规条框架。

除了惯用(往往已经无效)的方法之外，停下来也是另一个方法。可是，只有两个方法仍是停留在困境，打破规条、框架，要先学会挑战它们：

假如有可能，那个可能在哪里？

什么人/什么事？在哪里可以找到？

先想一个匪夷所思，或者绝不可能的办法，然后问自己：

怎么做才可以把它变成有可能？找谁/在哪里/怎么做？

NLP的现场抽离法很有帮助，因为它能够加强我们从“当局者迷”转移到“旁观者清”的心理状态。（你可以通过进入“企业家心智模式”微信公众号，输入“现场抽离法”获取李中莹老师的语音引导或相关资料。）

要改变面对问题时的单线思维，建议中小企业老大多做以下练习：随意找一个目标，例如从广州到上海，让自己想象三个不同的方法可以到达目的地；另一个常用的题目可以是，如何不花钱可以看到新书。想三个不同的方法，想完之后告诉自己，不允许用刚才想到的那三个方法，再想新的方法。如此反复，想三个再想三个，最少十次，才能停下来。在这个过程中，你会很开心，因为你会开始欣赏自己天马行空的主意，你已经激发了自己幽默、解决问题和创造力的神经元。

用好五项权力

6分的老大，只能吸引5分的人才，老大必须具备相当程度的能力与高度，才有可能吸引有能力的人才追随。

企业管理者主要有五项权力，包括任用权、奖赏权、惩罚权、能力权与感召权。

任用权是指管理者安排、决定如何用人的权力，这包括对员工的招聘与选择，对人员的调配与安排，以及对工作任务的布置与分配。

奖赏权是指管理者通过奖励的方式来吸引员工，使他们愿意服从管理者的指挥。其中的奖励包括口头性的肯定，以及实际行政性的奖励，如提供奖金、学习培训与晋升的机会，或为员工创造更好的工作环境，让员工自由选择喜欢的岗位等。事实上，只会使用奖赏权的管理者只能吸引为金钱利益而追随的人，而这些人一遇到困难便会走。

惩罚权是指管理者对违反企业规章制度，损害企业利益的员工做出惩罚的权力。惩罚同样包括口头性的惩罚，如警告、批评，与实际性的惩罚，如减薪、降职、辞退等。

很多管理人员觉得自己只有以上三项权力，当这三项权力用起来效果未能达到满意与理想状态时，会抱怨公司给的权力不够。事实上，这是因为他不知道自己还拥有另外两个权力，并且也不懂得如何用。

真正优秀成功的管理者靠的不是上面的三个权力，而是以下这两个：能力权与感召权。

能力权，指的是解决问题的能力强，学识渊博，思维具有宽度与高度，有未来意识，能推动追随的人做出成就，从系统角度看问题，能够让下属敬佩服从。衡量一个管理者最直接的方法就是看他遇到问题时，员工是否会来找他解决。能力权常常出现在一些技术水平相对低的地方，如从事体力劳动的地方，如仓库、车间、餐厅等人数密集但技术要求不高的地方。例如，美国军队，司令长或少尉、中尉往往是带队的人，而真正发号施令、指挥打仗的是士兵长，因为他有经验、有能力，懂得如何打仗，因此士兵就听他的。

能力权的培养需要管理者做到谦虚受教、不自满，通过不断学习、追求新知识，提升自身的思维及解决问题的能力，做到终身精进不懈，不论专业能力还是其他软能力，都能不断提升。

当然，光有能力还不足以让管理层真正使下属折服。在企业中，我们不难看到一些有能力、有才干的人，因为自私而不能得到团队的认可。事实上，这些有才无德的人，往往会给企业带来损害，而这种损害有可能是灾难性的。一个光有能力，道德品格低下的管理者，无论他能做到多大的绩效，也是难以服众，让人发自内心敬佩和自动跟随的。因此，一个优秀的管理者还需有感召权。

感召权，是指管理者心胸宽广，品德高尚，人格高超，令下属折服并愿意追随。通俗而言，感召权就是员工对管理者发自内心佩服的感觉——“我就是服他”，是对管理者胸怀、格局的认可。这样的管理者一旦需要员工帮忙，员工便心无旁骛，追随而去。

这也就说明了为什么我会说一个5分的老大只能留下4分的人才，即便有可能6分或7分的人才被你吸引过来，也会很快就走，因为他最终会发现你只有5分。可见，要留住人才，还需管理者培养起自己的感召权。

感召权的培养要求管理者能够不断地向内进修，不断地自省，提升思维能力。提升感召权的方法很多，可通过心理健康、心理素质训练，学习创伤处理技巧与情绪压力管理，人际沟通等技巧的学习提升。这当中最重要的是，使自己养成“言出必行，言出必准”的习惯。

“言出必行”是说过的话一定要去做出来。自己答应过的事，别人尽可放心，因为自己一定完成。这是一个管理者获得下属信任的第一步。这里有两点要注意：

（1）就算自己控制不了的，仍属自己的责任，因为那仍是自己人生的一部分。例如，下属给自己的研究资料信息错误，自己采用错误的资料信息做了错误的报告，仍是自己的责任。因为是自己选择信任谁、决定选择走哪条路、使用什么资料，所以还是自己的责任。

（2）没有把握的事不要做出承诺。严格奉行“言出必行”的即时效果，就是不会随便答应别人什么事。只有这样，那些为了能够脱身而随口答应，为了心软或冲动承诺的事情，才会快速地减少。因此，你会有站得很稳很有力量的感觉。团队因为知道你答应过的一定算数，就会对你很放心很信任，因而尊敬你。

“言出必准”指的是你说的完全跟你内心的认知感觉一致。当团队问你一个问题时，你不知道便说“不知道”，不能肯定便说“我不能肯定”。没有人能够什么都知道，所以不需要害怕承认不知道会被团队轻视或小看，而是需要真正对自己说过的话负责。

“言出必准”的管理者，下属喜欢与他一同做事，因为觉得他可靠。很快，下属就能够感受到管理者很有力量，因此愿意心悦诚服追随他。

一个做到“言出必行”和“言出必准”的管理者，身心合一，也与所处环境中的人、事、物有最好的关系，所以内心的力量很大。这两点并不难做到，由此刻开始，每说一句话的时候都先提醒自己，效果很快便会出现。

所有成功的管理者，特别是那些成功而轻松的管理者，都是懂得善于运用能力权，尤其感召权这两种权力的。前三种是企业给予的，这意味着企业也能收回，只有后两种才是终身相随，终身受用。只有当一个管理者真正拥有能力权、感召权时，他才能真正在企业中发挥领导、带动作用，让员工信服、追随，并充满热情地为团队、为组织与企业做出贡献！

三、老大的经营心智

现金流如同流淌的血液

对中小企业来说，企业的现金流就如同人身上流淌的血液。企业要想健康运作、发展，必须确保具备充足的现金流。倘若在现金方面缺乏，企业便无法保持日常运作，更无法实现企业价值的最大化，实现发展、腾飞、成功。因此，中小企业需要把现金流管理放在企业管理的核心位置。

然而，实际情况是，许多中小企业老大习惯于把焦点放在利润的数额上，而忽略企业对现金流的管理，因此产生了经营危机。

现金流问题是导致中小企业死亡的最常见原因之一。主要体现在以下几个方面：

没有严格管理现金流

许多中小企业没有设立相关的规章制度对现金流进行严格管理，往往是要用钱时就用，钱不够用时再想办法，缺乏从企业战略的需要对资金预算使用的方向进行规划，因此造成资金的不合理分配。有些企业习惯追求大量的现金，导致企业内留存大量现金闲置，大大降低了现金使用率；有些企业对资金分配缺乏规划与考量，过量购买物资或固定资产，造成企业库存过高，资金短缺引发财务危机；或者，有些企业出现应收账款回收率低，现金周转速度慢等情况。

参与企业愿景路线以外的合作与投资

中小企业普遍存在的心态是，寻求机会把企业做大，有合作、投资的机会出现时，容易一头热地投入进去，全然不顾这些合作是否在企业愿景规划的路线之内。事实上，投资是有风险的，许多企业就是因为不能理性地对投资项目进行分析，从中选出符合企业发展方向的项目，在项目因建设迟缓而需将投资期限延长，或项目出现问题需要更多资金支持时，被迫投入更多的资金。这些中小企业往往缺乏止损意识，当投资出现问题时不仅不懂得及时止损，反而还追加预算，导致企业账户的亏损不断扩大。

市场充满随机性，任何交易、投资的成败都无法预测与操控。明智的企业会严格做好其预算管理，利用止损来防止亏损。

盲目投资业务以外的项目

中小企业喜欢模仿大企业寻求机会做多元化经营，但因缺乏市场调研，以及不能正确认清自己的能力，令企业在投资时承担着较大风险。

不少中小企业在投资时缺乏思考，看到哪个业务赚钱就一头扎入，最终往往是让企业把本来就不宽裕的资金分散到了多种业务上，因而难以集中资金发展单个有发展前景的业务，让企业在各项投资的业务上都无法做好，不能达到理想的效果。

还有的企业习惯在经济景气时盲目扩张，把资金投入陌生的产业领域，未能理智思考投资的产业与企业现有产业的关联、匹配度。实际上，这些投资的新产业所带来的回报与预期现金流落差极大，因此给企业资金链带来极大的风险。

订单快速增加而没有做现金流预算

企业现金流没守好，还会导致一种“因成功而死亡”的现象。我们来看一个案例。

某家生产制造业企业，研发出一种特别的、高品质的畅销产品，一时之间企业订单呈爆炸式增长，账面收入高达千万。这本是成功的征兆，可现实情况却是企业陷入了破产危机。企业与顾客签了交易合同，并在约定的时间内把货发了出去，可款项却收不回来。而企业却需要支付产品原材料的货款、生产运作的费用以及员工的酬劳，于是陷入了资金短缺的困局。一方面货物账款一时半会儿无法收回，另一方面又面临巨大支出，实在没办法，该企业只能低价转让。

这种现金流断裂的情况在中小企业中极其常见，原因就在于没有做好合理的现金流规划，在面对大批量的订单出现时，资金无法支撑，最终导致企业死亡。

以上四种情况都是违背了“现金为王、不贪不浮”的守则，也是导致许多中小企业走向没落甚至死亡的最常见原因。

不苛求必须做大

如一位学员跟我讲的，作为中小企业，我们没有华为的技术，没有李嘉诚的财富，没有国美的销售网络……的确，与大企业相比，中小企业要资源没资源，要资金没资金，要人才没人才。在这种情况下，如果一心想要沿用大企业的模式进行扩张，恐怕最终不仅不能如愿，还可能对企业造成耗损，得不偿失。

中小企业普遍的愿望都是把企业做大。而现实情况往往是，由于对市场状况认识不足与自身能力所限，企业在追求做大时容易陷入盲目状态。当市面上出现一个赚钱的项目或行业时，中小企业容易蜂拥而上，试图抓住投资机会以实现扩张，但最终结果不是陷入了与现有产业毫无关联的、毫不熟悉的领域，就是造成企业资金无序投放，引发企业资金危机。在这种情况下，做大对中小企业来说不仅不是必需，反而是负担。

作为中小企业的老大，首先要对自身有清醒的认知。中小企业老大要认清自己能做什么，不能做什么，自己的主业与竞争优势在哪里，弱势又是什么，在市场竞争中处于何种地位，从而做到“小而精”。当盈利达到或远超目标，也就是说赚到想赚的钱，却并不一定要做大，这才是中小企业的生存之道。大有时候并不是最好，反而是负担。

许多发达国家，包括德国、日本与丹麦等的成功，都证明了走“小而美”之路才是中小企业的正确路径之选。

以德国为例，当大众普遍认为德国经济是由其广为人知的大型跨国企业，包括奔驰、大众、拜耳与西门子等支撑时，事实上，德国经济更多的是依赖上百万家中小企业。这些中小企业中，有一批“隐形冠军”，凭借其在某个窄小行业的专注耕耘，在国际市场竞争中远远超越生产同类产品的其他企业。

例如，专门经营汽车天窗的伟巴斯特公司（Webbsto AG）占据全球同类产品市场份额的65%，而在中国市场的份额更达到80%；碧然德公司（Brita）制造的家用型滤水器占有率高达85%；还有生产家居智能网络视频监控系统的Mobotix，其向全球供应的产品数量同样在该行业市场中占据绝对优势地位。

这些专注于零部件领域的中小企业，无一不是通过将自身资源集中起来，专注生产专业化、规模小的产品，从而在特定市场中获取绝对的有利地位。也正是这些中小企业，撑起了德国汽车与机械业的一片天，造就德国经济神话。

同样，丹麦经济之所以能够发达，是因为机动灵活的中小企业在发挥着作用。丹麦的中小企业老板普遍采用“利基（Niche）战略”，即选定一个小而特的产品或服务市场，专注深耕，逐渐在行业内建立起稳定、持续的领先地位，从而保证企业的绝对利润。

跟德国一样，丹麦中小企业采用的经营手法是不求大，专注于“小而专”“小而精”，聚焦生产专业化、高品质的产品，对所处领域产品不断进行开发、研究、设计，从而保持创新优势。也正是凭着这份专注，丹麦中小企业在家具、珠宝、服装和瓷器等行业中脱颖而出，获得来自世界各地消费者的喜爱。

可见，几乎每个行业中成功的中小企业，都是靠着专注于市场中被大企业看不到或看不上的某些细分市场，通过在这些窄小市场上把产品或服务做到极致，从而获得绝对优势地位，换取最大限度利益。

因此，中小企业不应求做大，而需做好“小而美”，才能获得合理回报，保证企业稳健发展。

四、老大的系统心智

世界上任何的人、事、物，都是某个系统中的构成单元。人也是一样，他可以是一个家庭中的丈夫，同时是一个更大的家庭中的儿子，也是某家企业的一个老大、某个团体中的会员、某个城市的市民和某个国家的公民。生存在这个世界里，每个人都必然处在一些系统中。他在系统里与其他人、事、物的关系，决定了他在这个系统中能否生活得惬意。

要具备“从系统看个人，从未来看当下”的系统观，也就意味着注重整体平衡，强调“三赢”——我好、你好、世界好，即三方面都有良好的、满意的结果。

人生中的事情有很多，如事业、财富、家庭、个人状态（包括身心健康、能力、修养等）等。这些事情彼此联系、相互影响，构成一个人的人生这个大系统，所有事情的运作保证了这个大系统的继续存在，其中每一件事情的改变，都会导致整个系统出现改变。

用系统心智找思路

每个系统都由小系统构成，同时也隶属于更大的系统，企业也不例外。很多时候，企业老大由于缺乏系统观，以至于往往过分专注某个点而忽略了全局，或者专注现在而忽略了未来。

每当企业系统出现问题时，老大用系统的心智会更容易找出解决方向，比如：

个别员工出现问题，从团队的角度看。

团队成员之间的问题，从整个团队的角度看。

团队与团队之间的问题，从整个企业看。

企业的整体问题，从企业与顾客构成的系统看，或者从行业、社会的系统看，又或者从企业的未来愿景看。

还有企业里常见的空降兵问题、选择问题、出现重复性的突发情况、逻辑思维解释不了的现象等问题，用系统的心智去看，都变得容易、简单、有效。

以系统观的心智来看，一个人的价值只能在另一个人身上呈现，团队中每个人的价值只能在对方的身上呈现，即以下面的“对方”呈现出来：

另一个成员（上级、下属、同事）。

企业。

顾客（在企业的名义下）。

上述三者的未来。

了解以上系统心智就能更有方向性地做出效果！

通过系统观做到“三赢”

个人状态、家庭幸福会影响企业经营，并最终决定一个人的成功快乐。作为一个企业家，试想一下，你的情况是不是这样：家庭很重要，但总是忽略了家庭。自己很重要，但总是忽略了自己。这样的原因是，做好事业及赚钱不容易，顾不上家庭及自己。

当你的状态不好，你便很难把家庭、事业照顾好。而假如你的家庭不支持你，你很难全力以赴做好事业。

所以，新时代企业家应树立起系统观，看到系统的整体，先把自己搞好，得到家庭的支持，搞好团队，就能把事业搞好，让你的企业有成功的未来。

企业老大不妨从现在开始，从时间分配着手，尝试理清自己在系统中的各个角色，并制订计划表（如下图所示），以实现彼此间的平衡，让人生真正做到“事业、家庭、个人成长”的三赢。

	理 想		当 下		更合理的分配
	%	时 长	%	时 长	时 长
角色 1					
角色 2					
角色 3					
全 部	100%	小 时	100%	小 时	小 时

五、老大的未来心智

企业做的每件事都是为了未来，而老大的责任是照顾企业的未来。因为多种原因，中小企业老板习惯活在过去及现在，而忽略了未来。事实上，只有具备未来的心智，老大才能带领企业走进未来。

用未来看当下

传统商业管理技术里，习惯于用过去看未来，其中最常用的两个方法是：

（1）预测，即按过去轨迹而推算未来走向。

（2）“强弱机威”评估（SWOT分析），即综合分析企业内部的优劣势，与外部环境的机会与危机。

这两个工具过去很好用，但今天却会让企业走向死亡，甚至暴毙而不自知。因为互联网的出现，控制失去优势，边界及垄断消失，工商业里的变化从过去的渐变到现在不断出现的突变、裂变。因此，预测已失去效力，而强弱机威评估也只能用于当下的分析作为参考，而不能用它作为对未来的策划依据。

因此，新时代企业家应用未来看现在，找出企业的未来在哪里，制定战略规划，确立愿景，并做出战略与具体战术，只有这样才能让企业走向未来。

必须有的信念

放眼中国，中小企业数量众多，绝大多数中小企业却逃脱不过生命周期短的命运，在短短几年时间便以倒闭告终，剩下的能做大做强的企业更是寥寥无几。究其原因，经营企业的信念起着十分关键的作用。

企业老板、企业家的信念决定着其看待事情的态度与角度，指导着其经营企业的行为，影响企业的成败。

对于经营企业，有一些信念，老板是必须有的。

首先，老板需要相信企业有“活的资格”，能够做好与取得成功。如果你认为你没有可能让企业成功和壮大，请把它卖掉或关掉好了，这样至少你得到轻松。同样，如果想不出“活的资格”，那干脆把企业关掉，转而打工或另谋出路。相反，如果你坚持认为中小企业也有自己的机会，那么你才有可能在这个信念的驱动下，开始行动找出自身企业的优势，寻求突破。

其次，老板需要改变旧的运营模式与思维模式。如果你认为维持旧的运营模式及思维模式能够让你的企业安稳地度过未来五年并成功的话，恕我直言，这是痴人说梦，不可能实现。

事实上，经营中小企业，走到今天，已经无法存侥幸之心了。从前靠关系、特权、潜规则等的时代早已过去。改革开放初期的找风口，也就是我们说的“猪站在风口都能飞上天”的时机已一去不复返，各种抢商机、傍大款等投机取巧的行为早已不管用。同样，如果还坚持勤奋守业、闭关自守的传统“美德”，无非让你无所作为地等待下一个海啸罢了。现实情况是，那些从前推崇的勤奋、亲力亲为、埋头耕耘已经无法保证成功，因为重复无效的动作并无作用。

这就如同跑步，勤奋一点跑快一点，是会跑在别人前面，而假如你是在跑步机上跑，跑多快也是无用。因此单靠勤奋并不能解决问题。靠狼性、喊口号、天天拼命的模式已经被证明只有短暂效果，难以维持；寻找神医也发现原来只是虚幻，被忽悠。

要改变企业一切无效的行为，唯一的途径是改变老板的思维。老板需要有全新的思维与心智才能得以成长，企业才有可能成功。当今的时代和环境下，老板真的要下定决心转变观念，这样才能让你的企业不但可以在未来的几年里得以生还，还可以进一步发展、腾飞以获得成功。

要想成功，就必须坚持以下信念：

（1）终身学习，而不是依赖别人帮你寻求出路。

（2）必须改变，不要再坚持无效果的做法与模式。

只有老板自己突破、自己改变、自己掌控、自己培养，才能照顾好自己的企业，如果你不在乎，便没人会在乎了。

关注未来重要的事情

一个企业老大必须把绝大多数的精力放在未来，只有当你关注未来时，企业才有可能有未来。放眼国内的优秀企业，他们的共同点都是把焦点放在未来，而鲜少追溯过去。以华为为例，大家可能还在围绕2017年的事情展开讨论时，他们就已经在规划2027年的事情了。正是因为这种时刻关注未来的心智，让华为能够持续增长，不断成功。

那么，作为新时代的老大，需要关注未来的什么呢？以下方面供大家参考：

☆ 企业的愿景和使命

☆ 考虑成立未来探索部

☆ 企业的战略规划

☆ 企业未来的人才储备与规划

☆ 新的技术发展

☆ 产品、服务模式、运营模式、营销模式等方面的研发

☆ 资金链的风险与应对策略

☆ 商业模式及价值链重构

☆ 企业的转型升级

☆ 行业发展趋势

☆ 竞争对手、市场、政府政策及国际环境的变化

……

动、变、前

根据系统动力法则，所有事物不断地在“动、变、前”。因此，企业老大需要做到绝不停步不前、绝不固守旧法，而要不断尝试、创新，并且在做事情无效时就变。

在企业经营中，不妨问问自己：你及你要求员工每天所做的，有多少是在维持过去的，早已无效的模式，根本就违背了“动、变、前”的规律？当环境、信息、科技，甚至你的顾客都不断地前进与变化时，作为企业老

大，必须从心智模式开始，让自己有所变化，然后带领团队、企业不断地变化、改善，从而踏进想要的未来。

不断精进，砥砺未来

企业里所有的问题都是老大的问题，而所有老大的问题都是他的心智模式的问题。既然老大的问题是一个企业所有的根源，那么老大的软肋、短板也就会成为企业的软肋与短板。

经营管理企业很简单，不简单是我们不允许它简单。那我们该如何获得这些简单而又有效的心智呢？作为企业家，必须从各方面学习、提升，才有可能提高自己的管理能力及心智，不断地精进，以确保企业进步、腾飞与发展。

首先，老大需要关注自身的心智成长，扩大格局、视野。看问题或思考企业策略都能做到全面分析，得到好的效果。同时，不断地自我更新，改变旧的思维模式，拥抱变化，使自己在解决问题的方法上得到突破。老大心智的成长，能够帮助企业准确认识与分析市场环境和竞争格局的变化，及时做出反应。

其次，老大还需提升自己的情绪、压力管理能力，与本人的人生策划能力。这样才能让老大在面对企业经营管理出现的问题时，做到不急不躁，沉着冷静地对事情进行思考分析，找出有效的解决方法。也只有当管理者对自己的人生规划有明确方向时，方才转化为经营的动力，并传递给员工，让员工朝着想要的目标方向前进。

再有，企业老大应提高有效引导的能力，包括沟通、人际关系、教练等能力。经营企业，说到底经营的是一种关系，这当中包括对外与顾客和供应商的关系，对内与员工的关系。培养自己有效的引导能力，有助于促成有效沟通，节约沟通成本，帮助建立互助友爱的关系，使企业经营活动与企业文化齐头并进，健康发展。

最后，老大应把关注点放在市场变化、社会进步上，力求把握先机，为企业的未来发展创造空间，也为整个社会做出贡献。

只有企业老大不断地提升自己，不断精进，才能带领员工、团队、整个企业迈向更加美好的未来。

【瀚霆方法论】企业家心智模式

涟影职业装品牌创始人林玮隽先生曾经说过一番让我印象深刻的话，他说："瀚霆老师过去服务大型企业时资源丰厚，需要什么都能得到支持，但服务我们小微企业时，却总是面对要资金没资金，要人才没人才，要产品没产品，要品牌没品牌的境况。人们常说"巧妇难为无米之炊"，瀚霆老师真的是为我们操碎了心，非常不容易。"他的这番话让我十分感动。

事实上，就如林玮隽所讲的那样，涟影在没有任何资金投入和设备投资，也没有招聘到高端人才的状况之下，两年之内销售业绩实现了20多倍的增长，在销售业绩增长的同时，利润率也得到大幅度的提升。当很多人问他，我给他提供的具体顾问服务内容时，他说："有很多，但那些都不是最重要的，最重要的是，瀚霆老师给了我，或者是支持我去实现自己的梦想。"

或许是因为有很多成功案例，以及其他各种原因，外界赋予我的顾问服务很多传奇色彩。有一次与李中莹老师探讨关于企业家的话题时，我发现自己的客户都有以下几个方面的特质：

1.他们都将自己思考和谈论的焦点放在未来。

在与客户沟通交流的过程中，我发现他们极少提及过去，这是与很多企业老板不同的地方。在实际生活中，不难发现许多人都是对自己的历史念念不忘，尤其是对那些辉煌的过去，总是抱着"想当初"的心智模式。而我服务的企业家群体，恰恰相反，他们极少向我提及过去的成就，往往言谈中呈现的都是"如何面向未来"，或者"未来将会怎样"的语言模式。

这正是体现了他们不沉溺过去，而把焦点放在未来的心智模式。

2. 他们都是用“战略单品”作为企业成长突破和转型的利器

跟别人谈起我的客户时，我经常会自豪地用一个较为通俗的说法形容他们，他们都是我很喜欢的“产品人”，也就是如今流行讲的“具有工匠精神的人”。这些企业家们每天思考的焦点都是如何通过产品和服务为客户创造更多的价值，很少把精力放在营销策划方面，而是真正地把关注焦点放在打造具有战略意义的产品和服务上。也正是因为具备这种“战略单品”的心智模式，我的这些客户们才能在自己的行业内做到顶尖的地位。

3. 他们都受愿景和使命驱动，带动企业不断发展

这些企业家们最重要的共同特质就是：他们都有着非常清晰的愿景和使命，因而表现出强烈的使命感。当然，他们最初并不一定都能清晰地表达，而是在服务的过程中，帮助他们“锤炼”，最后得以清晰呈现。我发觉，他们除了受愿景和使命驱动，对梦想抱持永不放弃的追求态度之外，还在达成梦想过程中保持灵活的心智模式，真正做到坚持与灵活兼备。

4. 他们都乐于享受工作挑战带来的乐趣

不同于平常所见的企业老板，我所认识的这些企业家们，在遇到困难挫折时，总是呈现出越战越勇的气魄，而非一味地悲天悯人。他们最优秀的地方就是知道如何转化，即把遇到的问题、困难和挑战，进行正面意义的转化，而不是为做而做，为工作而工作。他们更倾向于从这些所谓的“逆境”中找到乐趣。这就是他们呈现出来的积极正面的，视挑战为乐趣的心智模式。

5. 他们都能够结交志同道合的朋友

我所接触的这些企业家们，都擅长与气味相投和特质相似的企业家们

建立关系。也因此，他们能够与志同道合的朋友在同一频道中，进行沟通、交流和探讨关于工作与个人成长方面的话题。通过碰撞，他们从彼此身上学习到一些“怎样做到”的高效成长和解决工作问题的思维、方法和模式。正是抱持这种开放、共享的态度，他们对于任何能够结交同类型朋友的机会都会异常珍惜。比如，在系统动力大学各种企业家专项工作坊，和网盈机构的瀚霆研习会等活动中，都能看到他们的身影。也正是从这些类似的场合中，他们不断地结交了促进彼此成长、进步的朋友。

6.他们往往都有一两个好的导师

无论马云还是比尔·盖茨，但凡成功的企业家都有自己的幕僚和老师。也许是意识到这点，目前许多中小企业老板纷纷投入学习的队伍当中。这本是一件好事，但因为缺乏目标、计划，这些老板往往变成“课虫”，不管三七二十一，有课就报名参加。于是，他们整天听不同老师五花八门的课程，接受各类商业逻辑与信念价值观的冲击，以至于到头来迷失自己。事实上，成功的企业家都是“课龙”，对于导师与课程的选择所呈现出的心智模式，都是极其谨慎与克制的。通常，这些企业家们习惯于追随一两个具备他们所认可的信念价值观的导师学习，所学的知识都是务实，能够落地的。通过这种方式，这些企业家得以真正沉下心来，完成自己的成长。

7.他们都擅长建立事业化的团队与关系

“事业化”是与“职业化”相对的一个概念。职业化，通俗而言，就是我们所说的“朝九晚五”，工作是工作，生活是生活；生活与工作截然分开。而事业化则是把工作当作事业来看，把共同从事的事情当成一份事业去敬畏、追求和经营。成功的企业家都具备与团队成员之间建立事业化关系的心智模式，因此，在他们的企业里，你可以看到他们既与团队有着共同事业的“革命”友谊，又有“朋友”间的友情。通过把企业的愿景和使命转化为整个团队共同的事业，企业家与团队一起共同追求目标的达成，并分享成就。

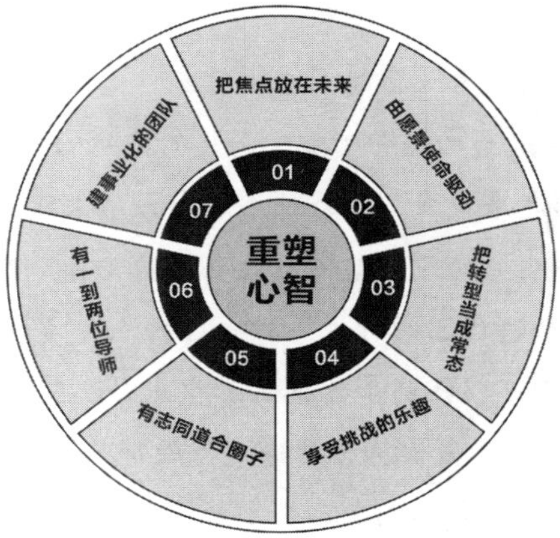

企业家心智模式示意图

以上的七个心智模式，就是我在现实当中观察、判断一个人是否有可能成为一个成功的企业家的标准，同时也是我培养一个成功企业家的方法和方向。一个企业家要轻松快乐，首先必须具备轻松快乐的心智模式。一个企业要成功，企业家要有成功的心智模式。一个生意人的心智模式，只能得到一个生意人的短暂收益及成果。很多人渴望成为成功的企业家，但却只具备生意人的心智模式。因此，想要成为一个成功的企业家，必须从拥有成功的企业家心智模式始。

小　结

1. 老大决定企业的成败，企业所有老大的问题都源于他的心智模式问题。

2. 所谓老大的心智模式，即一个老大的身心状态，也就是老大的定位、思想与行为，包括他如何看待本人，如何看待其他的人、事、物，如何看待问题。老大的心智模式最终决定他的思维模式、情绪模式、言行模式以及处事模式。

3. 老大的心智模式主要体现为五大方面：老大本人的身份和状态；老大面对问题的心智；老大的经营心智；老大的系统心智；老大的未来心智。

4. 不要带着问题来找我，带着三个解决方案来找我。

5. 企业老大要明白的是，绝不能做员工的父母，而是需要让员工意识到，每个人都需要照顾自己的人生，对自己的人生负起责任；人生中的成功快乐，也只有自己可以找到。你把员工当成什么，员工便会按照你给他的定位来调整他的内心，做出符合身份定位的行为。

6. 身份定位问题主要体现在三个方面：一是身份定位模糊，即无法辨别遵从办事（如老大做了员工的父母）；二是同时有两个身份定位；三是在A身份定位，做B身份定位的事。

7. 企业老大只有处理好自己在企业中的身份定位问题，才能在处理企业问题或做企业决策时保持思路清晰，不受其他身份干扰，让其所做的事情真正有效果、有意义。

8. 中小企业老板应提升资格感，有意识地让自己培养出健康的心理。提升资格感，也就是指提升认为“我”有资格做到接受生命的意义，并且与此有关的一切事物的意识。

9. 资格感重塑练习的四句话：我有能力轻松地成功！我有资格轻松地成功！我爸爸允许我轻松地成功！我妈妈允许我轻松地成功！

10. 可以有不快乐的成功，不会有不成功的快乐！

11. 任何一个人的思想、情绪和行为，都受其内心的信念系统支配。而一些限制性的信念，使这个人在面对某些人、事、物的时候，不能做到三赢，也感受不到应有的成功快乐。

12. 要辛苦才能赚的钱就是不该赚的钱！这句话背后有两个信念：一定有更轻松的其他可能性；过去没有就沿此方向思考和策划。

13. 解决问题的方法往往并不只有一种，人生也没有什么是“必须”的。

14. 通常老大处理自己的情绪是通过以下三种途径：(1) 忍，隐藏在心里；(2) 发，发泄出来；(3) 逃，使自己忙碌不去想起有关的事情。

15. 情绪问题的四个治标技巧：消除、淡化、运用、配合。

16. 情绪问题的三个治本技巧：改变本人的信念、价值观和规条；处理涉及本人身份层次的问题；提升本人的思维处理能力。

17. “没有办法”的心态是导致无法突破的执着情绪。“办法”不是指一个方法，而是指一个人至今已知、已做之外的所有方法。

18. 世上的事没有难与不难，只有懂与不懂。你懂就不难，不懂就难。

19. 人是不愿意改变的，因为改变带来陌生感，因而宁愿在痛苦和无力感里挣扎。许多中小企业老板也一样，把太多的精力专注在过去——“解决问题”，及现在——“维持旧模式”，而往往完全忽略了“未来”。

20. “坚持无效模式”的现象及衍生行为在中小企业很普遍。

21. 把错误定性为团队的学习机会，意识到“做错”是行为未达到效果目标，是“学习提升”的需要呈现，而不是“惩罚”的需要呈现。

22. 任何惩罚，都是企业的失败，而学习提升，则是企业成功的步伐。把焦点放在以后能够做得更好则有意义，这个“做得更好”更能带来整个团队的进步，并促使“学习型文化”产生。

23. 企业经营过程中，许多老板习惯把焦点放在“对错”，而忽略了做这件事情是为了达到什么样的效果，以及有何种意义。

24. 在企业所有的经营行为中，并没有对错之分，只看有没有效果，是不是达到“三赢”。

25. 中小企业老板总是习惯长期维持一个旧的无效的模式。

26. 凡事总有至少三个解决方法。

27. 企业家们具备多线思维，是解决困难、未来策划以至统筹大局的先决条件。

28. 变“单线思维”为“多线思维”的第一步就是打破单线思维的规条

框架。

29. 6分的老大，只能吸引5分的人才，老大必须具备相当程度的能力与高度，才有可能吸引有能力的人才追随。

30. 企业管理者主要有五项权力，包括任用权、奖赏权、惩罚权、能力权与感召权。

31. 只会使用奖赏权的管理者只能吸引为金钱利益而追随的人，而这些人一遇到困难便会走。

32. 能力权，指的是解决问题的能力强，学识渊博，思维具有宽度与高度，有未来意识，能推动追随的人做出成就，从系统角度看问题，能够让下属敬佩服从。

33. 感召权，是指管理者心胸宽广，品德高尚，人格高超，令下属折服并愿意追随。通俗而言，感召权就是员工对管理者发自内心的感觉——"我就是服他"，是对管理者胸怀、格局的认可。

34. 言出必行，言出必准。"言出必行"是说过的话一定要去做出来。自己答应过的事，别人尽可放心，因为自己一定完成。要注意两点：第一，就算自己控制不了的，仍属自己的责任，因为那仍是自己人生的一部分；第二，没有把握的事不要做出承诺。"言出必准"指的是你说的完全跟你内心的认知感觉一致。

35. 所有成功的管理者，特别是那些成功而轻松的管理者，都是懂得善于运用能力权，尤其感召权这两种权力的。前三种是企业给予的，这也意味着企业也能收回，只有后两种才是终身相随，终身受用。

36. 现金流问题导致中小企业死亡主要体现在以下几个方面：没有严格管理现金流；参与企业愿景路线以外的合作与投资；盲目投资业务以外的项目；订单快速增加而没有做现金流预算。

37. 企业现金流没守好，还会导致一种"因成功而死亡"的现象。

38. 作为中小企业的老大，首先要对自身有清醒的认知。认清自己能做什么，不能做什么；自己的主业与竞争优势在哪里，弱势又是什么，在市场竞争中处于何种地位，要不要做“小而精”；当盈利达到目标或远超目标，也就是说赚到想赚的钱却并不一定要做大，这才是中小企业的生存之道。

39.要具备“从系统看个人，从未来看当下”的系统观，也就意味着注重整体平衡，强调“三赢”——我好、你好、世界好，即三方面都有良好的、满意的结果。

40.新时代企业家应树立起系统观，看到系统的整体，先把自己搞好，得到家庭的支持，搞好团队，就能把事业搞好，让你的企业有成功的未来。

41.经营企业必须有的信念：老板需要相信企业有“活的资格”，能够做好与取得成功；老板需要改变旧的运营模式与思维模式。

42.要改变企业一切无效的行为，唯一的途径是改变老板的思维，老板需要有全新的思维与心智才能得以成长，企业才有可能成功。

43.要想成功，就必须坚持以下信念：终身学习，而不是依赖别人帮你寻求出路；必须改变，不再坚持无效果的做法与模式。

44.经营管理企业是很简单的，不简单是因为我们不允许它简单。

45.获得简单而又有效的心智需要老大关注自身的心智成长，扩大格局、视野；需要老大提升自己的情绪、压力管理能力，与本人的人生策划能力；需要老大提高有效引导的能力，包括沟通、人际关系、教练等能力；需要老大把关注点放在市场变化、社会进步上，力求把握先机为企业的未来发展创建空间，也为整个社会做出贡献。

46.经营企业，说到底经营的是一种关系，这当中包括对外与顾客和供应商的关系，对内与员工的关系。

47.优秀企业家的特质：思考、谈论的焦点放在未来；用“战略单品”作为企业成长突破和转型的利器；受愿景和使命驱动，带动企业不断发展；乐于享受工作挑战带来的乐趣；能够结交志同道合的朋友；往往都有一两个好的老师；擅长建立事业化的团队与关系。

附 录

52 条企业家心智模式金句

第一部分：前提假设类/核心信念类

1.所有企业的问题，都是人的问题；所有企业里人的问题，都是老大的问题；所有老大的问题，都是他心智模式的问题。

2.没有两家企业是一样的！

3.穿越对错看效果与意义！

4.凡事照顾了三赢，不会有后遗症。

5.只要是关于人的问题，就没有标准答案。

6.凡事总有更轻松有效的方法！

7.用系统的力量做系统的事！

8.没有时间不够，只有时间运用不够。

9.说不出来拿不到，说不清楚做不好。

10.要辛苦赚的钱都是不该挣的钱！

11.值得做的都值得做好；值得做好的，都值得做得开心！

12.事情从不给人压力，压力来自一个人对事情的反应。

13.做企业没有对与错，只是你的行为没有效果。

14.经营企业本来是可以简单的，不简单，是我们不允许它简单。

15.人生没有什么是“必须”的，经营企业也一样。

16.问题本身不是问题，看待问题的态度才是问题！

17.问题本身并不复杂，复杂是因为你站错位置了。

18.你不是没有，你只是没想到而已。

第二部分：管理的信念类

19.管理企业不是当员工的爸妈！

20.企业不是家，只是一个平台，所以不要和企业谈恋爱。

21.把企业当作家，往往会让你自己很累。

22.我有资格赚更多钱！

23.我有资格更轻松快乐，我有资格更轻松经营企业！

24.可以有不快乐的成功，不会有不成功的快乐！

25.不要带着问题找我，而是带着三个解决方法来找我。

26.管理人的事情，有50%要在事情展开前做。

27.管理是应该轻松、开心、有效的，若不是，原因必在以下三点：对事的看法不正确；定下的目标不正确；做法不正确。

28.管不了的人，绝对不能用！

29.管理是运用手上的资源去达到目标。

30.培养员工能力最有效的三个字是“你说呢”。

31.培训对于企业来说不是花钱的，而是赚钱的。

第三部分：经营的信念类

32.赚钱不是目标，是结果。

33.不能量化的目标都是无意义的目标！

34.一切问题的解决或改变，从身份定位改变开始！

35.言出必行，言出必准。能做到这八个字的企业什么都能做到；不能做到的什么都不能做到。

36.企业不成功，99%来自于没做该做的，只有1%来自做了不该做的。

37.把焦点放在“我如何能做得更好”效果也会变得更好！

38.把焦点放在如何做得更少但是依然能够得到满足和快乐。

39.发现问题、清楚问题，就已经解决了一半了。

40.解决问题不等于达到目标。

41.很多企业家总是不甘平庸，同时维持平庸！

42.经营企业中的辛苦、无效，都是在企图维持一个无效的模式。

43.当你的企业重复性、经常性地突发一些状况、困难，这就是在告诉你企业有该做的事情没有做。

44.很多企业很辛苦，因为他们重复在做两件事：（1）制造困境；（2）维持困境。

45.企业里任何事，做了一段时间没效果，那往往是为了做而做，有些时候停下来、看清楚、想清楚会更好！

第四部分：未来与突破类

46.未来不可操控，但可以管理！

47.解决总在未来，而未来是唯一的方向！

48.企业做任何事都是为了未来！

49.企业的未来是老大的责任，老大负责企业的未来，团队负责企业的现在。

50.突破是可能的，前提是相信这一点，然后是灵活的态度。

51.灵活：变化才是永恒。总是维持旧的模式就是慢性自杀。

52.若想把企业做好，必须：（1）自己干活，自己学习，做老大必须做的事情。（2）愿意改变，不再坚持无效的模式。（3）不找别人代劳，走出一条自己的路。

企业问题寻根图

1.所有企业的问题，都是人的问题

- 1.1 没有人做事
  - 需要做的事没有人做
  - 做的人没做到需要的效果
  - 这样的人被容许继续做
  - 管理者、工作者都有同样问题
  - 所需效果未能支持公司走向成功未来
- 1.2 没有人想到要做事
  - 无知（不知者不罪？）
  - 知，但不做
  - 知、做，但并不是企业真正需要的
  - 没有人关心这些情况
  - 企业的失败，99%来自没有人做该做的事（而不是做了不该做的事）
- 1.3 没有人有做好事的能力
  - “把事做好”的标准含糊，同时没有监控
  - 没有培养员工“把事做好”的知识、态度及技能
  - 没有继续开拓“把事做好”的高度与深度，并且配合行业、社会及顾客需求的变化
  - 老大对上述没有足够关心
  - 没有建设所需要的文化

2.所有企业里人的问题，都是老大的问题

- 2.1 没有找到及留住能做事的人
  - “能做事”的标准模糊，或不能支持企业走向成功未来
  - 欠缺“找到”的能力
  - 欠缺“留住”的能力
  - 只要求“维持困境”的能力
  - 欠缺补老大能力不足的人
- 2.2 没有培养及提升人的能力
  - 欠缺“公司发展计划”→“团队能力发展计划”→“招聘及培训计划”
  - 没有足够重视“员工能力提升”这个功能
  - 没有建设“未来发展策划管理”和“员工能力提升管理”两个功能
- 2.3 把猫放在需要狗的位置上
  - 这样做，原来的问题没解决，更会带来更多的问题
  - 没有猫在那里，众人警觉关心帮忙，原来的问题会减轻
  - 让猫做狗的工作，会产生整体性、长远性、结构性的问题
  - 老大这样安排了一段时间，老大需要负担责任，并且为此做些事：尝试训练猫成为狗。不能转变的，厚道安置或送走
  - 学会分辨猫狗
- 2.4 没有把人组织起来，发挥团队的力量
  - 1加1大于2，是因为两者之间有连接力。连结力可以是0，可以是1，也可以是2、3、4、5……
  - 培训应该两者并重：个人能力、组合能力
  - 把每个人看作一个资源体
  - 设计工作组织活动比文娱组织活动有更大的乐趣
  - 培训部不是一个花钱的部门，而是一个赚钱的部门
- 2.5 没有让人愿意追随你
  - 只为金钱利益而追随的人，一遇困难便会走了
  - 只为赚钱的企业，就像赌客坐在一起
  - 愿景能吸引很多人，但必须相信老大有能力达到这愿景，并且愿意分享成果
  - 6分的老大，只能吸引5分的人才！
  - 对于未来，老大无心，追随者哪会有意愿？
  - 老大不需要很“高”，但需要很想“更高”

3.所有老大的问题，都是他心智模式的问题

- 3.1 不知道这回事
- 3.2 逃避本人必须管理企业的责任
- 3.3 不愿做众人的领袖，却做了他们的父母
- 3.4 没有提升本人的观察、分析、思考的能力
- 3.5 欠缺为企业创建一个辉煌未来的决心
- 3.6 负面心态，心力不足
- 3.7 欠缺本人人生及系统动力的认识

企业的未来是老大的责任，老大负责企业的未来，团队负责企业的现在。